Stranica Napomena

Biblioteka Oslobađanje
Knjiga 1

Urednik biblioteke
Denis Kotlar

Denis Kotlar:

MALA STUDIJA O NEVIDLJIVIM LJUDSKIM I NELJUDSKIM ENTITETIMA I UTJECAJIMA

Svesrdno pomogle: Tamara Vrančić Sokač i Ivana Beker
Prijevod slučaja spolne disforije (Fiore): M. M.
Obrada slike naslovnice: Iron-i-ja

---

1. izdanje, Zadar 2011.
Vlastita naklada, Denis Kotlar
Neograničena naklada (tisak po narudžbi)
Tisak: Createspace.com, USA

ISBN 978-953-56989-0-6
Ostala izdanja: PDF ISBN 978-953-56989-1-3 i EPUB ISBN 978-953-56989-2-0
CIP zapis dostupan u računalnome katalogu Znanstvene knjižnice Zadar pod brojem 129 11

Napisano i priređeno za tisak u *OpenOffice.org Writer 3.3*
Priprema korica za tisak u *Scribus 1.4.0.rc6*

Stranica	Napomena

Denis Kotlar

MALA STUDIJA

o nevidljivim ljudskim i neljudskim entitetima i utjecajima

NELAGODA I OTPOR KOJI BI SE MOGAO POJAVITI PRILIKOM ČITANJA OVAKVIH TEKSTOVA SAMO JE JEDAN OD MOGUĆIH SIMPTOMA POSTOJANJA ODREĐENIH VRSTA NAKAČENJA.

Zadar, 2011.

Sadržaj

Predgovor 1. tiskanom izdanju

Za ovo izdanje Male studije, relativno brzo nakon prvog izdanja na portalu oslobadjanje.com, odlučio sam se iz više razloga. Neka nova iskustva u primjeni postupka oslobađanja i daljnje proučavanje pisane građe o ovoj temi do koje sam u međuvremenu uspio doći, omogućili su mi da napravim niz nadopuna kao i neke tehničke tj. terminološke korekcije. To se posebice odnosi na pojam "prizemljene duše" za koji sam smatrao da je prihvatljiv prijevod engleskog izvornika *earthbound spirits,* na način na koji su ga različiti autori koristili u opisu diskarniranih/bestjelesnih ljudi, duhova (engl. *ghosts*) ili izgubljenih duša (engl. *lost souls*). Bez obzira govorimo li ovdje o "dušama" ili "duhovima" (dva pojma koja se u kolokvijalnom jeziku izmjenjuju), smatram da u kontekstu fenomena nakačenih nevidljivih entiteta korištenje pojma *prizemljene* "duše", a posebno "duha", navodi na pogrešno razmišljanje, implicirajući da dio koji pripada našoj suštini po napuštanju fizičkog tijela (trenutak koji nazivamo smrt) može ostati zarobljen pri zemaljskom planu. U ovo je već postojala sumnja prilikom dovršenja prvog izdanja, a ohrabren činjenicom da je većina autora preuzela taj termin, koji se popularizirao pojavom spiritizma u 19. stoljeću, odlučio sam ga zadržati. Dodatna istraživanja i u radu prikupljeni podaci ukazuju da ono što se naziva astralno tijelo nakon smrti ostavlja za sobom samo određene dijelove koji imaju svoju svijest ali su ostali bez vlastitog tijela, a glavnina tog tijela ide dalje (do novog utjelovljenja). Iz ovog razloga odlučio sam u nastavku koristiti pojam koji sam prvi puta našao kod S. Sagana – astralni fragmenti. Ovo ukazuje na jedan drugi problem, a to je šarolikost terminologije koja se koristi u pokušaju opisivanja nematerijalnih tijela i sadržaja jer se i za pojam astralno tijelo mogu pronaći različita tumačenja. Bez obzira na to, on dobro opisuje dušu, pa tako i pojam astralni fragmenti ukazuje da samo dijelovi duše mogu ostati prizemljeni. Riječ "dijelovi" treba uzeti simbolično, a ne doslovno jer posljedice fragmentacije duše ne odgovaraju uobičajenoj predodžbi o materijalnoj "djelomičnosti".

Još jedna izmjena odnosi se na korištenje "dualističkog pristupa" koji nije najsretniji izraz za ono što je trebao objasniti, pa je drugo poglavlje dobilo novi naziv, kao i neka objašnjenja u svjetlu te promjene.

Tekst je još dodatno pročišćen (još jednom hvala Ivani na pomoći) i nadopunjen dodatnim objašnjenjima koja bi trebala olakšati razumijevanje onog što je ponuđeno.

Zadnje, i ne najmanje važno, je i to da je zahvaljujući današnjem napretku u izdavaštvu omogućeno bilo kome da bez puno peripetija ponudi tiskano izdanje onoga što je htio podijeliti s drugima. Mala studija je tako odsada, pored PDF i EPUB izdanja, dostupna i u tiskanom izdanju koje je moguće naručiti preko interneta na zahtjev, bez količinskih i vremenskih ograničenja za nabavku.

Zahvalio bih se i svim onima koji su se tragom prvog izdanja odvažili načiniti korak prema osvjetljavanju "scene" u sebi i ukazali povjerenje Tamari i meni te im poželio dovoljno snage, hrabrosti i odgovornosti i u nastavku, uz razumijevanje da su i entiteti koja smo zajednički pronašli i uklonili mogli isto tako biti samo svojevrsni simptomi dubljih uzroka, koje će tek trebati osvijestiti i ispravno obraditi.

Denis Kotlar
Prosinac, 2011.

1. POGLAVLJE

Uvodna riječ

"Postoje stvari toliko ozbiljne,
da s njima jedino možemo zbijati šale"
– W. K. Heisenberg

Ovaj tekst je rezultat istraživanja različitih nevidljivih utjecaja koje sam osjećao, ali ih nisam znao imenovati niti uistinu pojmiti da postoje, ni znati koliko su prisutni i na kojim sve razinama djeluju.

Odmah na početku želim naglasiti da je ovaj tekst ponuđen u svrhu boljeg **razumijevanja** i **razlikovanja** određenih utjecaja jer smatram da se na takav način mogu izbjeći najmanje dvije česte i kontraproduktivne reakcije: strahovanje ili ignoriranje/omalovažavanje. Isto tako treba razumjeti da naš svjesni um/ego ima tendenciju etiketiranja svega o čemu dobije nove ideje (kriterije), pa ne bi bilo mudro izvoditi bilo kakve konačne zaključke o sebi ili drugima samo na osnovu pročitanog. Za to će trebati zaći u domenu koja zahtjeva promijenjeno stanje svijesti, a čije je postizanje sastavni dio opisanog postupka oslobađanja.

Sam tekst je, između ostaloga, nastao i zbog jednostavne činjenice da na našem jeziku nema dovoljno neortodoksnih podataka o takvim utjecajima. Informacije na koje sam nailazio ponekad su ostavljale dojam da dolaze po diktatu i u naletima, potvrđujući ili demantirajući određene slučajeve koji se nisu mogli (ili nisu htjeli) sakriti od javnosti.

Praćenje reakcija, npr. komentara i rasprava na internetskim forumima, uglavnom je pokazalo ponavljanje općeprihvaćenih uvjerenja, a sve bi se lako pretvaralo u samo još jedan poligon za sukob "naših" i "vaših", pa bi takve teme u najboljem slučaju dobile šaljivi epilog. Put od senzacionalističkog do posprdnog itekako je poželjan i potenciran, upravo od sila iz nama u osnovi nepojmljivog realiteta, koje u određenoj mjeri stoje iza takvih (nevidljivih) utjecaja. Taj realitet je nepojmljiv iz više razloga: zbog same činjenice da je nevidljiv za naših pet čula – rekli bi englezi "nije na ekranu radara" (iako su čak i ljudi uspjeli napraviti radaru nevidljive letjelice koje zbog toga nisu prestale biti stvarne), ili zbog toga što smo sustavno programirani da ga ne vidimo ili tražimo, a na čemu možda možemo zahvaliti i naivnosti (neznanju?) izvorno ljudskih bića?[1]

U slučajevima kad bi se pojavio netko tko je želio o ovoj tematici pričati ostavljajući šalu po strani, pojavljivali bi se skeptici bez stvarnih argumenata i iskustva, što ih nije sprečavalo da na ponuđene informacije odmahuju rukom i zbijaju šale. No, ovdje pričamo o kategoriji koja je nešto drugačija od prepucavanja postoji li npr. džepni nuklearni reaktor. Nevidljivim utjecajima o kojima će biti riječ izložen je svatko od nas i znanje o njima itekako može napraviti razliku. Skeptik i dalje može odmahivati rukom i vratiti se recimo svojoj boci piva ili omiljenoj čokoladi (ne pitajući se što ga tjera na pretjeranu ili kompulzivnu konzumaciju). "Vjernici" znaju pokazati drugačiji pristup ostavljajući mogućnost da takvo što postoji, ali i senzacionalistički govoreći o posjednućima od strane samog Sotone, ili pak zauzimajući ignorantski stav, naglašavajući da je dovoljno prepustiti se religijskom vodstvu (autoritetima) koje će preuzeti brigu i zaštititi ih. Može se reći da navedenim pristupima u suštini nedostaje ista stvar: prisjećanje ili znanje da su dio Svjetla i da s njim nikad nisu u potpunosti izgubili doticaj. Zbog tog nedostatka otvara se prostor nastanku skepticizama i nihilizma (obilato hranjeni utjecajima s mračne strane) i olako prepuštanje dijela odgovornosti za

---

1 Pod izvorno ljudskim bićima smatram sve ljude koji se ne određuju po vanjštini, već po svojoj suštini i tome da potječu iz Svjetla, lišeni podjela po boji kože, spolu, naciji, jeziku, društvenom statusu, intelektu i tisuću drugih formalnih podjela. Takvi bi sebe zaista trebali zvati braćom i sestrama. Što bi ovo dalje značilo? Pa, to da među nama postoje i oni koji su nam samo nalik i koji dolaze na ovaj svijet s nekim drugim programima i interesima koji nisu nužno u skladu s prije spomenutim izvorno ljudskim bićima. O tome je već do sada dosta napisano i takvo štivo je uglavnom klasificirano kao znanstveno-fantastično, konspirativno, sve do umno poremećenog (ovo zadnje je suštinski vjerojatno najtočniji izraz, jer je ono nepojmljivo umu koji funkcionira u "dogovornoj stvarnosti", a što je referentna točka za izraz "normalno", pa je samim time za njega nešto što dolazi iz poremećenog uma).

vlastiti razvoj najrazličitijim posrednicima.

Nastavimo tako da maknemo na stranu senzacionalizam i potrebu za nevjerojatnim dokazima "da tu možda nečega ima" i pokušajmo se prisjetiti situacija iz svakodnevnog života koje često opisujemo izjavama poput:

"Neki vrag mi nije dao mira"
"Nisam bio (sav) svoj"
"To je jače od mene"
"Jura, kad pije, to je potpuno drugi čovjek!"
"Nakon te nesreće/događaja/operacije on nije više onaj stari"

Pretpostavljam da ne treba puno objašnjavati kakve su najčešće posljedice uz koje su povezane spomenute izjave. Kako jednostavno zanemariti činjenicu da postoji nešto što može npr. potpuno promijeniti nečiju osobnost nakon traumatičnog događaja ili barem privremeno nakon konzumacije alkohola, i dovesti do cijelog niza događaja koji su mučni i traumatični za sve sudionike? Kad već spominjemo alkohol, prisjetimo se samo još jednog popularnog naziva za istog: *špirit* (duh). Bi li trebali ostaviti kao mogućnost da je alkoholičar osoba opsjednuta nekim nevidljivim bićem (u nastavku će biti korišten naziv entitet) koji ga tjera k piću?

> *Gore spomenute i slične izjave i ponašanja* ***nikako*** *ne bi trebalo gledati isključivo kroz prizmu neke određene vrste teorije, prakse ili svjetonazora. Takva isključivost ostavlja malo prostora za pravi napredak i stvarno razumijevanje dinamike psihe*[2] *te ima veliki potencijal za stvaranje novih dogmi*[3] *i fundamentalizama, a takvih je primjera povijest prepuna.*

Pokušati objasniti uzroke za velik broj smetnji i problema isključivo

2 U nastavku sam također koristio izraz "dinamika psihe". Iako bi možda točnije bilo reći "dramaturgija psihe", taj izraz nisam koristio obzirom na današnje poimanje i naboj povezan s riječju drama. Isto tako, pod ovim izrazom ne podrazumijevam *psihodinamiku* ponuđenu od npr. Freuda, Junga, Adlera ili Kleinove.

3 Dogma je uspostavljeno vjerovanje ili doktrina uspostavljena od strane neke religije, ili u širem smislu neke druge grupe ili organizacije. Ona je autoritativna, neupitna i neosporna, a neslaganje s njom znači da osoba više ne može pripadati grupi koja je promiče.

kroz postojanje parazitskih entiteta i ponuditi njihovo rješavanje kroz oslobađanje od takvih entiteta bilo bi ograničavajuće, kao što bi npr. bilo Freudovo insistiranje na Edipovom kompleksu i psihoanaliziranje, Adlerov kompleks inferiornosti i individualna psihologija, behavioristično svođenje čovjeka na životinju bez slobodne volje i traženje rješenja kroz promatranje i korigiranje njegovog ponašanja, itd.

Naglasak u ovom tekstu jest na nematerijalnim i parazitskim utjecajima ljudskog i neljudskog porijekla jer su oni nedovoljno obrađeni, ali smatram da su **samo jedan dio** standardnog teatra kojeg nosimo u sebi – teatra koji pokušava orkestrirati naš ego,[4] a iza kojeg stoji mnoštvo osobnosti (tzv. pod-identiteta) i sadržaja koji se razmjenjuju na pozornici teatra. Kakav je pravi međuodnos između svih "stanovnika" našeg teatra ne znam, niti sam do sada pronašao zadovoljavajuće široku "mapu terena", što posebice vrijedi za one ponuđene u sklopu znanstvenog materijalizma (koji hoće objasniti ovaj nematerijalni realitet često koristeći izraze primjerenije ekonomiji, financijama ili strojarstvu nego ljudskoj psihi). Ono što je evidentno je da različiti "stanovnici" ponekad znaju slično izgledati, kao što ćemo vidjeti da bi mogao biti slučaj u primjeru identiteta iz prošlog života i nakačenog[5] entiteta tzv. astralnog fragmenta, a od kojih niti

4 Pitanje ega je, barem koliko sam do sada uspio razumjeti, nedovoljno potencirano i mnogi misle da je ego (lažno Ja ili stečena osobnost) samo "luksuz" ljudi za koje se kaže da su egoistični ili egocentrični, često smatrajući da oni sami niti nemaju ego. Oni koji su ponešto doznali o egu i otišli tragom nekih danas popularnih New Age sanjarenja znaju pričati o tome kako su otpustili ego i više ga nemaju. A ako nešto nemamo onda o tome ne moramo niti brinuti. Takve izjave samo su dio teatra u kojem ego želi imati "sve pod kontrolom". Kako je jedna od uloga ega i da nas drži "pri zdravoj pameti" (engl. *sane*) i osim ako i to nije način da sebi digne cijenu, nevoljko će pristati na bilo kakvo kopanje po svom staništu – psihi. Ovo u stvari ne bi trebalo čuditi jer je stanje na terenu kod shizofrenične, podvojene (PVO) i osobe "pri zdravoj pameti" puno sličnije nego što bi čovjek mogao pomisliti. Tako da će traženje pomoći od psihoterapeuta ego okarakterizirati kao korak za očajnike koji su skoro ludi ili već poludjeli.

5 U tekstovima se koristi pojam nakačenje ili nakačenost u pokušaju opisivanja povezanosti entiteta i domaćina (engl. *host*) tj. osobe na kojoj obitava. Smatram da je pojam onoliko (ne)prikladan koliko i u engleskim tekstovima korišteni "attachment". Ovdje bi se moglo diskutirati što koristiti, je li možda priljepak bolji od nakačenja, ili neka treća riječ, mada smatram da bi takva diskusija bila jalova jer niti jedan niti drugi ne može dočarati pravu

jedan ne odgovara pod-identitetu stvorenom u trenutnom životu.

***

Kad je riječ o utjecajima s tamne strane, pojam "demoni" imao je različita tumačenja. Izvorno se koristio za opisivanje nevidljivih (nematerijalnih) božanskih bića, da bi se kroz srednjovjekovnu judeo-kršćansku doktrinu isprofilirao kao izraz za sile Zloga (Sotone). Procvat suvremene znanosti doveo je do gledišta da vjerovanja o demonima pripadaju mračnoj prošlosti. Zanimljivo je kako se sada s distancom od par stoljeća npr. olako zanemaruju različiti izvještaji tadašnjih uglednih članova društva (liječnika i znanstvenika) koji su zapisali pojave koje ni sami nisu mogli objasniti, kao što to ne uspijeva ni modernoj znanosti, jer sve te slučajeve jednostavno nije moguće staviti u ladicu shizofrenije, histerije ili masovne psihoze. Isto tako, neki su današnji psiholozi spremni priznati fenomen posjednuća kod *primitivnih* kultura, ali samo kao preteču onoga što se danas može nazvati "osobnim demonima".[6]

U pisanjima nekih okultnih praktičara također nailazimo na stav da su osobni demoni tek skrivene strukture uma, nerazriješeni kompleksi i potisnuti "glasovi", odnosno jednostavno dio mehanizma ega za rješavanje konfliktnih situacija[7] (zanimljivo da su se po ovom pitanju okultisti i službena psihologija/psihijatrija složili). Na to ne bi trebali gledati kao na neistinu, ali smatram da je u najboljem slučaju poluistina koja nije manje zavodljiva od beskrupulozne laži, jer nas također može odmaknuti od daljnje potrage za istinom. Nešto što je dio našeg psihičkog inventara možemo nazvati i "osobnim demonima", kao što i lokalnog bogataša možemo nazvati "naš Bill Gates", ali zar takva simbolika negira postojanje pravog Gatesa i njegovog bogatstva u ovom istom realitetu? Danas postoji i čitav niz manje dramatičnih naziva za "osobne demone" kao npr. ego-stanja, alter-ega, pod-identiteti, itd. Baš kao što oni obitavaju u našoj pod-

prirodu ovakvog odnosa. Korištenjem nakačenja izbjegnuta je i daljnja moguća konfuzija koju bi moguće unijeli pojmovi kao što su opsjednuće, posjednuće, zaposjednutost koje različiti autori koriste općenito opisujući ovakve pojave.

6 Usp. dr. J. Rowan: *Subpersonalities - The People Inside Us*, London, Routledge, 1990., str. 10

7 Usp. P. Hine, P. J. Carroll: *Condensed Chaos: An Introduction to Chaos Magic*, Phoenix AZ, New Falcon Publications, 1994., str. 150

svijesti upravo tako postoje i dobri pokazatelji da na jednak ili sličan način tu obitavaju i strana samosvjesna bića koja imaju sasvim određeni utjecaj na nas. Ako ništa drugo, pojam "osobni demoni" je utoliko na mjestu koliko govori da su oni dio psihičkog inventara točno određene osobe i njezina kolekcija demona je zaista osobna.

O takvim pojednostavljenjima naše percepcije bića, odnosno negacije različitih "stanovnika" svijesti podsjeća npr. J. Hillman slijedećom izjavom:

> "Mi ne vjerujemo da imaginarne osobe uopće mogu *postojati na način kako nam se same predstavljaju,* kao važeći psihološki subjekti s voljom i osjećajima, poput naših, ali na njih nesvodivi. Za takvo razmišljanje kažemo da je legitimno samo animističkim primitivnim ljudima, djeci i umobolnima."[8]

***

Uz "nepostojeće" demone važno mjesto zauzimaju i "vanzemaljci" (engl. *aliens*), za koje bi mogli ustvrditi da su ovdje prisutni najmanje otkako je i čovjeka i da oni nisu tek arhetipske slike u našoj podsvijesti (niti takva bića nužno posjeduju nama shvatljivu *tjelesnost*). Ovo je domena koja je posebna poslastica za znanstvenu i inu kritiku, a nešto više o tome biti će rečeno u 14. poglavlju (u opisu slučaja Tare). Neki od njih predstavljali su se zemaljskim bogovima, epitet koji možda opravdava njihova "tehnološka" superiornost i znanje. No, njihovi su planovi rijetko bili usmjereni prema suštinskom (duhovnom) napredovanju ljudskog roda, a obzirom da se povijest ponavlja, ne bi čudilo da se neko slično predstavljanje ponovi.

Koliko god nam je bilo smiješno slušati o oduševljenosti urođenika šarenim staklom i ogledalcima dobivenih od europskih osvajača, koje je završilo porobljavanjem Novog Svijeta, već sada svjedočimo našoj fascinaciji ponudom proizvoda bez kojih smo još prije 15-tak godina normalno živjeli, a što rezultira olakim odustajanjem od ljudskih sloboda. Ima li suštinske razlike između urođenika koji ponosno prevrće ručna ogledalca i modernog čovjeka koji s ponosom nosi novi model mobilnog telefona ili se više niti po rodnom gradu ne

---

8 J. Hillman: *Re-Visioning Psychology*, New York, HarperCollins Publishers, 1997. (©1975.), str. 2, moj prijevod

želi voziti bez GPS navigacije? Možemo li zamisliti na što bi tek (olako) mogli pristati kad ponuda ne bude toliko "trivijalna" i pojave se npr. sa svojom ponudom nosioci "nade" u novi poredak, s vrlo opipljivim novim "zdravstvenim", energetskim i tehnološkim dostignućima, nudeći nam još povrh toga i "mir, ljubav i duhovni napredak"?

Koliko je lako kupiti današnjeg čovjeka, koji je izgubio kontakt sa Svjetlom ili još gore, samovoljno prodao svoju dušu, čovjeka izmučenog strahovima, krizama, "terorizmom", stotinama "moram/trebam" i poplavom dezinformacija kojima je svakodnevno izložen? Vjerojatno tim lakše, što više bude zarobljenik (ne)potrepština, a istovremeno izložen (ne)ljudskim ponudama i dodatno opterećen "osobnim demonima" koji ga svakodnevno prate i ne puštaju na miru.

***

Informacije koje su prezentirane u tekstu govore o nevidljivim utjecajima za koje je karakteristično da rezultiraju dobivanjem i nošenjem svojevrsnoga "tereta", nečega što izvorno nije naše i čije se posljedice mogu manifestirati kroz različite tjelesne, emocionalne i psihičke simptome i poremećaje.

Postoji nekolicina terapeuta, psihijatara i psihologa kojima znanstvena pozadina nije zasmetala da u svoj rad uključe, u znanstvenoj zajednici nepriznate pojmove i metode, a sve kako bi pomogli osobama koje su im se obratile za pomoć. Teško mi je zamisliti i da im kroz školovanje i usavršavanje nije ponuđen, između ostaloga, i koncept "osobnih demona", a što ih nije priječilo da ostanu otvoreni i prema drugim konceptima i mogućim tumačenjima zbivanja na psihičkom planu. Njihova iskustva, definicije, metode i promišljanja čine osnovu ovog teksta.

Da sve ovo ne bi bilo puko intelektualiziranje na osnovi pročitanog ili prodiskutiranog s nekim od još živućih autora, u tekstu su navedena i neka moja iskustva u radu s drugim osobama (čemu je prethodio rad na sebi s drugim terapeutima) korištenjem postupka oslobađanja opisanog u 11. poglavlju, a koji se temelji na onome što je dr. W. Baldwin ponudio u sklopu svoje SRT (*Spiritual Releasement Therapy*).

Ne bi trebalo zaboraviti da je ovdje riječ o domeni koja je svjesnom umu u stanju uobičajene svijesti strana i nepoznata, a iskustva do kojih se može doći pomicanjem svijesti u tu domenu postaju ne samo neizreciva i neopisiva, nego često i lišena potrebe za dokazivanjem i potvrdom.

Ovdje navedena iskustva mogu dati neku sliku o našim unutrašnjim sadržajima, pa iako ih možemo intelektualno prihvatiti, želio bih podsjetiti da to neće biti usporedivo s vlastitim iskustvom – kao što npr. čitanje studija o medu neće biti dovoljno u stvaranju iskustva o njegovoj slatkoći – za to će ga jednostavno trebati probati.[9]

Vjerujem da će oni koji su se prepoznali u opisanim primjerima i stanjima i uočili prateće simptome dobiti neke nove ideje o tome što ih muči i tragom toga naposljetku odlučiti i nešto poduzeti i promijeniti.

***

U tekstu koji slijedi ključna su dva pojma: Svjetlo i bića (pomagači) iz Svjetla, te Zli i njegove mračne snage. Svjetlo i Zlo nikako ne bi trebalo razumjeti kao dvije strane istog novčića, jer one to nisu: Svjetlo jest izvor svega vidljivoga i nevidljivoga, ali nije neposredni izvor tame, koju je svojom slobodnom voljom stvorio Zli odricanjem od Svjetla. Svjetlo nije tek obični nedostatak tame, kao što ne vrijedi ni tvrdnja da Svjetla ne može biti bez tame (neistina) – upravo suprotno, tama ne može postojati bez Svjetla (istina). Drugim riječima, Svjetlo je neovisno (apsolutno), a tama će uvijek biti o njemu ovisna (relativna).

Relativiziranje Svjetla na razne suptilne i opasne načine manipulacija je agenata mračne strane u svrhu maskiranja svog mračnog opredjeljenja, pri čemu ne prezaju od zloupotrebe i kompromitacije

9 Koliko god je ova izreka zdravom razumu neosporna, podsjećam da je primjer prave hereze za "tvrdu" znanost jer stavlja subjektivno (osobno) iznad, objektivnog (mjerljivog i kako bi se znanstveno reklo "intersubjektivno provjerljivog"). S takvim svjetonazorom onda nije teško npr. B. Riekenu sugerirati da je moguće napisati teorijski rad o ljubavi, a da se nikad nije voljelo, iako tada *vjerojatno nedostaju određene dimenzije razumijevanja*! (Usp. B. Rieken: *Mit i memorija. Uz fenomenologiju numinoznog u književnosti, umjetnosti i narodnoj kulturi: psihološki pristup razumijevanju numinoznog*, u: Narodna umjetnost: hrvatski časopis za etnologiju i folkloristiku, Vol.42 No.2 Prosinac 2005., http://hrcak.srce.hr/2931, viđeno 29.11.2011.)

značajki Svjetla. Primjera zle maškarade imamo napretek: Google[10] – *no evil,* Crkva – *mi smo Kristova Nevjesta,* današnja demo(n)kratska vodstva – *mi smo legalno izabrana većina,* NATO - *sila za dobro,* itd.

Bićima Svjetla ne treba opravdanje niti etikete "dobri", "bijeli", "svijetli", "dobročinitelji", "dušebrižnici", itd. kao što npr. ni ptica ne treba dokazivati ni razmetati se činjenicom da je dobar letač, jer ona to jednostavno jest. No, kako Svjetlo ne bi bilo shvaćeno kao apstraktan i imaginaran pojam, želim reći da pod njim podrazumijevam naš Izvor koji JEST od Boga (a ne njegova monoteistička[11] slika) i da kroz Svjetlo JESMO s Bogom/Apsolutom.[12]

Pod pojmom Zloga podrazumijeva se Sotona sa svim pripadajućim mu imena (uklj. Lucifer), koji sa svojim legijama radi na tome da preuzme što više duša ("zasjeni" božanske iskre, Svjetla u nama). Možda bi mogli reći da to radi u nadi da će uspjeti u potpunosti ugasiti Svjetlo u području kojim želi dominirati i za to ne bira sredstva, te rado nudi i ugovara partnerstva koja su, da podsjetim, *ugovori s vragom,* a kada je riječ o poslovanju s mračnim silama treba znati da **nema** besplatnog ručka.

Mračnoj strani osobito smeta spominjanje Isusa u čistoj i nekorum-

---

10 Zainteresirani za proklamirano *no evil* opredjeljenje Googlea mogu krenuti tragom zloupotrebe osobnih podataka svojih korisnika, "Street View" skandala, neautoriziranog digitaliziranja bibliotečne građe, traženja zaštite i udruživanja s NSA prikazujući se kao žrtva tzv. *cyber* kriminala, zatim evangelizacije neophodnosti besplatnih internet servisa i sadržaja (kako bi imao što više "mesa" na koje će lijepiti svoje reklame), itd.

11 **Monoteizam** - (od grč. *monos,* "jedan, jedini, sâm") vjera u jednog jedinog Boga, koji stoji u suprotnosti sa svim ostalim religijama i filozofijama; začinje religijsku ideologiju koja bira i apsolutizira jednu određenu predodžbu o Bogu kao jedinu istinsku; oblik deizma. (A. Risi: Radikalni srednji put/Rječnik filozofskih pojmova, prijevod: I. Beker)

12 **Apsolut** – sveobuhvatni, koji sve sadržava; uzrok svih uzroka. U ateizmu je Apsolut ukupnost sve materije i sve energije, odnosno ukupnost relativnog. U monoteizmu to je uzvišeni, jedini Bog koji otkriva sebe u samo jednom jedinom pismu i religiji. Prema teizmu Apsolut je sveobuhvatna, sveprisutna i sve-svjesna stvarnost (Bog), koja se ne definira Relativnim, ali sve relativno obuhvaća i daje mu smisao, bez da sebe ograniči na ukupnost relativnog; sve što Relativno sadrži, sadržano je – u svom čistom, vječnom "obliku" – u Apsolutu, osobito svijest (slobodna volja). (A. Risi: Radikalni srednji put/Rječnik filozofskih pojmova, prijevod: I. Beker)

piranoj formi jer ih ili podsjeća na svoju odmetnutost od Svjetla, ili na strah od Svjetla za koje smatraju da ih može uništiti, što je djelomično točno: Svjetlo rastvara samo tamu u njima. Reakcija na Isusa i Svjetlo vrlo su važan test i može nam pomoći u razotkrivanju opredjeljenja onih s kojima ćemo se susretati na putu, uz pretpostavku da zaista možemo prepoznati reakciju koja je često vrlo suptilna.

Zgodan detalj koji pokazuje koliko Svjetlo nekome smeta je i to da sam kod nekih terapeuta, koji su krenuli stopama pionira u ovom području, zapazio relativiziranje značaja Svjetla i pomagača iz Svjetla u čitavom postupku oslobađanja, na način da npr. nude slobodu nakačenim entitetima (riskirajući između ostaloga i higijenu vlastitog prostora) ili nudeći metode nasilnog izbacivanja entiteta (recimo elektroakupunkturom, obzirom na neprihvatljivost klasičnih elektrošokova), ignorirajući snagu pomagača iz Svjetla koji su nam na raspolaganju.

2. POGLAVLJE

Opće je nepoznato

Pri obradi centralne teme pokušalo se izaći iz okvira svjetonazora koji često u obranu svojih uvjerenja, a posebice kada ponestane drugih argumenata, koristi frazu "opće (ili svima) je poznato". Smatram da je ta fraza može biti dobar pokazatelj da netko nastupa dogmatski (što gotovo neizbježno vodi u neki fundamentalizam npr. znanstveni ili religijski), ili da je riječ o pukom neznanju/nerazumijevanju i mehaničkom ponavljanju tuđih ideja i stavova, često nekritički prihvaćenih kroz školski sustav ili neku drugu vrstu sustavnog (višegodišnjeg) programiranja. Tako će neki bez puno razmišljanja reći da je *opće poznato* da je npr. stvarno samo ono što možemo posvjedočiti s naših pet čula (nabrojati ću ih: vid, njuh, sluh, okus, dodir), po drugima je *opće poznato* da čovjek nakon smrti ili zauvijek nestaje (ateistička dogma) ili ga čeka posljednji sud (monoteistička dogma).

Ako bi se tragom te fraze vratili npr. par stoljeća unazad isto tako bi čuli kako je *opće poznato* da je zemlja ravna ili da je ona centar svemira. Dapače, tvrditi suprotno, posebno ako bi to izrekla poznata/utjecajna osoba, bilo je ravno potpisivanju smrtne presude – recimo nešto slično ne tako davnom scenariju po kojem su Sadam i više od milijuna Iračana platili glavom zato što je bilo *opće poznato* da su imali opasno oružje i bili prijetnja svjetskom "miru".

Tragom takvih izjava u slučaju postojanja mogućih nevidljivih utjecaja suvremena znanost svojim strogo materijalističkim pristupom[1] pokušava nas uvjeriti i da je danas *opće poznato* da se npr. svi

---

1 Ovo se još naziva *materijalistički redukcionizam,* koji pokušava objasniti stvarnost kao cjelinu koja nije ništa drugo do skup sastavnih dijelova. Sitni problem kod ovakvog svjetonazora predstavlja činjenica da se pod "sastavnim dijelovima" podrazumijeva samo ono što je na neki način manifestirano, vidljivo ili opipljivo. To čini okosnicu "tvrde znanosti", pa tragom toga pokušajmo u skladu s njom zamisliti da današnji mobilni telefon dođe u ruke znanstvenicima u 19. stoljeću. Što bi oni rekli o istome? Da sadrži na-

utjecaji demonskih (ili mračnih) bića mogu pripisati neurološkim disfunkcijama (poremećajima u kemiji mozga), što nam mogu i "dokazati" – primjenom svojih farmaceutskih dostignuća učiniti će da npr. osoba više ne čuje "glasove u glavi" (uz popratnu zombifikaciju). Isto tako, znanstveno *opće poznata* stvar je i da su sve to samo "osobni demoni" da priče o duhovima i demonima pripadaju prošlim svršenim vremenima. Na kraju bi mogli iskoristiti ništa slabiji "argument": *opće je poznato* da su se takve stvari manifestirale *uglavnom* kod osoba opterećenima konfesionalnim uvjerenjima. Jedna od metoda pronalaženja takvih utjecaja je hipnotička pobuda promijenjenog stanja svijesti (popularno: "hipnoza"), za koju je isto tako *opće poznato* da je nepouzdana ili čak opasna i štetna! U nastavku će biti ponuđeni neki podaci i primjeri koji nude drugačiju perspektivu koju bi mogli nazvati *Opće je nepoznato!*

Čovjek po mjeri statistike

Smatram da je važno spomenuti i jedan od važnih, upravo neizbježnih alata moderne znanosti koji se uveliko koristi i u psihologiji,[2] sta-

kupinu nepoznatog materijala (nama poznatog kao plastika), koji u jezgri sadrži neke metalne listiće (tzv. čipove), koji su povezani na nešto što pokazuje određeni električni potencijal (baterija), a sve skupa pritiskom na određenu tipku rezultira čudovišnim pojavljivanjem pokretnih slika (pozdravna animacija), na nečemu nalik staklenoj pločici (zaslonu) nakon čega se ispiše: "Mreža nije pronađena"! U daljnjoj analizi bi vjerojatno shvatili da "metalne pločice" u osnovi sadrže silicij ili da baterija sadrži litij, ali ne puno više od toga. Svoje suvremenike koji bi se usudili pomisliti da je animacija i ispisani tekst na zaslonu zasluga nečega potpuno nevidljivog i nedokučivog (softver) te da se isti možda koristi za komunikaciju s drugim sličnim uređajem preko nečega trećega (mobilne mreže), lako bi osudili zbog bujne mašte, nerazumnosti, ili haluciniranja i postali bi predmet sprdnje ili proglašeni hereticima.

2 Psihologija je postala znanost kada se odvojila od filozofije, a po definiciji se bavi ljudskim ponašanjem i umnim (mentalnim) procesima. Originalno značenje riječi ima u korijenu grčku riječ za dušu (*psukhē*). Mislim da je razumljivo da pod udarom materijalističkog pozitivizma/redukcionizma nešto apstraktno poput duše nije moglo više ostati u definiciji. Za spomenutu grčku riječ se spominje i pojam um, što bi moglo donekle opravdati da se ta znanost i dalje zove psihologija iako je i ovo upitno ako uzmemo u obzir da su pod utjecajem *opće poznatih* neuroloških otkrića mnogi olako

tistiku. Današnje korištenje (tj. zlouporaba) statistike često ostavlja dojam da se istom želi po svaku cijenu pokazati, odnosno tragom iste iznaći riješenje ili objašnjenje koje bi bilo primjenljivo na sve nas, idealno na globalnoj razini.

Ovdje postoji više stvari koje **nisu** tako opće poznate ali su standardni dio procedure prilikom stvaranja informacija koje postaju *opće poznate*: statistika uključuje procjenu vjerojatnosti (pa time i primjenjivosti ponuđenih rezultata) temeljenu na tzv. reprezentativnom uzorku (nikada na cjelini ili barem većini). Na takvom ispitnom uzorku se provode istraživanja kako bi se vidjelo u kojoj mjeri će se uklopiti u *željeni rezultat* koji je postavio sam istraživač. Takav željeni rezultat može biti jako obojen postojećim uvjerenjima istraživača ali isto tako može biti i svjesno manipuliran od naručioca istraživanja kako bi se dobilo "znanstveno pokriće" za ono što se želi ponuditi. Ovo dovodi do pitanja po kakvim i čijim se kriterijima/standardima vrše istraživanja.[3] Na kraju treba spomenuti i prešućivanje izuzetaka – rezultata koji, iako brojčano predstavljaju manjinu

---

počeli poistovjećivati um sa mozgom! Kod takvih razmišljanja preporučio bih da se razmisli može li se poistovjetiti oko s vidom ili uho sa sluhom ili ovdje pričamo o organu i funkciji, pa bi slijedom toga mogli reći da kao što je oko organ vida tako je i mozak organ uma. Na pitanje što je um, može se postaviti i protupitanje: a što su zaista vid ili sluh?

Koliko je psihologija postala bezdušna/nepsihološka i nadasve *plitka*, govori i činjenica da je danas psihologija koja uključuje i podsvjesne sadržaje dobila pridjev "dubinska" (engl. *Depth psychology*).

3 Fanelli je ustvrdio da 91,5% psiholoških/psihijatrijskih istraživanja potvrđuju ono za čime se tragalo što je i do pet puta više nego u nekim drugim granama znanosti (npr. proučavanje svemira ili Zemlje). Ovakve rezultate argumentira činjenicom da se istraživači u granama "meke" znanosti manje suzdržavaju svojih svjesnih i nesvjesnih predrasuda (Usp. D. Fanelli: *"Positive" Results Increase Down the Hierarchy of the Sciences*, 07.04.2010., http://www.plosone.org/article/info:doi/10.1371/journal.pone.0010068, viđeno: 07.11.2011.).

Isto tako u 2010. g. je grupa istraživača izvijestila o postojanju sustavne pristranosti u psihološkim studijama prema tzv. WEIRD skupini (kratica od *"western, educated, industrialized, rich and democratic"* ili u prijevodu "zapadnjačka, školovana, industrijalizirana, bogata i demokratska"). Iako bi se samo jedna osmina (12,5%) sveukupne populacije mogla svrstati pod WEIRD, od 60 do čak 90% psiholoških istraživanja provedeno je nad osobama iz upravo te skupine (Usp. J. Henrich, S. Heine & A. Norenzayan: *The Weirdest People in the World?*, 2010., http://www2.psych.ubc.ca/~henrich/Published.html, viđeno: 07.11.2011.).

(dopušteno do 5% promatranog uzorka), ipak su tu i zahtijevaju određenu pažnju.[4] Obrada izuzetaka nije zanimljiva naručitelju istraživanja, pa nije niti za očekivati da će istraživači zaintrigirani izuzecima imati na raspolaganju dodatno vrijeme i sredstva kako bi se posvetili njihovom daljnjem proučavanju.

Pored spomenutog, postoji još jedna zanimljivost, a to je povijest omalovažavanja statistički reprezentativnih podataka kada to vodećoj strani/struji nije u interesu iako ti isti nemaju nikakvih problema istovremeno ponuditi statistički manje reprezentativne rezultate u obrani svojih *opće je poznato* stavova.

Ako uzmemo u obzir spomenute manipulacije onda postaje razumljivije kako smo po nekim istraživanjima evoluirane životinje,[5] napredni biološki roboti, bića bez slobodne volje, osobe koje zbog kemijskih poremećaja u mozgu mogu imati čudne ideje o "nevidljivim bićima" koja ih ometaju, da sve nestaje u smrtnom trenutku, itd. No ništa od gore navedenog nitko ne može niti u potpunosti potvrditi, niti opovrgnuti. Ovo isto vrijedi i za negaciju takvih izjava, pa ako ostanemo pri temi nevidljivih utjecaja, još uvijek ne postoji zadovoljavajuća praktički potvrđena teorija po kojoj bi se oni mogli opovrgnuti koliko god oni nekima bili neprihvatljivi i fantastični.

---

4 Pored navedenog prešućivanja, npr. u članku o zlouporabi statistike u engl. Wikipediji navode se još i pretjerana generalizacija, biranje pristranog uzorka, nespominjanje i krivo interpretiranje procijenjene greške, krive početne pretpostavke i uzročne povezanosti, pokušaj dobivanja početne pretpostavke kada ista ne postoji kopanjem (engl. *data mining*) po velikom broju podataka, izravna manipulacija rezultatima i prejudiciranje ponovljivosti rezultata (http://en.wikipedia.org/wiki/Misuse_of_statistics, viđeno: 17.11.2011.)

5 O tome što moderna znanost uključujući i psihologiju/psihijatriju misli o čovjeku na svoj način ukazuje slijedeći detalj: kada se provode istraživanja koja bi mogla biti potencijalno opasna za čovjeka onda se ona vrše na životinjama koje se stručno nazivaju *nonhuman animals* kako bi se jasno ukazalo da se ne izvode na životinji koja se naziva čovjek.

Zanimljivo je i kako je današnja znanost zanemarila da je u korijenu engl. riječi *animal* latinsko *animāle*, srednji rod od *animālis* ili življenje od *anima* ili **duša** – upravo ona nematerijalna "supstanca" koja modernoj znanosti predstavlja tabu temu poput npr. pitanja smrti.

Nevidljivi utjecaji i ljudska psiha

Nevidljivi utjecaji koji će biti razmatrani u nastavku manifestiraju se isto tako kroz nevidljivi dio ljudskog bića – pojednostavljeno rečeno našu psihu. Učenja koja su bitno starija od teorija materijalističke znanosti nude puno složenije opise onoga što zovemo čovjek, a što uključuje i nematerijalna tijela, među njima i psihu (dušu, koju materijalistička znanost reducira na um, smatrajući je rezultatom moždanih procesa, svodeći je tako na puki produkt materije). Ukupan broj tijela, uključujući fizičko, tj. ono koje materijalistička znanost jedino priznaje, varira od 3 do čak 9, ali najčešće se spominju četiri tijela[6] (u ovom realitetu).

Čitava stvar s nevidljivim utjecajima dodatno komplicira činjenica da se oni odvijaju u nesvjesnom (podsvjesnom) dijelu uma, a čiji će sadržaji već pronaći način da se manifestiraju i pokrenu niz reakcija koje mogu imati negativan učinak na samu osobu ili na druge ljude s kojima je osoba u kontaktu.

Psihologija i psihijatrija bi trebale ponuditi objašnjenja o tome što se događa u ljudskoj psihi i pomoći u slučajevima poremećaja. U traženju odgovora na pitanje koliko u tome stvarno uspijevaju treba se vratiti nešto unazad, do S. Freuda koji je u svoje vrijeme ponudio određene revolucionarne ideje i terapeutske pristupe, a isto tako na vlastitom primjeru pokazao koliko su individualni podsvjesni sadržaji (pa i tzv. osobni demoni) ključni u oblikovanju svjetonazora i načina života. U njegovom slučaju možemo reći da nije uspio uloviti suštinu, te je umro u uvjerenju da je čovjek po prirodi zao, vođen primitivnim instinktima koje treba držati pod kontrolom. U Freudovom slučaju, primitivni instinkti poput straha rezultirali su zatvorenošću, krutošću i insistiranju na svojim idejama po svaku cijenu, a one koji nisu željeli ostati unutar okvira njegovih spoznaja (npr. Jung ili W. Reich) pokušao je diskreditirati i izopćiti iz znanstvene zajednice. Freudov redukcionizam u pristupu ljudskoj psihi u

6 Postoje određene razlike u imenovanjima i tumačenjima tijela, kao npr. prema teozofiji: fizičko, astralno, mentalno i kauzalno (ono koje nosi uzroke, tijelo volje) ili prema antropozofiji: fizičko, eterično, astralno i Ego (Više Ja) ili još jedan primjer: puteno, prirodno, duhovno i božansko (ezoterijsko kršćanstvo). Gurđijev je uz to tvrdio i da ljudi imaju samo mogućnost da razviju sva četiri tijela, ali da se rađamo samo s prvim, a na ostalima treba *raditi* ne bi li se eventualno stvorila/kristalizirala.

kombinaciji s još nekim istraživačima (npr. Pavlov kao preteča biheviorizma) bio je usklađen s ateističkim svjetonazorom moderne znanosti i postao obavezni dio stručnog obrazovanja. Iako su se kasnije pojavili različiti novi psihološki pravci koji uzimaju u obzir širi kontekst postojanja i obećavaju cjelovitijeg i ostvarenijeg čovjeka, i oni ipak ili negiraju ili ne nude jasnu sliku veze takvog novog čovjeka sa Apsolutom.

Osim postavljanja tvrdih granica psihologiji i psihoterapiji Freudov svjetonazor imao je upravo devastirajuće posljedice na modernog čovjeka zahvaljujući još jednoj osobi koja je bila oduševljena njegovim tumačenjem ljudske prirode. Riječ je o njegovom nećaku E. Bernaysu koji se odlučio pozabaviti ljudskim rodom postavši tako ocem propagande čije katastrofalne učinke osjećamo i danas, bez prave naznake promjene kursa s globalnog konzumerizma kojemu je propaganda (odnosi s javnošću,[7] oglašavanje i marketing kako se to "stručno" naziva) jedan od nosivih stupova. Na ovu temu postoji odlična mala dokumentarna serija A. Curtisa "Stoljeće ega" (*The Century of the Self*, 2002.)

Tako je Freud postao zvijezda novije povijesti zbog tvrdnje koja je svojevrsna znanstvena potvrda judeo-kršćanske doktrine po kojoj je čovjek zaslužio nositi epitet "prirodno zlog" zbog svog pada, istočnog grijeha (a posredno možda i zbog nećakove probitačnosti i upornosti svoje kćeri, Anne Freud). Freud je kroz svoj rad pokušao racionalizirati postojanje ljudskog zla zbog potreba modernog društva u kojem je "čovjek čovjeku vuk".

Od Freuda do naših dana znanost nas uvjerava kako je puno toga napravljeno i otkriveno. To se ne može poreći, ako ni zbog čega drugog, onda zbog zanimljivih i zabavnih opisa[8] neopipljivog realite-

---

7 E. Bernays za svoju manipulativnu praksu nije htio koristiti izraz "propaganda" jer mu je zvučao previše grubo, a i nacisti u Njemačkoj su ga već uvelike koristili. Tako je izmislio pojam "Vijeće za odnose s javnošću" (od engl. *Council for Public relationship*), što je kasnije postalo poznato kao PR, koji danas predstavlja okosnicu konzumerističkog društva kojega su oblikovale korporacije uspješno zamijenivši potrebitost za poželjnost onoga što nam prodaju.

8 Na ovo bi se mogla primijeniti i slijedeća napomena Gurđijeva: *"ljudi ne razumiju sasvim jasno što 'razumijevanje' znači. Po pravilu, kada ljudi shvate da ne razumiju stvar oni pokušaju pronaći ime za ono što ne 'razumiju', a kada ga pronađu oni kažu da 'razumiju'. Ali 'pronaći ime' ne znači 'razumje-*

ta ljudske psihe, insistiranju na njegovom visočanstvu egu (lažnom ja) i marginalizaciji važne osobine psihe – imaginaciji. Pokušavalo se svašta kako bi se izbjeglo spominjanje suštine, pa tako postoje divni i opsežni opisi ljudskih "stanja" koji znaju nalikovati pokušaju opisa ptičjeg leta bez spominjanja – krila. Eto, ptica leti, ali za krila i aerodinamiku ne pitajte, riječ je o nečem drugom. Ponuđen nam je i niz, reklo bi se, grotesknih teorija, kao što je npr. ona o *memima*, mentalnim virusima, koja nas svodi na puke prenosioce (replikatore) istih. Time nam memetika nudi novu priliku za izbjegavanje odgovornosti prema vlastitom životu i djelovanju, svodeći nas na sofisticirane strojeve.[9]

Sjećanja na prošle živote i karmički princip

Bavljenje utjecajima ljudskih i neljudskih entiteta gotovo nezaobilazno dovodi do susreta s još jednim zanimljivim sadržajem podsvjesnog uma – sjećanjima na situacije i događaje iz prošlih života. Iako nisu tema ovog teksta, dobro je znati da se u promijenjenom stanju svijesti oni mogu pojaviti, ali mogu pripadati kako osobi tako i nakačenim entitetima. Zanemarivanje ove činjenice može npr. regresoterapiju[10] učiniti neučinkovitom jer će se raditi sa sadržajima koji izvorno ne pripadaju osobi, što neće voditi do željenog rezultata. Činjenica da je moguće doći do sadržaja koji se mogu okarakterizirati kao iskustva iz prošlih života sama po sebi ne potvrđuje koncept reinkarnacije, odnosno opetovanog utjelovljenja duše u tijelo

ti'." Usp. P. O. Ouspensky: *In Search Of the Miraculous, The Teachings of G. I. Gurdjieff*, San Diego, Harcourt, Inc., 2001. (©1949.), str. 68

9 Memetiku je ponudio darvinistički evolucionist R. Dawkins koji pokušava na svoj način racionalizirati čovjekov "uspon" iz majmunolikog bića u modernog čovjeka. S. Blackmore ovo objašnjava na sljedeći način: "*Mi smo jedini na ovom planetu koji smo i "meme" strojevi. Mi smo* ***selektivni uređaji za imitaciju*** *u evolucijskom dijelu utrke s novim replikatorima. Zbog toga smo toliko različiti od drugih kreatura; zbog toga jedino mi imamo velike mozgove, jezik i složenu kulturu.*" (moj prijevod i podebljanja)

10 Terapija povratka u prošle traumatske događaje koji vrlo često imaju izvor u prošlim životima. Ponovno proživljavanje takvih događaja iz sadašnje pozicije vodi do otpuštanja blokiranih emocionalnih naboja (često katarzično), a razumijevanje i na ovakav način ponovno proživljavanje može dovesti do nestanka simptoma koji su bili posljedica takvih trauma.

(kompleks fizičkog i eteričnog tijela) kroz više života. Većina stanovništva planete poznaje i prihvaća reinkarnaciju, što se ne može reći za područja pod utjecajem religija temeljenih na judeo-kršćanskoj i islamskoj doktrini,[11] za koju ona predstavlja herezu, zbog koje su kroz povijest mnogi zapadnjački gnostici i neistomišljenici izgubili glavu ili bili proganjani od strane crkvenih poglavara.

Čak i tamo gdje je prihvaćen,[12] koncept reinkarnacije je, kao i svaki pojam važan za duhovni razvoj, ozbiljno korumpiran – ponekad do te mjere da je postao bizaran i nečovječan (npr. čovjek koji jede svinje ili se ponaša poput svinje sljedeći put će se roditi kao svinja).

Priča o reinkarnaciji uključuje i pojam *karma* koji u izvornom sanskrtu znači "djelovanje" (koje stvara učinak) i ukazuje na činjenicu da bilo kakvo djelovanje u materijalnom svijetu ima svoje posljedice u skladu s zakonima kauzalnosti (uzročno-posljedične povezanosti). Karmu čini (uzročno-posljedična) **predodređenost** i naša **slobodna volja**.[13] Svođenje (redukcija) karme na predodređenost

---

11 Dosta izvora, posebno iz New Age zajednice, spominje da se kršćanska (tada još nepodijeljena) religija Europe, s reinkarnacijom obračunala na Petom ekumenskom koncilu ili Drugom koncilu u Konstantinopolju (današnjem Istanbulu). Isti je sazvan 553. godine od strane bizantinskog cara Justinijana, kojim je i predsjedavao (umjesto tadašnjeg pape Vigiliusa), s polovičnim prisustvom biskupa. Tada je došlo do osude Origenova učenja, koje je navodno sadržavalo i koncept prethodnog postojanja duše, za koji opet postoje kontradiktorne tvrdnje po pitanju priznavanja reinkarnacije. Za pretpostaviti je da je i gore spomenuto New Age preuzeo iz svog primarnog izvora – teozofije koja želi "pomiriti" sve svjetske religije i pretvoriti ih u jednu koja bi poslužila stvarateljima novog svjetskog poretka, a na tron stavlja, ni manje ni više, nego samog Lucifera.

12 U često citiranoj knjizi S. (Lakar) Rinpochea u kojoj zapadnjacima pokušava približiti tibetansku budističku doktrinu ciklusa življenja i umiranja spomenuto je da bi u "Bardu Nastajanja" (jednom od prelaznih stanja naše svijesti), u ovisnosti o negativnim emocijama i (ne)znanju, mogli biti rođeni i kao *životinja, gladni duh* ili *u paklu* (nije objašnjeno kao kakvo biće). Iako knjiga vrvi različitim upozorenjima i spasonosnim ponudama tipičnim za etablirane religije (po čemu Budizam nije izuzetak), moje dosadašnje razumijevanje govori da je nasreću ovo eventualno sudbina nekih astralnih fragmenata, kojima ćemo se baviti u nastavku, ali ne i naše suštine koja se vraća u Svjetlo odakle je i stigla (Usp. S. Rinpoche: *Tibetanska knjiga o življenju i umiranju,* Zagreb, CID Nova, 1998., str. 286).

13 Usp. A. Risi: *TranscEnding the Global Power Game: Hidden agendas, Divine Intervention and the New Earth,* Neuhausen, Govinda Press, 2004., str. 134

(predestinaciju) tipična je materijalistička zabluda. To bi značilo kako je sve što se događa isključivo posljedica karme (u ovom tumačenju – da je sve unaprijed određeno), a takvo viđenje dobra je podloga za kritiku reinkarnacije i karme od strane zapadnih religija, jer sugerira Božju nemoć, stavljajući ga u ulogu promatrača i oduzimajući mu suverenost nad vlastitom kreacijom.[14] A. Risi upozorava da je ovo opasna poluistina, jer tvrdnja kako je sve jednostavno posljedica predodređenosti svodi ljude na bezdušne biološke robote koji su prisiljeni djelovati u skladu s mehaničkim zakonima prirode. To bi značilo da ne postoji ništa iznad materije i ništa nakon smrti, čime se negira duhovna individualnost, pa tako i slobodna volja.[15]

Karma će biti spominjana u nastavku, u kontekstu jednog od mogućih razloga nakačenja entiteta kao posljedice otvorenosti prema vanjskim utjecajima zbog *samskara* – emocionalnih ožiljaka iz prošlih života[16] ili *karmičkih kompleksa,*[17] koji će zahtijevati tretman neovisan o postupku oslobađanja od entiteta.

Slobodna volja, znanje i razumijevanje

Pri spomenu slobodne volje važno je spomenuti i manipulaciju kao najučinkovitiju metodu postizanja nadmoći nad drugima. Vrhunac takve manipulacije je držanje ljudi u iluziji da postupaju u skladu sa svojom voljom jer najbolji zatvorenik je onaj koji nije ni svjestan da je u zatvoru. Druga mogućnost je da nas se pokuša uvjeriti da ona uopće ne postoji, što implicira bespogovorno pokoravanje najrazličitijim represivnim i autoritativnim strukturama. Nasreću to ipak nije tako bez obzira što današnji čovjek, njegova neosviještenost i mehaničnost govori u prilog tome. Naša slobodna volja je ipak neupitna, s tim što je treba sagledati u širem kontekstu koji uključuje i nemanifestirani realitet i sve naše prošle egzistencije, a ovdje svaka-

---

14 Usp. E. Valea: *Reincarnation - Its meaning and consequences*, viđeno: 03.02.2011.

15 Usp. Risi, str. 134-135

16 Usp. dr. med. S. Sagan: *Regression: Past-life Therapy for Here and Now Freedom*, Clairvision School, 1999., str. 13

17 Usp. Ph. D. R. J. Woolger: *Other Lives, Other Selves*, A Bantam Book, 1988., str. 150

ko vrijedi "*istina* (znanje o njoj, op. a.) *će vas osloboditi*".[18]
Navest ću nekoliko faktora koje držim ključnima za takvo oslobađanje:

- Razumijevanje da smo pojavljivajući se na Zemlji dospjeli i u djelokrug sila tame (sjene), koje imaju potpuno drugačiju, nečovječnu i bezbožnu agendu.
- Razumijevanje da bi uzroci današnjih problema koji su pronađeni u ranoj životnoj dobi mogli biti tek posljedica i prva manifestacija uzroka nastalih u nekom od prošlih/ostalih života. Dok se ti uzroci ne osvijeste i saniraju oni mogu biti razlog nakačenja različitih entiteta.
- Otvorenost kada je riječ o prikupljanju novih podataka, uz kritičnost i analizu vlastitih iskustava prije usvajanja bilo kakvih novih podataka (što svakako vrijedi i za prihvaćanje ovog teksta, pa bilo bi dobro uzeti u obzir da, iako je napisan u najboljoj namjeri – da što ispravnije predstavi pisanja i stavove drugih i samog autora, nije pošteđen grešaka, bilo samo tipografskih ili nastalih zbog nedovoljnog razumijevanja i krivog tumačenja pronađenog).
- Razumijevanje i prepoznavanje aktivnosti i mehanizama kojima se koriste sile tame i koji djeluju suptilno, preko isto tako suptilnog "organa": ega ili našeg *lažnog ja*. Poistovjećivanje s materijalnom dimenzijom postojanja preko ega čini čovjeka slijepim za duhovnu dimenziju, čime postaje laka meta utjecaja i ponuda sila tame.
- Razumijevanje da ignoriranje i negiranje zla **nije** zaštita od njega, već vrlo često upravo odličan način da se svojevoljno prepustimo lažljivim ponudama, koje nam neće pomoći u našem suštinskom napredovanju.
- Odustajanje od manipulacije (kršenje tuđe slobodne volje u svrhu postizanja nadmoći) nad drugima, ali i postavljanje granica u slučajevima kada nam to žele drugi učiniti.
- Razumijevanje da postoje nama nevidljiva svjesna bića, entiteti, koji mogu biti ljudskog ili neljudskog porijekla i s kojima možemo doći u interakciju. Oni na nas mogu djelovati vrlo

18 Isus, prema evanđelju po Ivanu 8, 32: "*Upoznat ćete istinu i istina će vas osloboditi.*"

negativno, najprije nevidljivo, a naposljetku mogu imati i vidljive manifestacije u vidu različitih tjelesnih, emocionalnih i psihičkih simptoma, poremećaja i bolesti.

Spomenuti entiteti mogu se nakačiti na žive osobe i suptilno utjecati na misli i postupke osobe domaćina na kojem egzistiraju o čemu će biti više riječi u 8. poglavlju.

3. POGLAVLJE

Porijeklo entiteta i nastanak nakačenja

O porijeklu i mehanizmima nastanka nakačenja postoje razna objašnjenja i u osnovi se dijele na ljudska i neljudska. U svojoj knjizi *Entities: Parasites of the Body of Energy* Dr. med. S. Sagan opisuje stvaranje ljudskih entiteta koje se temelji na modelu psihe prema kineskoj Taoističkoj tradiciji[1] i modelu četiri tijela[2] ljudskog bića. Prema kineskoj tradiciji psiha nema jednu "dušu" nego deset, a ponekad se govori i o stotinama. U osnovi postoje sedam *Po* i tri *Hun* dijela. Prvoj grupi pripadaju emocije, a druga je suptilnija, više duhovna i treba joj neko vrijeme da se razvije. Previranja u *Po* negativno će utjecati na *Hun*. Pored toga što ovakav pristup ukazuje na raslojenost našeg uma, što prepoznaje i Zapad pod različitim terminima poput pod-identiteta, on govori i o njihovom nejedinstvu i nepoimanju/negiranju postojanja drugih dijelova, što oblikuje psihološki život čovjeka.

Nakon smrti *Po* i *Hun* više nisu vezani za tijelo (fizičko i eterično), razdvajaju se i dobivaju drugačije nazive: *Kuei* umjesto *Po* i *Shen* umjesto *Hun.*[3] *Shen* bi, pretpostavljam, trebao biti ekvivalent za Duh ili Više Ja (četvrto tijelo ili božansko tijelo). *Hun* dijelovi zbog svoje duhovne orijentacije slijede *Shen* prema Svjetlu, a *Po* ostaje pri fizičkom planu i tako postaje *Kuei*. Stari kinezi pričaju o *Kuei* kao o nečemu što se na zapadu naziva "lutajući duh". Dijelovi koje Kinezi nazivaju *Po* i *Hun* prema zapadnoj ezoteriji pripadaju astralnom tijelu (tijelo koje tvori misli i refleksije emocija). U modelu četiri tijela, Sagan dalje objašnjava kako astralni fragmenti (nekada *Po*), mogu

---

1 Usp. Dr. med. S. Sagan: *Entities: Parasites of the Body of Energy*, Roseville NSW, Clairvision School, 1994., str. 33

2 *Isto*, usp. str, 39: fizičko, eterično, astralno i Ego (piše Ego s velikim slovom kako bi ga razlikovao od ega koji se koristi u svakodnevnici i koji predstavlja "lažno ja")

3 *Isto*, usp. str. 35

samostalno ili s dijelovima eteričnog tijela (tijelo životne energije koje pokreće fizičko tijelo) nastaviti dalje samostalno egzistirati i kao takvi se na nekoga nakačiti.

Sagan smatra da je stvaranje astralnih fragmenata gotovo nezaobilazna pojava (osim u slučajevima individua koje su za života uspjele integrirati svoje pod-identitete oko Višeg ja). Raspadanje astralnog tijela u stvari dovodi do toga da tvrdokorni pod-identiteti ne uspiju otići u Svjetlo nego nastave boraviti u astralnom realitetu.[4]

Demonski entiteti su tema za sebe. Priča o demonima je mutna, puna dezinformacija i krivih interpretacija, a kako uopće i pričati o nastanku i izvoru nečega što se najčešće proglašava nepostojećim ili tek plodom uvrnute mašte? Jedna od pretpostavki, odnosno doktrina vodećih svjetskih religija, govori da su demoni, bestjelesna bića iz viših realiteta, "pali anđeli" koji su se odmetnuli od služenja Bogu i stavili se u službu Zloga (Sotone). Tako je od Boga zauvijek prokleti Zli sa svojim "legijama" počeo upropaštavati ljudski rod, nazvavši to osvetom prezrenom Bogu zbog njegova čovjekoljublja.

Ako se vratimo na ne-demonske entitete, najviše se spominju nakačenja astralnih fragmenata ljudi koji se nakon smrti fizičkog tijela nisu cjeloviti vratili nazad u Svjetlo iz kojeg su potekli, nego su njihovi astralni fragmenti, iz raznih razloga, ostali vezani za zemaljski plan.

Razlozi zadržavanja astralnih fragmenata na zemaljskom planu

U nastavku će biti navedeni različiti razlozi koje su navodili otkriveni nakačeni entiteti. Bez obzira na šarolikost razloga ostanka pri zemaljskom planu, ostavljaju dojam kako je osnovni uzrok tome pretjerana vezanost za zemaljski plan nastala iz *neznanja*, odnosno niske razine svjesnosti, tj. nepripremljenosti osobe za smrtni trenutak. Ako pretpostavimo da su astralni fragmenti ustvari oni pod-identiteti koji su bili stvoreni povezanošću pokojnika za najrazličitija striktno materijalna iskustva, npr. potrebom za užicima pod svaku cijenu, ovisnosti, itd., koja ne sadrže nikakvu duhovnu komponentu

4 Usp. Sagan, str. 48-50

ili lekciju, ne bi trebala čuditi njihova izgubljenost, prizemljenost, odnosno nepraćenje pokojnikove suštine (duše) na povratku u Svjetlo. To bi jednim dijelom moglo biti posljedica programiranja, kontrole i manipulacije kojoj smo izloženi od trenutka dolaska na svijet. Čovjek koji vjeruje da se stvarnost svodi na materijalni svijet živjet će u strahu za svoja zemaljska dobra, jer su ona mjerilo vrijednosti njegova života. Strah od smrti zapravo je strah od napuštanja svijeta materije s kojim se poistovjetio potisnuvši svoju suštinsku, duhovnu prirodu i razvijajući pod-identitete kao bi opstao i uspio u programiranom svijetu. Propustivši tako istinski živjeti, propustiti će i istinski umrijeti za ovaj svijet, i ostavit će iza sebe astralne fragmente koji pokušavaju nastaviti egzistenciju na zemaljskom planu, često bez svijesti (ili bolje rečeno razumijevanja) o tome da su ostali bez tijela.

Razvoj pod-identiteta dio je čovjekova zemaljskog iskustva i nezaobilazan dio procesa ljudskog razvoja. Poteškoća je u tome što većina ljudi proces razvoja ne nastavlja dalje (zbog fascinacije materijalnim) i ne napreduju u smjeru postizanja cjelovitosti jer imaju iluziju jedinstva, ne raspoznavajući mnoštvo stvorenih pod-identiteta u sebi, i ne razumijevajući kako su nastali i što s njima treba napraviti. Čovjek, identificiran s pod-identitetima, daje im velik dio svoje životne energije i na taj način im udahnjuje život. Međutim, smrću tijela iluzija nestaje, a neintegrirani pod-identiteti postaju astralni fragmenti i ostaju vezani za zemaljski plan tražeći novi izvor životne energije da ih hrani i održava na životu.

U nastavku su navedeni često spominjani razlozi zadržavanja astralnih fragmenata preminulih osoba i nisu poredani po učestalosti ili važnosti.

- **Ovisnost**
  Ovisnost o hrani, alkoholu, duhanu, narkoticima, seksu ili ockanju može biti vrlo čest razlog ostajanja pri zemaljskom planu. Astralni fragment i dalje žudi za objektom svoje ovisnosti kojeg se ne može domoći bez izičkog tijela. Priključenje fizičkom tijelu druge, još živuće osobe omogućuje mu da i dalje osjeća učinke radnji ili supstanci prema kojima je razvijena ovisnost u prethodnom životu.

- **Demonsko nakačenje ili utjecaj**
  Neki autori navode slučajeve neodlaska astralnih fragmenata u Svjetlo jer je ono smetalo demonskom (ili nekom drugom neljudskom) entitetu koji je na neki način utjecao ili bio nakačen na njih i koji je egzistirao u uvjerenju da bi to moglo značiti njegovo uništenje. Osim toga moguć je i utjecaj drugih lutajućih entiteta koji su pod demonskim utjecajem i koji ih na putu mogu prevariti i odvratiti od odlaska u Svjetlo.[5]

- **Privrženost materijalnim stvarima**
  Neke osobe provedu život sakupljajući materijalna dobra i bogatstva koja postaju svrha njihova života. Problem nastaje upravo u trenutku smrti, jer se ne mogu pomiriti s činjenicom da sve to moraju ostaviti iza sebe ili još gore, brinu o tome tko bi to mogao naslijediti. Dr. E. Fiore spominje da su kuće ili imanja vrlo čest razlog ostanka,[6] dok dr. W. Baldwin navodi i puno prozaičniji primjer astralnog fragmenta ljutite majke, koji se nakačio na sina koji je poklonio njezinu kolekciju porculana i srebrnine ženi koju nije namjeravao niti oženiti![7]

- **Nedovršeni poslovi**
  Osobe koje su za života započele vrlo ambiciozne projekte koji su se pretvorili u životno djelo, mogu imati problem u trenutku smrti. Njihov astralni fragment često ima tendenciju traženja osobe za koju drži da ima potencijala za nastavak i eventualno okončanje nezavršenog posla.

- **Osjećaji prema živućim osobama**
  Ovo je vrlo osjetljivo područje koje može biti nabijeno emocijama s obje strane: osobe koja je preminula i ožalošćenih, često voljenih i bliskih osoba, koje vezanošću za preminulog lako, praktički svojom voljom, postaju domaćini nakačenja. Iako su, prema ispovijestima pronađenih nakačenih astralnih fragmenata, njihovi motivi na prvi pogled plemeniti, vrlo se

---

5 Usp. Modi, str. 239, 246

6 Usp. Ph. D. E. Fiore: *The Unquiet Dead: A Psychologist Treats Spirit Possession*, Ballantine Books, 1995., str. 32

7 Usp. Baldwin, str. 255

brzo može razotkriti u osnovi ična i manipulativna priroda takvih ljubavi, tuge zbog razdvajanja ili zaštitničkih stavova. Fiore navodi zanimljiv slučaj kirurga koji je nenadano preminuo nakon prometne nesreće i čiji se astralni fragment nakačio na još nerođenu bebu koja se trebala prijevremeno roditi. Dvadeset godina nakon toga na toj je bebi, sada odrasloj djevojci, pronađen taj entitet. Rekao je kako je, kada se nakačio, ona bila toliko slabašna da je imala male šanse sama preživjeti. Smatrao je kako je morao to učiniti te joj biti od pomoći dok ne stasa. Ipak, prošlo je dvadeset godina, djevojka je ojačala, ali on nije otišao (jer samostalno to i nije mogao). Astralni fragment je cijelo vrijeme utjecao na njezine misli i odluke, što je djevojka i potvrdila sljedećom izjavom:

> "Bio je dobar, ali izgleda da je njegov utjecaj bio prevelik, tako da mi nije dao šansu da odrastem"[8]

Ovdje možemo spomenuti i osjećaj ljubomore, pa se npr. astralni fragment ljubomornog muža nakači na suprugu kreirajući odbojne situacije za bilo kojeg potencijalnog zamjenika, zaboravljajući na dano obećanje "dok nas smrt ne razdvoji".[9]

- **Strah od pakla**
  Ovo je izgleda jedan od češćih razloga, koji može biti povezan i sa sramom zbog svojih postupaka. Ovo ne treba nužno biti problem poklonika određene religije. Koncept pakla dobro je izreklamiran i dio je svakodnevice, pop kulture, a pokušava se utisnuti ljudima kroz život na mnoge načine. Tako primjerice u filmovima (čiji nocebo[10] efekt ne bi trebalo olako odbaciti) često čujemo da se kriminalci opraštaju od ovog života frazom "Vidimo se u paklu".
  Sudeći prema navedenim primjerima o kojima piše Modi, "pakao", "donji astral" ili "jama" postoji, i neki astralni fragmenti su otišli tamo tako što su **zanemarili** Svjetlo. Nisu za-

8 Usp. Fiore, str. 31

9 Usp. Baldwin, str. 247

10 Pojam koji označava suprotnu stvar od više poznatog placeba. Tipičan nocebo je na primjer, sada zakonski obavezna, oznaka na kutiji cigareta da "pušenje ubija".

tražili pomoć za svoje konfuzno stanje vezano za smrt fizičkog tijela, jer to nisu mogli razumjeti ili nisu htjeli prihvatiti. Tada su na scenu stupila demonska bića sa svojom ponudom, koja je **dobrovoljno** prihvaćena jer im se u tom trenutku učinila primamljivom (npr. da će vječno živjeti ili da će imati priliku za osvetu). Kada su prihvatili ponudu, nije bilo povratka – od toga trenutka nadalje bili su u službi Sotone.[11]

- **Sram zbog svojih postupaka**
  Neki astralni fragmenti navodili su da se, zbog srama zbog svojih postupaka i straha od reakcije svojih preminulih bližnjih i voljenih, nisu htjeli njima pridružiti kada su se pojavili kao pomagači pri povratku u Svjetlo.

- **Strah od Svjetla**
  Iako može na prvi pogled izgledati čudno, i ovo je jedan od razloga neodlaska u Svjetlo. Astralne fragmente osoba koje su tijelo izgubile npr. u požaru ili eksploziji Svjetlo je podsjećalo na taj traumatski događaj. Primjer zbunjenosti zbog iznenadne smrti i duhovnog neznanja pokazuje slučaj nakačenog Marka:

  Mark: Poginuo sam u saobraćajnoj nesreći. Mogao sam vidjeti moje mrtvo tijelo tamo dolje ali sam se i dalje osjećao živim kao i prije. **Bio sam zbunjen**. Mislio sam, kada si mrtav, onda si mrtav i to je tvoj kraj. Nisam znao što učiniti ili gdje otići. Vidio sam Svjetlo, ali nisam otišao u njega jer sam mislio da ću, **odem li u Svjetlo, zaista umrijeti**, a ja nisam želio umrijeti.[12]

- **Ljutnja i osvetoljubivost**
  Astralni fragmenti osoba koje su umrle preranom smrću često su preplavljeni osjećajem ljutnje i potrebom da nekog drugog okrive za svoju smrt, na što se onda nadovezuje i želja za osvetom. Ovakvi entiteti mogu biti vrlo tvrdoglavi u svojoj namjeri da se osvete osobi koju okrivljuju za svoju, kako to oni vide, životnu patnju. Dr. o. I. Hickman kao primjer navodi astralni

11 Usp. Modi, str. 209-212

12 Modi, str. 208, podebljanja moja

fragment roba koji se želio osvetiti svom gospodaru na kojega se nakačio.[13] Neki znaju biti ljuti na Boga, ili bolje rečeno na njihovu, pretežito monoteističku predstavu o njemu, pa to može biti i uzrok priklanjanju mračnim snagama Zloga i, po njegovom nalogu, nakačenja na drugu osobu.[14]

- **Samoubojstvo**
  Ovo bi, razumljivo, mogao biti dobar razlog neodlaska astralnog fragmenta u Svjetlo, jer je samoubojstvo često posljedica opterećenosti brigama i teških emotivnih stanja.
  Ta emotivna stanja, na njihovo iznenađenje, nakon samoubojstva ne doživljavaju razrješenja – dapače, činjenica da više ne mogu nastaviti komunikaciju s drugim živim osobama može ih dodatno frustrirati i zbuniti. Dr. med. L. Ireland-Frey kaže da većinu tzv. lutajućih (engl. *wanderers*) fragmenata koji su ostali u donjem astralu čine upravo astralni fragmenti samoubojica.[15] Često se spominje da su na entitetima samoubojica pronađeni mračni entiteti koje su ih i natjerali da okončaju život.
  Dr. C. Wickland navodi da su astralni fragmenti samoubojica znali imati nakačene entitete bivših samoubojica, koji su došavši u doticaj s tijelom domaćina i dalje smatrali da je to njihovo tijelo, pa bi nastavili sa svojim morbidnim mislima, tjerajući domaćina u samodestruktivne radnje.[16]
  U nastavku navodim i jedan primjer tumačenja ove pojave kada svjetonazor terapeuta ne uključuje postojanje astralnih fragmenata pa sve pronađeno tumači isključivo kao pod-identitete:

  > "Pod-identiteti i ego stanja, 'djelomične osobe' (engl. *Part-persons*), nemaju sposobnost generaliziranja i su-

---

13 Usp. dr. o. I. Hickman: *Remote depossession*, Hickman Systems, 1994., str. 61

14 Usp. Modi, str. 204

15 Usp. dr. med. L. Ireland-Frey: *Freeing the Captives: The Emerging Therapy of Treating Spirit Attachment*, Hampton Roads Publishing Company, 1999., str. 123

16 Usp. dr. C. Wickland: *Thirty Years Among The Dead*, Mokelumne Hill Pr, 1996., str. 141

djelovanja u apstraktnom razmišljanju. Ona često razmišljaju konkretno i nelogično poput djeteta. **Karakteristično** za pod-identitet je snivanje o destrukciji ili smrti osobe **istovremeno vjerujući da će ona preživjeti**. Samoubojstvo je pomisao koja pripada samo nekoj od tih drugih osobnosti, a ne [primarnoj] osobnosti."[17]

- **Nasilna ili iznenadna smrt**
  Tijelo je često tako osakaćeno (npr. torturama ili uništeno u vatri) ili je smrt nastupila tako iznenadno (eksplozija), da je astralni fragment potpuno zatečen silinom ili brzinom gubljenja tijela, tako da nije znao gdje dalje otići i što učiniti.
  Ovo često vrijedi i za slučaj spontanog ili planiranog prekida trudnoće.

Kako dolazi do nakačenja?

Fiore i Maurey razlikuju dva načina nastanka nakačenja: nenamjerna i namjerna (dobrovoljna). Ova podjela ne govori puno o samom mehanizmu dolaska/ulaska entiteta u domaćina. Na prvi pogled malo je razloga zašto bi netko poželio da mu se nakači bilo kakav entitet. No ako uzmemo u obzir **neznanje** i postizanje određenih **sebičnih ciljeva,** onda bi to moglo olakšati razumijevanje ovakve pojave.

Neovisno o tome je li riječ o nenamjernom ili dobrovoljnom nakačenju, postoji jedan vrlo zanimljiv detalj, a to je veliki broj svjedočenja po kojima se astralni fragmenti nakače na domaćina, a da niti sami ne mogu pravo objasniti kako se to točno dogodilo. Uglavnom objašnjavaju da su se u jednom trenutku našli u drugoj osobi.

Sagan za ovo ima objašnjenje i u osnovi gleda na to kao na mehaničku pojavu, gdje "slično privlači slično", pa će tako entitet biti privučen vibracijom određene osobe. Jednom nakačen, pokušavat će stimulirati stanja koja će mu omogućiti da dobije ono što je dobivao i za života u vlastitom tijelu.[18]

---

17 Usp. Ph. D. J. G. Watkins, Ph. D. R. J. Johnson: *We, the divided self,* New York, Irvington Publishers, 1982., str. 138, moj prijevod i podebljanja

18 Usp. Sagan, str. 55

Spomenuti princip privlačnosti trebao bi nas podsjetiti na važnost osvješćivanja naših podsvjesnih sadržaja i u ovom slučaju, kao što to vrijedi i za svakodnevne situacije i odnose.

Dobrovoljna nakačenja

Mislim da neće biti teško iz nastavka teksta uvidjeti da je velik broj razloga za dobrovoljna nakačenja posljedica čovjekova traganja i potrebe za duhovnim (nematerijalnim) ostvarenjem. Isto u manjoj ili većoj mjeri uključuje i naše duhovno "otvaranje" kojim se povećava potencijal za susret s različitim entitetima.

Ovdje bi trebalo ponoviti da **znanje oslobađa**. Takvi susreti, uz pravo znanje i čiste motive, ne bi trebali imati nikakve loše posljedice, što se ne bi moglo reći u slučaju neznanja ili krivog znanja. Neznanje gotovo nezaobilazno prati strah, a "u strahu su velike oči" i isti može biti odlična priprema terena za nakačenje, odnosno za prihvaćanje ponuda od strane manipulativnih entiteta. Isto tako, kriva znanja rezultiraju sklonošću da se svaki *pozdrav* od strane bestjelesnih entiteta tumači kao susret sa različitim "duhovnim vodičima", "uzašlim majstorima", "donosiocima Ljubavi/Svijetla/Znanja", itd.

Čistoća naših motiva ovisiti će o tome koliko smo se uspjeli psihički/duhovno pročistiti. Bez čistoće obično zapadamo u situacije koje su opisane poznatom izrekom "Put u pakao popločan je dobrim namjerama", jer iako su plemenite svjesne namjere same po sebi dobre, često nisu i dovoljne za pravilno djelovanje – djelovanje kao manifestaciju nesebične (bezuvjetne) ljubavi usklađene sa slobodnom voljom onih kojima želimo pomoći i svih uključenih. Svjesne namjere nisu dovoljne zbog toga što ne znamo što "osobni demoni" koji čuče u našoj podsvijesti (bili oni izvorno naši ili nakačeni entiteti) misle o našim plemenitim nakanama. Iz tog je razloga djelovanje iz "nesebične ljubavi" samo željeno razmišljanje, koje onda prije ili poslije zna poprimiti i otvorenu manifestaciju manipulacije, samodopadnosti i egomanije.

Današnje duhovne tragaoce čeka široka ponuda metoda, receptura i obećanja o novom čovjeku u novom dobu i njegovoj ostvarenosti i izraženosti u svim ljudskim aspektima. No kao što to obično biva, većina ponuda govori tek o fasadi, ne spominjući neizbježnost mukotrpnog rada na osvješćivanju psihičkog inventara koji nije nimalo ugodan (u protivnom ne bi ni bio potisnut) i promjeni ponašanja i djelovanja u skladu s tako stvorenom (novom) sviješću. Mukotrpni napori, bez pravilnog razumijevanja o našoj povezanosti sa Svjetlom i Bogom, mogu potaknuti i osnažiti istupanje u prvi plan "spiritualnog ega", kojeg karakteriziraju osjećaji *posebnosti, grandioznosti* i *izabranosti*. Ovakav razvoj situacije je itekako realna pojava, s velikim potencijalom za privlačenje različitih entiteta na tragaoce koji nerijetko opremljeni ružičastim naočalama neznanja ili krivih znanja, pod parolom "misli pozitivno", sudjeluju i u nekim od aktivnostima opisanih u nastavku.

Ouija ploča, automatsko pisanje, kanaliziranje

Ovakve i slične aktivnosti mogu biti incirane znatiželjom, a zbog neznanja postoji mogućnost da "znatiželja ubije mačku". Pozvani entitet nakon seanse može ostati nakačen na neku od prisutnih osoba. To ne mora nužno biti osoba koja je pozivala entitete, već bilo tko od prisutnih, otvoren za ulazak entiteta (zbog oslabljene zaštite, itd.).

Baldwin i Modi spominju mogućnost nakačenja prilikom igranja "Dungeons & Dragons" ili sličnih igara, koje su popularne (ne samo) u SAD. Ne znam u kolikoj su mjeri takve igre prisutne na našim prostorima, ali u osnovi se radi o igrama imaginacije gdje igrači zamišljaju (i dozivaju!) svoje pomagače koji bi im svojim moćima omogućili pobjedu nad protivničkim igračima. De facto se ovo svodi na kreiranje misaonih formi koje mogu imati porazne učinke na suigrače, a samo pozivanje "moćnih bića" otvoren je poziv za nakačenje.

Ovdje dolazimo i do nešto modernijeg hita, sveprisutnog Harry Pottera, gdje se na romantičan i nadasve "čaroban" način nudi čitav niz čarolija i suptilno ohrabruje one najosjetljivije da kroz igru upadnu u zamke magijskih djelovanja.

M. Martin kritizira i sustav "tradicionalnog eneagrama"[19] ko-

---

19 Martin navodi da je eneagram donio na Zapad Gurđijev i da je populariziran od strane nekih južnoameričkih "duhovnih učitelja", ali ne objašnjava da sam Gurđijev nije stvorio sustav "tradicionalnog eneagrama" koji je predmet njegove kritike, a kojeg je ponudio Oscar Ichazo kao osnovu za

jeg smatra jednim od najpogubnijih novijih sredstava koja su na raspolaganju za moguće tzv. potpuno posjednuće, a kritizira i crkvene teologe i učitelje koji su ga propagirali. Sustav eneagrama je za njega hereza i smatra ga nastavkom od crkve osuđenog pelagijanizma. Martin navodi dva "grijeha" eneagrama: prvi koji se temelji na postavci da je čovjek, moralno gledajući, u prilici sam postići savršenstvo unutar jedne od devet ponuđenih osobnosti, što nije moguće bez Božje milosti, jer sami ne možemo pobjeći od naše grješne prirode. Druga moralno pogrešna postavka nastavlja se na štetnost prve pretpostavke, gdje osoba fatalistički prihvaća jedan od ponuđenih modela osobnosti i radi na usavršavanju istoga. To otvara i čini dušu povodljivom, u očekivanju postizanja obećane samospoznaje prikladne njezinoj osobnosti. Na ovakav način duša postaje prijemčiva, tzv. usisna praznina (engl. *aspiring vacuum*), spremna na upad entiteta koji je češće podmukao i mračan nego "anđeo iz Svjetla".

Magijski obredi i izbor mračne staze

Određene osobe svjesno i svojevoljno ulaze u pakt s mračnim silama kako bi došle do određenih osobnih dobitaka i moći. Za to koriste razne obrede koji u najdrastičnijem obliku, sudeći po mnogim izvorima, uključuju i seksualno zlostavljanje i ubijanje djece. To bi moglo biti objašnjenje za dio misterija nestanka i do 0,5% dječje populacije godišnje, o čemu se i dalje ne priča puno.[20] Zaista želim vjerovati da ljudsko biće u osnovi ne može sudjelovati u ovakvim radnjama, bez jedne ili više nakačenosti demonske prirode s visokim stupnjem posjednuća, koje dobiju kroz magijske inicijacijske obrede.

Velik broj mladih ljudi se npr. pod utjecajem filmografije ili glazbene scene razmeće okultnim simbolima i izrazima, otvoreno se na određeni način hvale i ponose imenima i slikama Zloga, ismijavajući (prazno)vjernike. Istovremeno ne mogu pojmiti svoju depresivnost i anksioznost, pretjeranu agresivnost, sklonost alkoholu, narko-

osobni razvoj kroz devet različitih tipova osobnosti. (usp. M. Martin: *Hostage to the Devil: The Possession and Exorcism of Five Living Americans*, HarperOne, San Francisco CA, 1992., predgovor novom izdanju, str. XXI-XXIII i The Enneagram Institute: *The Traditional Enneagram*, http://www.enneagraminstitute.com/history.asp, viđeno: 08.11.11.).

20 http://www.missingchildreneurope.eu/, viđeno: 01.03.2011.

ticima, perverznoj seksualnosti, jer ta negacija života postaje *životni stil*,[21] a sudeći po izjavama nekih od njihovih idola, sasvim je moguće da kroz iste progovaraju snažni mračni entiteti.

Ireland-Frey u sedam točaka iznosi što mogu očekivati neuki koji su privučeni hodanjem po mračnoj stazi:[22]

- Pozivate i uvećavate u sebi tamne sile i energije kao što su ljutnja, mržnja, ljubomora, neprijateljstvo, ali i strah.
- Ono što pošaljete drugima, to je ono što sijete, a što posijete to ćete na kraju i požeti: povrijeđenost, jad, strah i zlu sreću.
- Koliko god povećali svoju moć, trebate znati da su snage Svjetla veće i pad vaše moći je predodređen.
- Postoji uvijek točka odluke, bez obzira koliko duboko zagazili u tamu i aroganciju, u bilo kojem trenutku možete odlučiti želite li nastaviti dalje hodati "lijevom stazom" ili se zaustaviti i vratiti nazad.
- Ako ipak odlučite nastaviti mračnom stazom, znači da ste se namjerno (svojevoljno op. a.) odmakli od Svjetla i ispred vas će biti tamna sjenka, vaša vlastita. Ta sjena donosi zbunjenost, iluzornost i osjećaj grandioznosti, jer sjenka izgleda velika, tako velika kolika je vaša vlastita predstava o vašoj moći i vaš prenapuhani ego.
- Ako se odlučite vratiti s tog puta, zaboravite sebe i svoju sjenku. Mislite o Svjetlosti i promjeni, a iako bi povratak mogao potrajati, znajte da, budete li se kretali putem povratka, možete računati na daljnje vodstvo, zaštitu i osjećaj topline, te Svjetlo kao putokaz.
- Okretanjem od mračne staze spremni ste na prvo pravilo staze Svjetla koje glasi: "Ne činite zla."

Primjer koliko je duhovna sfera i naša suštinska priroda banalizirana, na svoj je način prikazan u filmu *Hladne duše* (Cold Souls, 2009.), fiktivnoj priči o ljudima koji se žele riješiti duše. Pokušajte pretražiti internet na temu prodavanja duše pa ćete vidjeti da i za to

21 Propaganda mašinerija je od svega napravila dobar biznis po osnovi tzv. VAL modela (*Values & Life Styles*) secirajući i kategorizirajući populaciju i nudeći im ono po čemu će biti "Bogom dani".

22 Usp. Ireland-Frey, str. 261

postoji tržište te da je ponuda sve veća. Raste i broj onih koji su spremni vlastoručno potpisati prodaju svoje duše, ne znajući koja je prava težina takvog akta, ali to itekako dobro znaju oni koji im za to nude određene materijalne i prolazne vrijednosti. Većinu zadovoljnih korisnika ovakvih ponuda čine mlađe osobe koje ostavljaju dojam potpunog gubitka kontakta sa svojom suštinom. Možda bi se u slučaju aktivnog zanimanja za demone i crno magijske prakse trebalo postaviti pitanje "što je bilo prije, jaje ili kokoš?"; je li postojanje nekog nakačenja potaklo zanimanje kod domaćina ili je domaćin sam iz znatiželje, pomodarstva ili jednostavno želje za moći koja mu se tako čini dohvatljivom izabrao mračan put?

Ako je samo puka znatiželja bila razlog ulaska u ovakve vode, izgleda da takvi znatiželjnici uvlače ruku u rupu sa zmijama, a da se nisu prethodno raspitali jesu li otrovne i bez da imaju pri ruci protuotrov.

Jedan o stavova o pristupanju tamnoj strani stiže od strane Crkve koja gotovo sve – ili one s kojima nema uspostavljene diplomatske odnose – proglašava opasnima. Takav pristup ovoj tematici mogao bi pridonijeti dodatnoj zbrci i zbunjenosti, prije nego procesu kritičke procjene realnosti. Msgr. M. Bolobanić u okultizam i magiju, kao moguće putove ka demonskim nakačenjima, uključuje između ostaloga i jogu, zen-budizam, judo, karate, akupunkturu, kiropraktiku, a u nastavku iste teme dodaje:

> "Mnogi, jer je to danas trend, ulaze u razne sekte kao što su: hare-Krišna, sljedbenici Saibabe, mahariši, svjedoci Jehove, kvekeri, mormoni – crkva Isusa Krista svetaca posljednjih dana, adventisti sedmog dana, novoapostolska crkva, the Christian Science – kršćanska znanost, bahaisti, Kristova općina, pentokostalci, itd." (originalni, neispravljani citat, op. a.)[23]

Po čemu su spomenute prakse i "sekte" više demonske nego pojave npr. pedofilije ili idolopoklonstva i megalomanije[24] u vlastitim redo-

23 M. Bolobanić: *Kako prepoznati zamke Zloga,* Zadar, M. Bolobanić, 2005., str. 96

24 "Po njihovim ćete ih plodovima prepoznati." (Isus prema evanđelju po Mateju 7, 16): Danas.hr: *Braćo i sestre: Biskupi grade palaču od poludragog kamena?!,* 22.02.11, http://danas.net.hr/hrvatska/page/2011/02/22/0107006.html, viđeno: 09.03.2011.

vima, Bolobanić ne objašnjava.

Osjećaj tuge i nedostajanja preminule bliske osobe

Neke se osobe ne mogu nositi s gubitkom voljene osobe. To može rezultirati tugom i osjećajem nedostatka i ispraznosti, a takva neželjena stanja mogu otvoriti put za nakačenje entiteta. U nekim slučajevima to čak može biti i astralni fragment preminuloga, koji zbog svog emotivnog naboja i sažaljenja nad voljenom osobom u patnji ostane prizemljen. Takve osobe bi mogle tvrditi kako ne mogu prežaliti odlazak jer tu osobu jako, jako vole, ali isto tako u sljedećem trenutku pokazivati i razočarenje pa i ljutnju zato što su ostavljene, što je još jedno od stanja koje osobu čini ranjivom i otvorenom za nakačenja.

Meditacija

Meditacija je danas izreklamirana kao poželjna "aktivnost" kroz novi val duhovnosti i New Age pokret. Ovdje treba obratiti pažnju na prije spomenute razloge nastanka nakačenja: neznanje, kriva znanja i egomanija. Za neznanje bi se moglo reći da se manifestira kroz naivnu znatiželju. Za neupućene praktikante meditacija se pretvorila u obred koji je sam sebi svrha, pa se nekritički prakticiraju najrazličitije metode koje se nude pod zvučnim pojmom meditacije, pod geslom – sve je bolje nego nikakvo prakticiranje. Moguće da to i nije samo sebi svrha, postoji mogućnost da su takve "tehnike" samo neke iz niza manipulacija.

Tako oni skloni meditiranju po svaku cijenu nekritički prihvaćaju najrazličitije sadržaje koji im se nude i potaknuti krivim znanjima mogu lako prihvatiti uspostavljanje kontakta s bićima koja će se predstavljati kao razni uzašli majstori, svemirska braća i tome slično – što ona vrlo često nisu. Potaknuta egomanijom, takva praksa može dovesti do toga da osoba postane domaćin posjetiteljima koji će je uvjeravati kako je upravo ona Izabrana, te ima posebnu misiju. Naravno, kao Izabrani s misijom svakako mogu računati na poseban položaj u novom dobu (i poretku). Treba se samo prisjetiti da su mračni entiteti lažljivi i da im ništa nije "sveto", i da će iskoristiti bilo kakvu obmanu samo da bi utjecali na što veći broj ljudi.

Dobar primjer korupcije meditacije su zbivanja oko transcendentalne meditacije (skraćeno TM), gdje je meditacija iskorištena kao jedan od načina programiranja uma. Vremenom je transcendentalna meditacija postala gotovo religijski pokret sa svim "dobrobitima" za istinski napredak pojedinca. O dosezima TM pokreta na svoj način govori i proglas njihovog hrvatskog ogranka koji se ponosi projektom "Nepobjediva Hrvatska",[25] a koji bi mogao dati neke naznake s kakvim programima i entitetima praktikanti dolaze u kontakt. Tako npr. kao prvu točku svog projekta stavljaju nepobjedivost nacije i nacionalnu osviještenost. Protiv koga se oni to bore ili natječu? Naše "trupe Ljubavi i mira" protiv Vaših?

Drugi primjer jest redatelj D. Lynch, TM propagandist i dugogodišnji praktičar, a sudeći prema filmovima koje je potpisao i koji vrve bizarnošću, nasiljem, mračnim temama, također se postavlja pitanje tko je njegov izvor inspiracije i kako i koliko može imati veze sa Svjetlom, obzirom da prije nudi potvrdu postojanja "urođene" ljudske zloće nego što pomaže u razumijevanju Zloga i njegovih mehanizama.

Sebični ciljevi se svode na nekritičko traženje i kreiranje poželjne stvarnosti, grubo ignorirajući dinamiku odnosa na širem planu, odnosno prakticiranje meditacije kao nečega bez čega neće biti duhovni, tj. neće moći prosperirati na duhovnom planu ili će im biti uskraćen pristup izvoru inspiracije (D. Lynch se svojevremeno pobrinuo da bude što bliže "oltaru" uplaćivanjem tečaja u trajanju od četiri tjedna za simboličnih 1 mil. USD[26]). Očekivanje bilo kakve dobiti je ovdje ključno, iako vrlo često zamagljeno pojmovima poput duhovnog rasta i razvoja.

Duhovne obnove

Vrijedilo bi istražiti što se točno događa za vrijeme tzv. masovnih

25 Savez za transcendentalnu meditaciju: *Projekt Nepobjediva Hrvatska*, http://www.tm-savez.hr/nep_hr.php, viđeno: 09.11.2011.

26 Možda bi se ovo moglo tumačiti i kao dobar primjer filantropskog djelovanja. Zanimljivo je samo kako svi "istinski" filantropi uvijek uspiju od takvog čina napraviti vlastitu reklamu i izvući neku dobit. Sjetimo se samo banaka koje s čekovima s prozaičnim iznosima, ali impozantnih dimenzija koje jedva stanu u kadar, paradiraju ispred kamera. Što nam zaista žele pokazati time?

duhovnih obnova, gdje se u gomili znaju vidjeti osobe koje pokazuju, između ostaloga, i znakove nakačenja (i to demonskog), a što se zna interpretirati i kao silazak "duha svetog" na njih (zbog npr. glosolalije) ili iznimno i kao slučajeve posjednuća (zbog npr. grčenja i trzaja tijela). Iako ovo mogu biti manifestacije postojećih psihičkih sadržaja osobe, ipak se postavlja pitanje što ako je duhovno otvaranje koje se događa u ovakvim obredima razlog privlačenja novih nakačenja?

Kultno posjednuće

Jedan od očitih primjera dobrovoljnog nakačenja je i tzv. kultno posjednuće (engl. *Cultic possession*), koje je sastavni dio obreda koje nalazimo u zapadno-afričkim i haićanskim Vudou (engl. *Voodoo*) kultovima i afro-brazilskom sinkretizmu (mješavini religija), koji mogu biti bijelo- ili crnomagijskog karaktera. Ovakvi primjeri nakačenja neće biti obrađeni u ovom tekstu jer izlaze iz uobičajenih društvenih okvira.

Nenamjerna nakačenja

Emocionalne i fizičke traume

Vjerojatno su jedan od najvažnijih uzroka slabljenja naše zaštite od entiteta. Dugotrajno ili intenzivno prisustvo negativnih emocija poput straha, ljubomore i osjećaja krivice mogu nas oslabiti prema vanjskim utjecajima, a Baldwin kaže:

> "Osveta, mržnja i gnjev otvoreni su pozivi za demonske entitete".[27]

Fizičke traume, dugotrajne bolesti, transplantacija organa, također nas mogu "učiniti" otvorenima. Ovdje bi trebalo uzeti u obzir mogući kumulativni efekt različitih uzroka smanjivanja naše otpornosti, kada samo još jedan uzrok u nizu, koji sam po sebi ne bi mogao prouzročiti toliku otvorenost, nekada može postati jednostavno

27 Baldwin, str. 246

"kap koja je prelila čašu".

Senzibilne (vidovite i medijumističke) osobe

Fiore drži da su mnoge od osoba koje je susrela u svojoj praksi i koje su imale višestruka nakačenja bile "nesuđeni" (nekontrolirani) mediji i vidovnjaci. Kod njih je bio problem što bi do ponovnog susreta vrlo lako pokupili nove entitete. Kaže kako je dovoljno da su npr. konzumirali lošu hranu (kao primjer uzima onu začinjenu Na-Glutamatom, E621), popili tabletu protiv bolova, prošli pored groblja ili bili u bolničkoj posjeti i već bi imali nove entitete. Nadalje, misli da takve osobe imaju posebne "psihičke" sposobnosti, jer imaju poseban odnos sa svojim nesvjesnim umom, što zna biti dvosjekli mač. Oni su otvoreniji prema nakačenjima jer im negativnosti iz podsvijesti lakše isplivaju, što rezultira emocionalnom nestabilnošću i negativnim emocijama. Ovo ih, u kombinaciji s čestom željom za pomoći drugima, dovodi u situacije da pokupe neko nakačenje. Tvrdi da je to posebno slučaj s vidovitim osobama koje su viđale duhove još u dječjoj dobi.[28]

Modi govori da duhovno jako razvijene i vrlo nerazvijene osobe imaju najosjetljivije aure, koje su mekane i s poroznim rubovima, što olakšava prodor entiteta. Osobe između ove dvije skupine su izgleda nešto bolje zaštićene.[29] Ovakvo tumačenje bi moglo biti atraktivno osobama koje su sklone lakom identificiranju s ulogom žrtve i koje će u ovome prepoznati još jedan valjani razlog za probleme s kojima se susreću, i čiji će ego dobiti još jednu potvrdu koliko je poseban i "produhovljen", zbog čega plaća visoku cijenu.

Dr. med. H. Naegeli-Osjord također navodi da su vidovite (medijumističke) osobe otvorenije prema nakačenjima i drži da su općenito žene i djeca više otvoreni prema ovakvim utjecajima, dok je kod muškaraca i intelektualnih osoba to manje prisutno jer je njihova percepcija potisnuta kritičkim razmišljanjem. Kao potencijalno otvorenije navodi još melankolične i flegmatične osobe, zbog slabijeg ega i veće sugestivnosti, ali isto tako i kolerične osobe zbog česte tjelesne i psihičke iscrpljenosti.[30]

28 Usp. Fiore, str.116

29 Usp. Modi, str. 223

30 Usp. dr. med. H. Naegeli-Osjord: *Possession & Exorcism*, Oregon, New

Psihički napad

U osnovi znači kreiranje i slanje misaone forme stvorene namjerom druge osobe (vrača, maga, vještice ali i bilo koje druge osobe koja je vođena negativnim porivima, samovoljno ili pod utjecajem mračnog entiteta ili nekog vlastitog identiteta vrača iz prošlih vremena). Maurey podsjeća da se psihički napad može dogoditi bilo kome, bilo kada.[31]

> *To ne ovisi o vjerovanjima napadnute osobe i stav tipa "to je primitivizam i praznovjerje" nije zaštita, upravo obrnuto.*

Žrtvi napada ne pomaže puno činjenica da će kreator ovakve misaone forme za to snositi posljedice. Znanje i svjesnost da se isti može dogoditi možda je jedan od najvažnijih faktora obrane.

Psovanje i proklinjanje

Svojom negativnom energijom u određenoj mjeri smanjuje našu vibraciju i time omogućuje upad ili manipulaciju od strane entiteta. To se može vidjeti i u navodu otkrivenog entiteta Simona iz jedne od transkripata Modi:

Simon: Stojim iza osobe i slušam proste riječi poput 'idi do vraga', 'proklet bio', itd. To mijenja vibraciju osobe. Kako on **sve više prostači i postaje glasniji i energičniji, to smanjuje njegovu vibraciju i otvara njegov štit** i ja prolazim kroz njega i dolazim na drugu stranu ispred osobe s kojom priča. Dolazim iza te druge osobe i kad psuje, dodirujem ga i šapućem mu: 'Samo nastavi, nemoj sada odustati', a kad njegova vibracija padne, tražim slabu točku u njegovoj duši i ulazim u njegovu ruku, tjeram ga da udari sugovornika i izletim van. **Ako bih ostao predugo, ostao bih u njemu.** Onda brzo uskočim u prvu osobu i mogu ući u njegov glas i izmijeniti mu ga kroz glasnice. To je naporan posao, ali smo dobro podučeni. [...]

Frontiers Center, 1988., str. 36-37

31 Usp. E. Maurey: *Exorcism: How to Clear at a Distance a Spirit Possessed Person*, Whitford Press, 1989., str. 69

Dr. Modi: Koje su to prostačine koje otvaraju štit?

Simon: 'Pakao', 'prokletstvo', 'proklet bio', i 'Isuse' ako je izgovoreno u gnjevu i u kontekstu kada nekome ne mislite dobro. Osjećaji su ono što prati takve riječi i to otvara osobu. '**Jebi se**' [engl. *fuck*] **je vrlo loša riječ.** Ona također smanjuje vibraciju i otvara štit osobe.[32]

Alkohol i narkotici

Unošenje ovakvih supstanci traumatizira i oslabljuje fizičko tijelo i time ozbiljno narušava konzistentnost zaštitnog polja koje postaje perforirano i porozno.

Zanimljivi primjer demonske manipulacije na ovom području iznosi Modi:

Dr. Modi: Koju ulogu igrate kod ovisnosti od alkohola i droga?

Demon: Igramo veliku ulogu. Radimo na grupama djece i tinejdžera. Te grupe su vrlo moćne. Ulazimo preko slabih. Onda ulazimo u ostale kada su otvoreni. Namještamo im sjećanja na dobra vremena koristeći odašiljačke naprave u njihovom dijelu korteksa za osjećaje. Opetovano stimuliramo sjećanja na ugodne trenutke koje su imali sa svojim prijateljima i motiviramo ih da uzimaju droge i alkohol kako bi se ponovno tako osjećali.
Opijanje i drogiranje može oslabiti i otvoriti njihove zaštite, pa možemo ući i poticati želju za još većom konzumacijom. Isto tako šaljemo im astralne fragmente osoba koje su bile alkoholičari i narkomani u svojim životima. Jednom kada uđu u ljude, zadovoljavaju svoje ovisnosti preko domaćina. To je razlog zašto narkomani i alkoholičari imaju velikih problema u prekidanju svojih ovisnosti.
Kontroliramo i potičemo svaku misao i ponašanje ljudskog bića. Oni su jednostavno poput lutaka u našim rukama i zabavlja nas njihova manipulacija.[33]

32 Modi, str. 211, moj prijevod i podebljanja

33 Modi, str. 332, moj prijevod

Metal/Hard rock glazba

Više autora potvrđuju iz svoje prakse da su loše ili preglasne vibracije bile uzrok nakačenja entiteta i spominju rock glazbu. Za pretpostaviti je da i svaka druga glazba koja obiluje disharmoničnim, distorziranim, sintetičkim i dovoljno glasnim tonovima može imati traumatski utjecaj na tijelo, pa tako i na našu zaštitu. Također i buntovničke emocije (ako su posljedica nekog postojećeg nakačenja ili utjecaja) koje često prate slušatelje mogu dodatno pridonijeti otvaranju. Ako ovakva glazba sama po sebi nema za posljedicu dovoljno otvaranje za nakačenja, onda će je zasigurno imati u kombinaciji s aktivnostima koje prate poklonike, a to su često konzumacija alkohola, narkotika, promiskuitetno seksualno ponašanje, poremećen životni ritam (nedovoljno spavanja, mijenjanje dana za noć), zalaženje u prostore u kojima je veća šansa za susretanje entiteta, itd.

Kakav je utjecaj glazbe na nas na svoj način govori i pokušaj Goebbelsa da 1939. g. "sitno" korigira referentni ton prema kojem bi se usklađivali glazbeni instrumenti, koncertne dvorane i studiji, koji je do tada bio 432 Hz, a što se željelo pomaknuti na 440 Hz. Nacistima tada to nije uspjelo, ali je zato uspjelo Britancima 1959., koji su tako "podvalili" Francuzima, a sve pod parolom da se dobije na većoj "živahnosti" pri izvođenju modernijih glazbenih djela.[34]

Smatram da je zanimljiv primjer "inovacije" u programiranju i otvaranju naših zaštita glazbom ono što radi njemačka grupa *Gregorian,* koja nam nudi "dobre" i naizgled produhovljene vibracije. Malo toga kod ove grupe nije znakovito, počevši od imena – obzirom da su gregorijanski korali bili poznati i po potencijalu promjene stanja svijesti slušatelja, nakon čega je bilo potrebno samo odlučiti hoće li ona biti iskorištena za dobrobit osobe ili subverzivno. U njihovom slučaju sve vrvi čudnim simbolima: od pojavnosti (ljudi bez lica, bezlične utvare?), scenografije, do izbora obrađenih pjesama, gdje se *Gregorian* hvali kako pažljivo bira stvari koje obrađuje. U to nema sumnje, jer npr. njihov zadnji album simboličnog imena *The dark side of the Chant,* 2010. (u prijevodu "Mračna strana napjeva") vrvi simboličnim naslovima poput "Zvona pakla", "Ljubav boli", "Mračna strana", "Lucifer", "Anđeo tame", itd. Takva scenografija, kostimo-

34 Fidelio Magazine: *A Brief History of Musical Tuning,* 1991., http://www.schillerinstitute.org/music/rev_tuning_hist.html, viđeno: 28.12.2010.

grafija, nastup i izbor pjesama na suptilan način sugerira blaćenje Krista i kršćanstva ali ne organizirane crkve, već demon(t)iranje Krista (nekorumpiranog predstavnika Svjetla), što po svojoj formi i namjeri čine i sotonističke crne mise, pa bi nazočnost na takvom koncertu za "pripremljene" mogao biti zaista prvorazredan (inicijacijski) događaj koji će još dugo pamtiti.

Video igre

Modi navodi da su joj neki od klijenata prijavljivali otvaranje štita (aure) prilikom igranja video igara. Kaže da je učinak sličan rock glazbi, s tim što je u ovom slučaju pojava dodatno pojačana stalnom prisutnošću vizualne i zvučne stimulacije. Ako mračni entitet iskoristi takav trenutak slabosti i nakači se, onda će u nastavku stimulirati domaćina da igra sve više i više kako bi na njega mogao vršiti negativan utjecaj.[35] "Bijeg od stvarnosti/samozaborav" tj. u ovom slučaju svakodnevno/noćno višesatno sjedenje pred monitorom je i više nego dovoljan učinak ovakvog nakačenja.

Tek treba vidjeti što će se tek dogoditi dodavanjem slike vrlo visoke razlučivosti kao i 3D projekcije u svakodnevnom konzumiranju digitalne TV, kada će se broj informacija za obradu višestruko povećati, a što olakšava pristup podsvjesnom umu. Kako sada stvari stoje, zahvaljujući propagandi objeručke i nekritički prihvaćamo ta nova "čuda tehnologije" koja "znanstveno dokazano" nemaju štetnih posljedica za ljudska bića. "Sitna slova" kojima se proizvođači ograđuju od pravnih posljedica uglavnom nitko i ne čita.[36]

Postojeći entiteti

Nakon pojave prvog entiteta vremenom se može očekivati pojavljivanje niza novih nakačenja, gdje njihov broj može iznositi i po nekoliko desetaka, ali i preko stotinu. Svako nakačenje značit će energetsko slabljenje domaćina jer crpi njegovu energiju, zbog čega će njegova zaštita dalje opadati. Isto tako, nakačenja će početi utjecati

35 Usp. Modi, str. 222

36 CNN blog: *Samsung issues warnings about 3-D TV*, 15.04.2010., http://scitech.blogs.cnn.com/2010/04/15/samsung-issues-warnings-about-3-d-tv/, viđeno: 28.12.2010.

na donošenje poraznih odluka i poteza, kojima će se dodatno povećati šanse da se dođe u nepriliku i otvori za još koje nakačenje. Npr. ako je domaćin svojim alkoholizmom pokupio entitet koji je također za života bio alkoholičar, u nastavku života će već dvije svijesti žudjeti za novom kapljicom, pa će učestalo obilaziti mjesta gdje se toči alkohol i gdje bi se mogli vrzmati drugi astralni fragmenti bivših alkoholičara. Uskoro će tu biti čitava "ekipa" u jednom fizičkom tijelu koje će dalje propadati i dodatno se otvarati i za puno opasnije entitete. Ako se uzme u obzir ovakva dinamika, bit će puno lakše razumjeti zašto neki smatraju da je alkoholizam gotovo neizlječiv i zašto mnogi liječeni alkoholičari i dalje prolaze pakao u svom životu.

Primanje krvi ili doniranog organa

Ovakvi postupci također mogu otvoriti put k nakačenju astralnog fragmenta ili misaonog fragmenta.[37] Ireland-Frey objašnjava da postoji razlika između nakačenja astralnog fragmenta i transplantiranog organa kad je samo dio tuđe "svijesti" ubačen u domaćina, pa to ne smatra klasičnim nakačenjem, ali u svakom slučaju zahtjeva pažnju i obradu.[38]

Postoji dosta polemike oko etičnosti cjelokupne procedure presađivanja organa baš zbog toga što se dosta ljudi počelo pitati koje su stvarne posljedice ovakvog čina. Dok god ljudsko biće doživljavamo samo kao fizičko tijelo, cjelokupan čin se svodi na manje više mehanički zahvat, ali praksa ukazuje da je riječ o nečemu bitno složenijem. Čak i da tome nije tako čitav posao protkan je svakojakim aferama koje povremeno izađu na svjetlo dana, otkrivajući zločinačka udruživanja koja uključuju i liječnike, trgovce robljem, sakaćenje i ubijanje potpuno zdravih osoba zbog prodaje organa, itd. Jedan od filmova na ovu temu je *Dirty, Pretty Things* (2002.).

Nerođeni blizanci

Sagan skreće pažnju na još jednu važnu situaciju o kojoj se ne vodi računa. Izgleda da postoji puno veći broj začetih od rođenih blizana-

37 Usp. Baldwin, str. 226

38 Usp. Ireland-Frey, str. 326

ca.[39] Događa se da se drugi plod ne razvije i tako se rodi samo jedna beba za koju se nije ni znalo da je blizanac. Tragovi nerođenog blizanca mogu se pronaći nakon rođenja na posteljici (osim ako plod nije odumro u ranijem stadiju), a novorođena beba može pokupiti astralni fragment nerođenog blizanca i zbog toga imati problema od samog početka. U ovom slučaju i domaćin i okolina će živjeti u uvjerenju da je njegovo ponašanje, koje će u određenoj mjeri biti uvjetovano nakačenim blizancem, u stvari njegovo vlastito, prirođeno.

Fragmentacija duše

(engl. *soul fragmentation*) Ponekad se može dogoditi da se entiteti nakače koristeći izgubljene dijelove (fragmente) duše koji su došli u posjed sila tame. Do ovakve fragmentacije, za koju vjerujem da suštinski nije različita od one koja se događa nakon smrti, dolazi za života uslijed teške emocionalne ili fizičke traume i to najčešće u ranom djetinjstvu jer smo tada u svakom smislu najranjiviji (ovo znaju biti i prve manifestacije samskara s kojima smo stigli u ovaj život). Svaki fragment povezan je s glavninom preko tzv. srebrne niti ili vrpce. Takve niti koje povezuju odcijepljene fragmente s glavninom duše demoni mogu iskoristiti za "guranje" demonskih i ljudskih entiteta prema domaćinu.[40]

Zanimljiv primjer daje Baldwin u slučaju žene koja se zaljubila u svećenika koji joj nije mogao uzvratiti ljubav na očekivani način, ostajući dalje na distanci i uzornog ponašanja. Daljnja žudnja kod žene dovela je do fragmentacije i tako otcijepljeni dio je ostao kod njega. Demonska bića koja su prije bezuspješno napadala svećenika nakačili su se tada na nju i preko veze s njezinim fragmentom uspjeli doći do njega.[41]

Ovaj princip se koristi i kod slanja uroka i bacanja čini gdje se prema osobi šalje fragment duše osobe koja je pošiljalac (vračar, vještica) i preko čije niti upada onda najčešće demonski entitet, obzirom da je pošiljalac u paktu s mračnim silama.

***

39 Usp. Sagan, str. 88

40 Usp. Modi str. 225

41 Usp. Baldwin, str. 176

Mislim da je za kraj dobro navesti četiri faze u procesu demonskog posjednuća, kao najtežeg slučaja nakačenja entiteta koje spominje Martin, a to su:

1. *Trenutak ulaska:* trenutak kad je mračni entitet ušao u osobu i **odluka**, iako upitna i slaba, od strane domaćina kojom je omogućen ulazak entiteta.
2. Vrijeme *krivih odluka* domaćina o važnim stvarima, što je izravna posljedica dozvoljene prisutnosti mračnog entiteta. Ovo je period pripreme za sljedeću fazu.
3. *Dobrovoljno predavanje kontrole* sili ili prisustvu koje domaćin jasno prepoznaje kao strano, a što rezultira gubitkom kontrole nad svojom voljom, pa time i nad svojim odlukama i djelima.
4. Jednom kada je treća faza osigurana nastavlja se daljnja kontrola i time stvaraju uvjeti kojima bi se moglo postići i završno stanje – **potpuno posjednuće**.

Spajanje i preklapanje ovih faza može u svakom pojedinačnom slučaju biti različito i iako čitav proces može biti strelovit, najčešće će trebati niz godina da se ostvari.[42]

Jedno od mogućih remek-dijela posjednuća mogao bi biti slučaj *Lady GaGa*. Bilo bi zanimljivo proučiti kakvu ona ima "instalaciju", pa nam s jedne strane priča kako je progoni duh Ryana[43] i o svojoj velikoj duhovnosti, a s druge strane njezini tekstovi, živi nastupi, scenografija i spotovi vrve od okultnog, te uz namjerno birane ritmove i melodiju vrši masovno suptilno programiranje po diktatu mračnih sila. Ili je *samo* riječ o žrtvi programiranja uma korištenoj za daljnje masovno programiranje?

Kako opstaju?

Nakačeni entiteti, bez obzira o kojoj je vrsti riječ, trebaju životnu energiju kako bi opstali. Svi ljudski entiteti opstaju na domaćinu

42 Usp. Martin, str. 436

43 ShowbizSpy: *Lady GaGa thinks she's being haunted by ghost named Ryan*, 2010., http://www.showbizspy.com/article/217167/lady-gaga-thinks-shes-being-haunted-by-ghost-named-ryan.html, viđeno: 28.12.2010.

konzumirajući određeni dio njegove energije, pa je onda razumljivo zašto je kronična malaksalost i bezvoljnost jedan od mogućih simptoma nakačenja.

Sagan potvrđuje da nakačeni entitet mora crpiti energiju domaćina, obzirom da njegov eterični dio treba energiju kako bi se održao. Kako entitet nema sve što je potrebno da bi postao zasebno biće, mora parazitirati na drugima.[44]

Održavanje misaonih formi omogućuje stalno poticanje negativnih emocija koje su i bile posljedica nastanka misaone forme. To bi trebalo vrijediti za misaone forme koje je kreirao sam domaćin, ali i za one koje su mu upućene od druge osobe (kletva, urok) ili grupne misaone forme grupe kojoj pripada (npr. obitelj).

U ovom trenutku mi nije potpuno jasno što je potrebno demonskim entitetima da opstanu na domaćinu, ali izgleda da oni imaju puno veću slobodu ulaženja i izlaženja, odnosno mijenjanja domaćina, za razliku od astralnih fragmenata i sličnih entiteta koji nisu tu prvenstveno kako bi djelovali protiv Svjetla i njegove kreacije.

Za pretpostaviti je da će demonski entiteti biti toliko dugo s nama koliko im budemo zanimljivi i svojim poraznim mislima i djelima omogućimo da nas sputavaju u našem duhovnom razvoju, ali i da djelujući kroz nas šire dalje patnju i jad.

44 Usp. Sagan, str. 55

4. POGLAVLJE

Usporedba poremećaja višestruke osobnosti (PVO) i prisutnosti entiteta

Svako iole dublje proučavanje problematike nakačenja nezaobilazno vodi i do problematike tzv. poremećaja višestruke osobnosti ili PVO (engl. *Multiple Personality Disorder*, MPD) koji je odnedavno utopljen u širi pojam disocijativnog poremećaja osobnosti ili DPO (engl. *Dissociative Identity Disorder,* DID, F44.8 prema MKB-10[1]). Ovo vrijedi i u obrnutom slučaju, gdje proučavanje PVO vodi do nakačenja,[2] pa je za pravilnu diferencijalnu dijagnozu u postupku oslobađanja vrlo važno razumjeti sličnosti i razlike ovih stanja.

Isto tako, važno je razumjeti da, iako neke faze rada s ova dva stanja mogu biti jednake, konačni ciljevi su ipak različiti: u slučaju PVO trebalo bi doći do integracije što više rascijepljenih (disociranih) alter-ega (engl. *alter personality*) ili pod-identiteta (izraz koji će biti korišten u nastavku) s primarnim identitetom, a ako to nije moguće, onda treba raditi na osvješćivanju postojanja različitih osobnosti i stvaranju uvjeta za njihovu daljnju suradnju. U slučaju postojanja nakačenih entiteta, trebalo bi pokušati što više entiteta odvesti u Svjetlo ili, ako potiču od drugih osoba, rastvoriti ih ili vratiti vlasniku.

Pojam PVO pojavio se u doba spiritizma (polovicom 19. st.), ali je, uz hipnozu i posjednutost duhovima (*spirit possessions*),[3] u prvoj polovici 20. st. postao nepopularan zbog rastućeg pritiska mate-

---

1 (engl. *ICD-10*) kratica od Međunarodna klasifikacija bolesti, revizija 10 je priručnik svjetske zdravstvene organizacije (WHO).

2 Usp. Ph. D. W. J. Baldwin: *Spirit Releasement Therapy: A Technique Manual, 2nd edition,* Headline Books, 1995., str. 23

3 Usp. Ph. D. W. J. Baldwin: *DID and SPS,* http://www.spiritreleasement.org/ blog/?p=7

rijalističke znanosti. PVO je ponovno aktualiziran pojavom knjiga[4] kao što su *The 3 Faces of Eve* (1957.) ili *Sybil*[5] (1973.), po kojima su snimljeni i istoimeni filmovi.[6] Hipnoza je u stručnim krugovima bila (i još je) zanemarena, dijelom možda i zbog Freudovog razočarenja njezinom neučikovitošću, tj. sporošću i neizvjesnošću rezultata postignutih[7] tadašnjim metodama hipnotičkih pobuda promijenjenog stanja svijesti, kojima se pokušavalo doprijeti do podsvjesnih sadržaja onoga što je on nazvao *id*. Daljnji razvoj na ovom području ipak je rezultirao prihvaćenjem hipnotičke pobude kao najučinkovitije metode u slučaju PVO, kada je tijekom rada potrebno uspostavljati vezu s različitim pod-identitetima.[8]

Povezanost između PVO i mogućnosti postojanja nakačenja dobila je određenu pažnju zahvaljujući i radu dr. R. Allisona, koji je kasnije bio marginaliziran od strane znanstvene zajednice, bez obzira na brojna postignuća koja bi mogla pomoći u objašnjavanju stanja, kako bi se pomoglo osobama s PVO. Allison je bio i protiv marginalizacije PVO i njegova pogrešnog ubacivanja pod DPO, jer su etiološki ovo dva različita stanja, koja zahtijevaju i drugačiji pristup.

Prema Allisonu, ključ razlikovanja između ova dva post-traumatska disocijativna poremećaja je dob u kojoj je doživljena prva trauma, a postoji još 15 drugih faktora po kojima se razlikuju, kao i prisustvo ili odsustvo tzv. unutarnjeg samo-pomagača (*Inner Self Helper,*[9] ISH, pojam koji je uveo Allison). Unutarnji samo-pomagač

4 Usp. Baldwin, str. 25

5 Dr. med. R. Allison smatra da Sybil (prema onome što je pročitao u knjizi) nije pravi primjer osobe s PVO (nije došlo do stvaranja pod-identiteta zbog snažne disocijacije), već da je tu vjerojatno bila na djelu njezina "emocionalna imaginacija", kako bi mogla preživjeti djetinjstvo sa shizofrenom majkom. Usp. *Review of a New Version of the Movie "Sybil"*, 02. 06.08., http://dissociationthoughts.blogspot.com/2008/06/review-of-new-version-of-movie-sybil.html, viđeno: 17.10.2011.

6 The Three Faces of Eve, 1957., http://www.imdb.com/title/tt0051077/ i Sybil, TV 1976. http://www.imdb.com/title/tt0075296/

7 A. G. Hammer, dr. med. M. T. Orne: Hypnosis (psychology), http://www.britannica.com/EBchecked/topic/279820/hypnosis, viđeno: 26.01. 2011.

8 Usp. Baldwin, str. 31, 353

9 Usp. dr. med. R. B. Allison: *MPD and DID are Two Different Post-Traumatic Disorders*, 1995., http://www.dissociation.com/2007/docReader.as

može djelovati kao osobni terapeut, pomažući terapeutu u radu. Potpuno je svjestan cijele obitelji pod-identiteta, kao i onih fragmenata koji su uljezi (nakačeni entiteti). Zabilježeno je nekoliko slučajeva kad je unutarnji samo-pomagač sugerirao terapeutu da ostavi jednog ili više nakačenih entiteta na domaćinu zbog njihove trenutne funkcije, kao što je npr. držanje pod nadzorom jednog ili više pod-identiteta kako bi se spriječio emocionalni kaos ako bi se ti pod-identiteti aktivirali.[10] Ne čudi da je koncept ISH-a (koji je također pod-identitet s posebnom zadaćom) dočekan kao *kontroverzan*[11] od strane predstavnika "tvrde" znanosti, koji isti navode kao primjer kontroverzne dijagnoze.[12]

U namjeri da nekako pomiri pojmove PVO i DPO, Allison je dodao pridjev "višestruki" (engl. m*ultiples*), pa u slučaju da je psihička/fizička/seksualna trauma doživljena prije sedme godine stanje naziva višestruki PVO (pojavljuje se ISH), a nakon sedme godine višestruki DPO (izostaje ISH). To je okvirna granica, a uzeta je kao vrijeme koje se smatra potrebnim da bi se razvila naša primarna osobnost koja će nas pratiti za života. U nastavku teksta je korišten izraz PVO jer smatram da je deskriptivniji.

Pojavljivanje različitih pod-identiteta u slučaju PVO može imati zaista spektakularne, zbunjujuće i medicinski nemoguće manifestacije (s druge strane, ovo stanje je jedan od jako dobrih primjera koji govori u prilog povezanosti um-tijelo, koja je upravljana dušom i povezana s Duhom). Ovisno o tome koji je pod-identitet trenutno

---

p?url=/index/published/MPDIDPAP.TXT i Allison: *Spiritual Helper I have met,* Printed in the AASC Newsletter (of the Association for the Anthropological Study of Consciousness), vol 1, no. 1, March, 1985., str. 4-5, http://www.dissociation.com/2007/docReader.asp?url=/index/published/SPIRIT.TXT, viđeno: 21.01.2011.

10 Usp. dr. med. R. B. Allison: *The Inner Self Helper (ISH),* http://www.dissociation.com/2007/docReader.asp?url=/index/definition/index.html#ish, viđeno: 24.01.2011.

11 Ovaj pojam zauzima istaknuto mjesto u govoru znanstvene kritike. Čini se da ga kritičar standardno koristi kada priča o nečemu što je izvan njegova iskustva ili svjetonazora (i njegovog ega). Zbog svoje školovane uljudnosti, sve pazeći da svoju karijeru i dobru reputaciju ne dovede u pitanje (a zapravo zbog nedostatka agumenata) on upotrebljava ovaj "neutralan" (zapravo apstraktan) pojam.

12 Ph. D. S. O. Lilienfeld, Ph. D. S. J. Lynn, Ph. D. J. M. Lohr: *Science and Pseudoscience in Clinical Psychology,* The Guilford Press, 2004., str. 112

"na sceni", osoba može npr. u jednom slučaju biti nepušač, a u drugom teški pušač, ili imati različite dioptrije, osjetljivost ili otpornost prema vanjskim utjecajima kao što su toplina, hladnoća, može voljeti različitu hranu, imati različite alergijske reakcije ili čak različita ozbiljnija stanja, kao npr. artritis u jednom slučaju, a u drugome dijabetes, ili biti bez oboljenja.

PVO je posljedica teških emocionalnih i fizičkih trauma. U puno takvih slučajeva, opsežno fragmentiranje je neizbježno. Neka proučavanja osoba s PVO otkrivaju da neki od fragmenata (pod-identiteta) mogu napustiti osobu, ali ostati u njenoj blizini, nakačiti se na drugu živu osobu ili prijevremeno otići u Svjetlo.

Šokantnu dimenziju PVO-a, odnosno izazivanja teških emocionalnih i fizičkih trauma pri programiranom stvaranju agenta za izvršavanje "viših ciljeva", nudi primjerice tzv. *Greenbaum govor,* čiji je transkript u opticaju već neko vrijeme na internetu.

Kada se govori o PVO, skeptici gotovo nezaobilazno spominju rad dr. N. Spanosa koji sugerira da se ovo stanje potpuno izbaci iz dijagnostike jer je ono proizvod interakcije terapeuta i pacijenta u danom društveno-kognitivnom kontekstu (drugačije rečeno, uključene strane su iskonstruirale nešto što je kognitivno prihvatljivo, a ima uporište u društvenim običajima). Njegova knjiga *Multiple Identities & False Memories: A Sociocognitive Perspective*[13] često se spominje, a zanimljiv detalj je njezino izdavanje dvije godine nakon autorove smrti. Spanosova istraživanja bila su općenito usmjerena na kritiku korištenja hipnoze za postizanje promijenjenog stanja svijesti u terapeutske svrhe i neetičkom korištenju iste (čega je po svemu sudeći bilo, i još uvijek ima, kod određenog broja kako školskih tako i alternativnih terapeuta).

U slučaju razlikovanja pod-identiteta kod osobe s PVO i nakačenog entiteta, Allison kaže da je, koliko god mu na početku nakačenje entiteta nije imalo "logično" objašnjenje, došao do zaključka da za to postoji mogućnost jer se simptomi kod takvih osoba nisu uklapali u ono što je bilo svojstveno pod-identitetima.[14] U nastavku

13 Ph. D. N. P. Spanos: *Multiple Identities & False Memories: A Sociocognitive Perspective,* American Psychological Association (APA), Rujan 2001.

14 Usp. dr. med. R. B. Allison: *Minds in many pieces,* R. R. Donnelley & Sons, Crawfordsvill, IN, 1980., str. 183-184

je prikazana usporedba određenih simptoma u slučaju pod-identiteta u PVO ili postojanja nakačenog entiteta.

Pod-identiteti u PVO	Postojanje nakačenog entiteta
Osnovna značajka osobe s PVO su trenuci izgubljenog vremena, kad jedan pod-identitet prepušta upravljanje tijelom drugome.	Osim u rijetkim slučajevima potpune posjednutosti, nema osjećaja gubitka vremena kod domaćina.
Postoji razgraničenje između pojedinih pod-identiteta u uobičajenom stanju svijesti, pri čemu jedan nema sjećanje na drugog i oni ne mogu koegzistirati pri upravljanju tijelom. U promijenjenom stanju svijesti postoji svjesnost ili sjećanje o drugim pod-identitetima koji su bili "na odmoru" dok je određeni pod-identitet igrao vodeću ulogu.	Entiteti znaju za postojanje drugih, gdje se pojedini mogu i grupirati i imati i svog vođu (glasnogovornika). Domaćin može biti svjestan suprisutnosti druge svijesti (engl. *co-presence*).
Razvija se kroz duže vrijeme, počevši u ranom djetinjstvu. U oko polovice promatranih slučajeva broj pod-identiteta je bio ispod 10, dok je kod druge polovice pronađeno od 10 pa do preko 100 pod-identiteta. Stupanj smetnje varira od srednjeg do ozbiljnog, što uglavnom ovisi o odnosu među pod-identitetima, gdje najmanje dva mogu igrati važnu ulogu u preuzimanju kontrole nad tijelom.	Nakačenje entiteta se uglavnom događa trenutno, s tim što postoje slučajevi i da neki entitet napusti, pa se ponovno nakači na domaćina. Iz ovog razloga su i promjene vidljive trenutno (npr. "promijenio se nakon operativnoga zahvata pod anestezijom").
Vrlo rijetko postoji samo jedan	Broj mogućih nakačenja može

Pod-identiteti u PVO	Postojanje nakačenog entiteta
	dan (razlog ovome ponekad može biti i to što su drugi ostali prikriveni).
Pod-identitet koji se aktivirao i preuzeo upravljačku ulogu ima potpunu kontrolu nad tijelom.	Potpuno preuzimanje kontrole nad domaćinom događa se samo u iznimnim slučajevima potpunog posjednuća. Obično se pojavljuju simptomi kao što su do tada nepostojeći apetiti, proturječnost u razmišljanju i vođenje unutarnjeg dijaloga, javljanje unutrašnjih glasova, itd.
Osoba s PVO ima često dobro dokumentiranu povijest slabog fizičkog, psihičkog i emocionalnog zdravlja.	Postojanje entiteta nije određeno samo lošim zdravljem (npr. senzibilna/medijumistička osoba može inicijalno biti dobra zdravlja ali zbog svoje prijemčivosti vrlo podložna upadu entiteta).
Kod osobe s PVO postoji povijest teškog emocionalnog, fizičkog i često seksualnog zlostavljanja u djetinjstvu.[16]	Postojanje entiteta nije određeno postojanjem seksualnog zlostavljanja domaćina u djetinjstvu.
Pod-identiteti imaju osjećaj posjedovanja vlastitog tijela.	Entiteti su svjesni toga da su zasebna "bića", da su ostali bez vlastita tijela i da se nalaze na domaćinu. Ako tradicionalni terapeut (kojem je stran koncept nakačenih entiteta) dobije informaciju od entiteta da je on zasebna svijest i pokuša tretirati pacijenta kao slučaj pod-identiteta (integracija s primarnim

15 Ovo također vrijedi i za osobe "pri zdravoj pameti", s tim da disocijacija nije tako dramatična kao u PVO.

Pod-identiteti u PVO	Postojanje nakačenog entiteta
	identitetom) to će biti osuđeno na neuspjeh, ili će se u najboljem slučaju stvoriti su-svijest (engl. *co-consciousness*).
Pod-identiteti mogu prepoznati nakačeni entitet kao odvojeno, zasebno biće/svijest (netko tko ne pripada "grupi").	Entiteti su svjesni postojanja pod-identiteta u domaćina.[17]
Pod-identiteti se stvaraju, izranjaju, fragmentiraju i odcjepljuju u trenucima traume i potrebe (koliko god ti trenuci za normalnu osobu mogli izgledati banalni).[18] Disocijacija (rascjepljivanje) je obrambeni mehanizam kako bi se preživjela traumatska i stresna situacija i gotovo uvijek	Nakačeni entitet nema nikakvih "rupa" u sjećanju na svoj vlastiti život (ako je ljudski entitet), smrt, trenutak nakačenja i razdoblja između smrti i nakačenja na domaćina.

16 Ovo je vrlo osjetljivo pitanje. Zbog npr. seksualnih zlostavljanja u djetinjstvu povedeno je svojevremeno više tužbi u SAD, i to na osnovu navodnog sindroma lažnog sjećanja (engl. *False Memory Syndrom*), a kritičari korištenja rada u promijenjenom stanju svijesti (upotrebom "hipnoze") i dijagnosticiranja PVO često su koristiti upravo taj "sindrom" za diskreditiranje postignutih rezultata. Loš/neuk ili maliciozan praktičar može izazvati ovakva stanja (iako puno teže nego što to kritičari žele prikazati), ali to nema karakteristike sindroma. Pozicioniranje seksualnog zlostavljanja u djetinjstvo bilo je najčešće napravljeno od strane terapeuta koji nisu uzimali u obzir da takvi sadržaji mogu pripadati prošlim životima, pa su to stavili u za njih jedini prihvatljivi kontekst – djetinjstvo osobe – i na takav način teško kompromitirali roditelje ili rodbinu koja za to nisu bili krivi. Nije teško razumjeti njihovu reakciju tužbama.

17 Allison spominje slučaj pacijentice Elise koji ga je oborio s nogu, a kod koje je nakačeni entitet (Dennis) izjavio da se zaljubio u jedan od pod-identiteta po nazivu Shannon! Upitan kako misli voditi ljubav s Shannon objasnio je da bi jednostavno za vrijeme spolnog odnosa izašao iz Shannon i ušao u muškarca s kojim je bila kako bi mogao uživati u činu (usp. Allison, str. 185-186).

18 Ako npr. osoba s PVO ne zna što će za večeru ili koji bi film pogledala, ona može stvoriti novu osobnost koja će umjesto nje donijeti odluku (usp. Allison, str. 184).

Pod-identiteti u PVO	Postojanje nakačenog entiteta
počinje u djetinjstvu. Pod-identiteti nemaju sjećanja iz sadašnjeg života primarnog identiteta prije trenutka kada su kreirani, pa znaju tvrditi da su sa osobom "od samog početka" (iako mogu imati sjećanje na prošli život kao dio svijesti duše-tijela osobe).	

5. POGLAVLJE

Klasifikacija entiteta

Vrlo opsežan pregled entiteta, od kojih većina može biti neka od nakačenosti (na živoj osobi ili drugom entitetu), dao je dr. W. Baldwin u sekciji diferencijalne dijagnoze svog tehničkog priručnika za terapeute.[1] U nastavku je dan pregled identificiranih entiteta, ili možda bolje rečeno nakačenja, koji donekle slijedi Baldwinovu terminologiju i razvrstavanje, pa tako imamo četiri skupine:

- Ljudski
- Neljudski
- Demonski i
- Ostalo

Ovdje se pojmom "demonski" označava nešto što je odavno s nama i u nama, i što na nas vrši veliki utjecaj; iako su i oni neljudski, razmatrani su zasebno jer imaju drugačiju svijest i zadatak. Pod "ostalo" su navedene stvari koje se često prijavljuju, ali koje striktno govoreći nisu entiteti jer nemaju svijest, iako će se u nastavku zbog jednostavnosti tako nazivati.

Određivanje vrste entiteta početni je i najvažniji postupak diferencijalne dijagnoze koji će dalje, ovisno o karakteristikama entiteta, odrediti daljnji tijek postupka oslobađanja.

1 Usp. Ph. D. W. J. Baldwin: *Spirit Releasement Therapy: A Technique Manual, 2nd edition,* Headline Books, 1995., str. 237-284

Ljudski entiteti

Astralni fragment

Ovo je pojam koji sam pronašao kod dr. med. S. Sagana, koji tako naziva ono što većina drugih autora iz ovog područja naziva prizemljena duša/duh (engl. *earthbound spirit*). Sam Sagan tvrdi da ovakvi entiteti, osim u izuzetnim slučajevima (ne navodi kojima), nikako ne mogu predstavljati izgubljenu ljudsku dušu u cijelosti, već samo jedan fragment astralnog tijela. Svoju tvrdnju želi potkrijepiti činjenicama da entiteti uglavnom izgledaju strašnije nego preminula osoba ili da su entiteti uglavnom usredotočeni na opetovano poticanje jedne požude ili emocije kod domaćina, što bi nam trebalo ukazati da je riječ o djelovanju samo jednog pod-identiteta preminule osobe.[2]

Ono što postojanje ovakvih entiteta uopće čini mogućim je čovjekov nedostatak integriteta za života, kao i nepripremljenost na umiranje i smrt, te neznanje o nastavku života nakon smrti, tj. neprekinutosti naše svijesti bez obzira na zemaljska utjelovljenja. O prirodi ovih entiteta Sagan kaže sljedeće:

> "Htio bi još jednom naglasiti da se sve to događa mehanički. Zbog raspadanja astralnog tijela nakon smrti dolazi do oslobađanja nebrojenih fragmenata, od kojih su neki toksični. Nema ništa 'zloga' ili demonskoga u tome, nikakve destruktivne namjere neke mračne sile – samo automatsko funkcioniranje određenih prirodnih zakona.
>
> [...] U 99% slučajeva entitet se ne bi mogao niti nazvati zlim. To je samo energija na krivom mjestu."[3]

Sagan sa sigurnošću tvrdi nešto što bi vrijedilo uzeti u obzir: da kod osoba koje boluju od Alzheimerove bolesti ili shizofrenije dolazi do prijevremenog raspadanja astralnog tijela (što se prirodno događa

2 Usp. Dr. med. S. Sagan: *Entities: parasites of the body of energy*, Roseville NSW, Clairvision School, 1994., str. 65, 105-106.

3 Sagan, str. 138, moj prijevod

tek nakon smrti fizičkog tijela), tako da njihovi fragmenti mogu nastaviti egzistirati kao entiteti, i kao takvi se vrlo često nakače na osobe bliske oboljelima![4]

Kao što je već spomenuto, većina ostalih autora ovo naziva izgubljenim dušama/duhovima koji su u prošlosti imali svoja fizička tijela, preminuli su na prirodan ili traumatski način i iz nekog razloga nisu otišli u Svjetlo. Dr. med. L. Ireland-Frey spominje i židovski naziv *Dibuk*,[5] a dr. C. Wickland,[6] koji je prvi počeo rad s dušama nešamanskim pristupom u Americi, zove ih *ignorant spirits* ili "duhovi neznalice", sugerirajući da ne znaju da im je tijelo umrlo.

Dr. med. S. Modi astralne fragmente, kao najčešći oblik nakačenja, razvrstava u čak devet kategorija, od onih s dosta dobrim znanjem naše prave (duhovne) prirode i koje očekuju da se vrate u Svjetlo (Modi koristi i pojam Nebo, engl. *Heaven*), do onih koje imaju određene ili vrlo ozbiljne probleme s povratkom, zbog ograničavajućih vjerovanja o raju i paklu, emocionalnih zaostataka, zbunjenosti zbog traumatske smrti i manjeg ili većeg utjecaja demonskih entiteta.[7]

Ovakve entitete je moguće prepoznati po odlikama koje vrijede i za živuća ljudska bića, kao što su: spol, ime i prezime, životna dob u kojoj su ostali bez vlastitog tijela, osjećanje i izražavanje ljudskih emocija, vjerovanja i stavovi o ljudima i pojavama – u stvari sve ono čega može biti svjestan jedan od naših pod-identiteta (što je vjerujem važan razlog zbog kojeg psiholozi koji ne prihvaćaju naka-

---

4 *Isto*, usp. str. 61-62, Sagan tvrdi još nešto zanimljivo o osobama oboljelima od shizofrenije, naime da su kod njih neke od doživljenih tzv. halucinacija u stvari bila autentična nefizička iskustva. Oni tako prije trenutka smrti dobiju uvid u složenost slike svog astralnog tijela i prisustva različitih osobnosti (pod-identiteta). Ovo bi se moglo smatrati pravim duhovnim postignućem kada bi se to dogodilo na pravi način koordinirano od Višeg ja, a ne kao projekcija u umu (lažnom egu) kao dio procesa psihičkog oboljenja.

5 Usp. dr. med. L. Ireland-Frey: *Freeing the Captives: The Emerging Therapy of Treating Spirit Attachment*, Hampton Roads Publishing Company, 1999., str. 50

6 Dr. C. Wickland: *Thirty Years Among The Dead*, Mokelumne Hill Pr, 1996.

7 Usp. dr. med. S. Modi: *Remarkable Healings: A Psychiatrist Discovers Unsuspected Roots of Mental and Physical Illness*, Hampton Roads Publishing Company, 1997., str. 248

čenja entiteta iste žele svrstati u pod-identitete kao prihvaćeni koncept). Kao današnji datum uvijek navode datum smrti vlastitog tijela.

Može postojati jedan ili više razloga zašto su ostali na zemaljskom planu i najčešće je to neka od zemaljskih ovisnosti, od kojih su se najčešćima pokazale ovisnost o hrani, alkoholu, drogama, seksu, kockanju, itd. Isto tako, važan i čest razlog ostajanja je fiksacija na emocionalnu ili fizičku traumu smrti, što može rezultirati pojavljivanjem simptoma takve traume kod njihovog domaćina (npr. neobjašnjivi bolovi u određenom dijelu tijela za koje medicinska struka ne može ništa učiniti niti ih pravilno dijagnosticirati, a koji su posljedica fizičke traume nakačenog entiteta). Baldwin kao moguće simptome kod domaćina navodi i prije spomenute ovisnosti.

Važno je poznavati i sljedeće činjenice koje mogu biti vrlo korisne u postupku oslobađanja od entiteta:

- Potpuno su svjesni činjenice da više nisu u svome fizičkom tijelu, nego u tuđem.
- U određenim situacijama mogu biti i korisni, ili možda ispravnije rečeno profitabilni (npr. astralni fragment preminulog umjetnika zbog kojeg je njegov domaćin vrstan slikar, a postoje slučajevi da domaćin svjesno i dobrovoljno pristaje na daljnji suživot s nakačenim entitetom kako ne bi ostao bez "svojeg" talenta).
- Ne spavaju.
- Nemaju više nama svojstven (linearno ograničen) koncept vremena i imaju svoja sjećanja na događaje iz prošlosti.
- Znaju razlog zbog čega su se nakačili (ali ne i po kojem se mehanizmu to dogodilo), koliko nakačenje traje, a ono se može čak i ponavljati kroz više života. Razlog može biti npr. **romantično obećanje ratnika da će se vratiti svojoj voljenoj** u nekom od prošlih života i nakon pogiblje on joj se ipak vraća ali kao nakačeni astralni fragment i prati je kroz niz života.[8]

8 Ovo je zanimljiva mogućnost koja bi zahtijevala dublju analizu mehanizma napuštanja domaćina nakon njegove smrti i ponovnog nakačenja u sljedećem životu, a koja na svoj način govori u prilog principa privlačnosti i utjecaju samskara na novorođenu osobu koja će ponovno postati domaćin nakačenju kojeg je nosio i u prethodnim životima.

Činjenica da entitet zna stvari koje su gore navedene još uvijek ne znači da će biti spreman sve i iskomunicirati tijekom postupka oslobađanja, niti je to nužno za tijek postupka.

Baldwin na osnovu iskustva iz svoje kliničke prakse govori da u polovici slučajeva ne postoji neki prethodni odnos između domaćina i nakačenja, bez obzira radilo se o trenutnom ili nekom od prošlih života. Riječ je o slučajevima kad do nakačenja dolazi nasumično, uvijek bez traženja dopuštenja domaćina, što **predstavlja kršenje slobodne volje**. To se treba jasno iskomunicirati s entitetom u postupku oslobađanja, jer ta spoznaja može biti presudna da entitet promijeni svoj pogled na cjelokupnu situaciju i postane zainteresiran za ponuđenu alternativu.

Kao i kod svih ostalih mogućih nakačenja opisanih u nastavku, treba znati da **entitet crpi energiju svog domaćina**, tj. da je njegov opstanak moguć dok postoji energetsko hranjenje. Izgleda da ovdje nije riječ o bilo kakvoj energiji, nego onoj koja po svojim svojstvima odgovara onome tko se njome hrani, a taj čini sve što može kako bi domaćina doveo u što više situacija koje će rezultirati stvaranjem tako "obojene" (ili vibracijski snižene) energije. Riječ je prije svega o negativnim emocijama kao što su strah, ljutnja, bijes, mržnja, ljubomora, tuga, ponos, oholost, itd. (iako i neka stanja i emocije koje smatramo "pozitivnim" mogu biti isprovocirani nekim entitetom).

Izgleda da porast životne energije (mane, prane, chi), npr. kod energetskog disanja, rezultira privremenim ili trajnim otkačenjem određenih entiteta, jer im taj porast onemogućuje daljnje obitavanje na domaćinu. Drastičniji primjer stvaranja teoretski neizdržive situacije za entitet je primjena elektrošokova (tzv. elektrokonvulzivna terapija) kod tzv. psihički poremećenih pacijenata. Tada je dolazilo do promjena u ponašanju, pa su se ovoj nečovječnoj terapijskoj metodi, pridavala (a izgleda nažalost i dalje pridaju) ljekovita svojstva.

Energetsko hranjenje rezultira većom ili manjom iscrpljenošću domaćina, ali samo hranjenje nije pravi razlog nakačenja, već samo posljedica i jedan od pokazatelja koji bi mogao govoriti u prilog mogućoj nakačenosti entiteta. Kao što je prije navedeno, ovakvi entiteti koji posjeduju svijest imaju neke svoje razloge zašto se nakače, što može varirati od toga da se netko oslabljen ili otvoren našao u krivom trenutku na krivom mjestu i ima sklonost prema onome što je entitetu atraktivno, do osvetničkih poriva i potrebe da se pomogne i zaštiti bliska osoba.

Ovo međutim ne znači da ne bi mogla postojati i neka druga nama nevidljiva bića, s nekom drugom sviješću, kojima bi energetsko hranjenje bilo primarni razlog interakcije s nama.

Možda je važno spomenuti i moguću dinamiku odnosa s tzv. izmišljenim prijateljima (engl. *imaginary playmates*), koje djeca često znaju spominjati u ranijoj dobi i za koje se drži da su puki plod dječje mašte. Modi nalazi u dosta slučajeva da su se takvi "prijatelji" u jednom trenutku nakačili na dijete s kojim im se bilo zanimljivo igrati. To može biti trenutak bolesti, neke emocionalne reakcije ili npr. operacije pod anestezijom.[9] Dakle, djetetov prestanak spominjanja svog nestvarnog prijatelja može biti i indikacija da on nije nestao, već da se nakačio na dijete!

Fiore također zastupa tezu da su izmišljeni prijatelji astralni fragmenti i da su vidljivi djeci, jer su ona često vidovita.[10] Sagan kaže da su nakačenja u djetinjstvu vrlo česta zbog osjećaja usamljenosti i žudnje za društvom, kada entiteti upadaju ispunjavajući tako emocionalnu prazninu, a simptomi vezani za crpljenje energije postaju vidljivi tek puno godina kasnije.[11]

Sagan u jednom primjeru navodi da se fragment astralnog tijela domaćina iz njegova prošlog života nakačio na njega u sadašnjem životu zbog želje da kazni domaćina zbog bijednih postupaka koje je počinio u prošlom životu. Kroz ovaj slučaj objašnjava razliku između samskare kao karmičke bilance koja ostaje u astralnom tijelu kroz čitav niz reinkarnacija i ovakvog "entiteta" koji se odvojio u času smrti i čekao kako bi se nakačio na istu osobu u nekom od sljedećih života.[12]

---

9 Usp. Modi, str. 203

10 Usp. Ph. D. E. Fiore: *The Unquiet Dead: A Psychologist Treats Spirit Possession*, Ballantine Books, 1995., str. 162

11 Usp. Sagan, str. 21, 94

12 *Isto*, usp. str. 115-116

Prekinuta trudnoća

Prekinuta trudnoća može također rezultirati stvaranjem astralnog fragmenta. Obzirom da je prekid trudnoće u osnovi traumatski događaj, samim time postoji i velika mogućnost da iza nerođenog djeteta ostanu astralni fragmenti. Na ovo bi trebalo gledati kao na posebnu vrstu prije spomenutih astralnih fragmenata. Po načinu na koji je prekinuta trudnoća mogu se pretpostaviti određeni obrasci njihova djelovanja, što će olakšati prepoznavanje i daljnje postupanje u skladu s tim. Za ovakve entitete možemo reći sljedeće:

- Nemaju svoje ime i nedostaje im iskustvo rođenja, odnosno mogu imati nejasnu ideju o vlastitom tijelu, što može uključivati i čudne pojmove kao što su "izlaženje" ili "zaustavljanje", a što nije ništa drugo nego njihov naivni način opisivanja smrti ili pobačaja. Za ime, ako se od njih traži, mogu dati neko simbolično ime ili neko obično i često ljudsko ime.
- Znaju svoj spol jer je isti izabran u fazi planiranja[13] u Svjetlu.
- Oni nisu polurazvijene osobe pa nemaju problema s inteligencijom, jezikom ili razumijevanjem prilikom komunikacije, tako da im se u postupku oslobađanja može objasniti što se dogodilo i koje je njihovo stanje, te im pomoći da nastave dalje.
- Jako su tužni jer ne razumiju postupak majke, a mogu biti i jako bijesni zbog prekida trudnoće.

Ovakav entitet se može nakačiti na majku iz više razloga: ljutnje, jednostavne potrebe za bliskošću ili zato što je odlučio ostati prijatelj s majkom, ne shvaćajući da to ne može ostvariti kao nakačeni entitet. U kakvom emocionalnom neredu (uz prateće fizičke simptome) može živjeti žena kojoj je abortus sredstvo kontracepcije pa ima i desetak prekida trudnoće iza sebe, možemo samo nagađati. Ako se astralni fragmenti abortirane djece i ne nakače na njih, postoji velika šansa da se nakače na osobe koje se nalaze u blizini, pa onda nije čudno, da npr. na med. sestri, koja asistira pri abortiranju, bude

13 Jedna od faza u periodu "života između života" za vrijeme koje se duša na osnovu prethodnih iskustava i (ne)naučenih lekcija priprema za svoju sljedeću inkarnaciju (utjelovljenje).

otkriveno i po dvjestotinjak ovakvih entiteta.[14]

Jedna od mogućnosti je da se ovakav entitet nakači i na sljedeći embrio, odnosno odmah po rođenju pa će novorođeno dijete imati simptome koji su često povezani sa sjećanjem na pobačaj iako ta trauma pripada nakačenom entitetu.

Pod-identitet (engl. *subpersonality*)

Baldwin smatra da svaki pod-identitet ima neku važnu osobinu koju je važno sačuvati u postupku izlječenja i integracije, pa bi rad s ovakvim "entitetom" značio prvenstveno integraciju, a ne postupak oslobađanja slanjem u Svjetlo, a za što nam danas na raspolaganju stoje različite manje ili više učinkovite metode.

Problematika ili fenomen pod-identiteta zahtjeva posebnu pažnju i moguće da bi upravo razumijevanje stvaranja i egzistiranja pod-identiteta u ljudskoj psihi moglo biti važno ako, ne i ključno, za rasvjetljavanje dinamike između žive osobe i nakačenih entiteta kao i razumijevanje sadržaja za koje se smatra da su naslijeđeni iz prošlih života, a čime se bavi regresoterapija. U ovom tekstu će naglasak ipak biti na navodima i iskustvima povezanima s onim što bi se moglo klasificirati kao nakačeni entiteti.

Pod-identitet, po Baldwinu, ima sjećanje na svoje vlastito tijelo koje je u stvari tijelo domaćina. Nema sjećanja na životno razdoblje prije odcjepljenja, ali bi rad s pod-identitetom mogao voditi u neki od prethodnih života sa sjećanjem na nerazriješeni konflikt, a smrt u tom životu će biti deklarirana starosna dob pod-identiteta s kojim se radi.

Pod-identiteti se često razvijaju u dijametralno suprotnim parovima, gdje jedan drugoga drži u ravnoteži (npr. "svetica" i "kurva"). Koncept je sličan onome što nudi npr. Berneova transakcijska analiza u "igrama" (engl. *games*) gdje postoje "ego-stanja" *roditelj*, *odrasli* i *dijete*, ili "kompleksima" iz analitičke psihologije, ili "Malim Ja" o kojima je govorio Gurđijev.[15] Dr. J. Rowan je tijekom istraživanja različitih duhovnih, filozofskih i psiholoških pravaca identificirao 25

14 Usp. Baldwin, str. 249

15 Usp. P. O. Ouspensky: *In Search Of the Miraculous, The Teachings of G. I. Gurdjieff*, San Diego, Harcourt, Inc., 2001. (©1949.), str. 59

različitih naziva za pod-identitete,[16] a slikovitu definiciju pod-identiteta daje Sagan:

> "Riječ pod-identitet može navoditi na krivu ideju o nečijoj osobnosti koja je razgranata na više različitih dijelova. U stvarnosti, ti pod-identiteti su više kao gomila karaktera[17] koji imaju malo i ništa jedni sa drugima. Oni nisu kao različite pokrajine koje čine državu, već su više kao različite vrste ptica koje su umjetno zadržane u istom kavezu, neprestano se natječući i boreći međusobno."[18]

Prema Saganu, postoji jasna razlika između pod-identiteta i astralnog fragmenta: pod-identitet je stvoren od same osobe, dio je njegovog uma i može se razvijati godinama, za razliku od astralnog fragmenta koji se nakači u određenom trenutku kojeg se domaćin može u puno slučajeva dosta lako i prisjetiti.[19]

Za klasične terapeute koji ne ostavljaju prostora za vanjske utjecaje, pa makar on bili i ljudskog porijekla kao u slučaju astralnih fragmenata, sve što domaćin bude identificirao kao sadržaj svoje psihe u najboljem će slučaju biti prepoznato kao pod-identitet. Evo kako takav jedan "pod-identitet" izgleda u pisanju dr. J. Rowana (osobno smatram da je to promašeno tumačenje/dijagnoza):

> "Pokazalo se da je Freem (ime koje je nadjenula osoba tom svom navodnom pod-identitetu i koje ima znakovito *Free* u korijenu, sugerirajući da želi slobodu, op. a.) vidio sebe kao **biće iz nekog vanjskog prostora**, neke vrste Limba. On je smatrao da je ta djevojka **pogodna žrtva i okupirao** ju je u dobi od četrnaest godina. Postajao je sve snažniji svaki put kada bi ona ponudila bezuvjetnu ljubav."[20]

Ovo je dobar primjer da "čovjek vidi samo ono što vjeruje". Rowan u

---

16 Usp. J. Rowan: *Subpersonalities - The People Inside Us*, London, Routledge, 1990., str. 8, 115

17 Riječ preko latinskog dolazi od grčke riječi *kharaktēr* što znači dlijeto za dubljenje, graviranje, dakle nešto što će ostaviti "karakterističan" trag

18 Usp. Sagan, str. 46-47, moj prijevod

19 *Isto*, usp. str. 28

20 Dr. J. Rowan: *Subpersonalities - The People Inside Us*, London, Routledge, 1990., str. 50, moj prijevod i podebljanja

nastavku kaže da je od te žene nakon pola godine dobio pismo u kojem piše da joj je lakše živjeti sada, nakon što je shvatila da Freem može imati i pozitivne osobine (prihvaćajući to kao "dio" sebe). Kao dokaz da je napredovala navodi kako je uspjela skinuti cca 13 kg suvišne tjelesne težine (ne objašnjavajući što je točno dovelo do te promjene).

Misaoni fragment živuće osobe

Prema mojem razumijevanju, Baldwin pod ovom skupinom prvenstveno smatra pod-identitete druge živuće osobe i objašnjava da do fragmentiranja svijesti dolazi stvaranjem pod-identiteta osobe koja je normalna i prosječna i ne mora imati PVO kod kojega se također događa fragmentacija. Neki od stvorenih misaonih fragmenata mogu se odvojiti od osobe, na način da ostanu vezani uz određeni prostor ili drugu osobu (što je također nakačenje). Baldwin kaže da se ovo ne bi trebalo brkati s misaonom formom ili projiciranom energijom ljutnje, uroka ili kletve, a kao primjer spominje nesvjesno parazitiranje oboljele osobe na zdravoj, što je psihički (emocionalni) vampirizam. Kada je riječ o bacanju uroka, to bi značilo svjesno slanje misaonog fragmenta "vještičje" svijesti prema žrtvi. Kao što je za očekivati, misaoni fragment se ponaša slično astralnom fragmentu, a karakteriziraju ga sljedeće osobine:

- Tvrdi da živi u svom vlastitom fizičkom tijelu u sadašnjem trenutku.
- Zna koji je bio trenutak odvajanja od primarnog identiteta i kolika je veličina fragmentacije (u postotcima).
- Zna kada i s kojom svrhom se nakačio na domaćina.

U slučaju fragmenta koji nije poslan s namjerom da napravi štetu, postoji mogućnost da osoba od koje je potekao ima neke nerazriješene odnose s domaćinom u ovom ili nekom od prošlih života (što bi se moglo osvijestiti regresoterapijom). Izgleda da su to vrlo često bliske osobe (npr. fragment živuće majke na djetetu stvoren nekom traumatskom situacijom). Ovakav misaoni fragment bi trebalo vratiti njegovom vlasniku, s tim što postoji mogućnost recidiva, što može biti na neki način potaknuto drugim nakačenjima na toj osobi, pa bi prije vraćanja vlasniku i njega trebalo počistiti.

Izgleda da ovdje postoji i mogućnost obrnutih uloga s nakačenjem, pa bi tako astralni fragment mogao "na sebi" imati misaoni fragment još uvijek žive osobe. Takav će astralni fragment imati poteškoća pri odlasku u Svjetlo ukoliko se misaoni fragment ne vrati još uvijek živućem vlasniku.

Odcijepljeni fragment može biti i eterična forma nekog nedostajućeg dijela fizičkog tijela, koji je mogao ostati na nekoj lokaciji (npr. kod stradalnika na bojištu). Ako je takav fragment dio nakačenog entiteta, on bi se prije slanja entiteta u Svjetlo trebao vratiti entitetu, jer će u protivnom domaćin i dalje osjećati prisustvo tog fragmenta.

Pod-identitet prošlog života

Ovakvo "nakačenje" može u jednom trenutku preuzeti kontrolu nad osobom zbog određenog pomaka u svijesti, prouzročenog npr. traumom ili konzumiranjem narkotika. On je svjestan činjenice da je dio cjeline "duša-um" osobe, ali u prošlosti, a ne u sadašnjosti te da, kao i u slučaju pod-identiteta iz trenutnog života gdje je svaki stvoren s nekom svrhom, postoji razlog njegovog pojavljivanja u svijesti trenutnog života.

Ovdje navodi primjer psihički zdrave i (po Baldwinu) potpuno integrirane djevojke koja je, kako kaže, rekreacijski konzumirala *ecstasy* (MDMA). Nekoliko sati nakon konzumacije opsjeo ju je "duh" muškarca koji je mogao pričati samo nekim indijanskim narječjem (primjer glosolalije), iako je ona mogla i dalje uredno pisati na engleskom. Po prestanku djelovanja narkotika djevojci se povratio njezin primarni identitet. Naknadno je utvrđeno da se pod-identitet prošlog života pojavio iz nestrpljivosti zbog njezina sporog duhovnog razvoja, jer je 20 godina provela kao časna sestra. U daljnjem postupku, nakon što je objasnio svoje nezadovoljstvo, ali i ljubav prema djevojci, pristao je stopiti se i reintegrirati tako da djevojka više nije imala sličnih problema (ne spominje se je li nastavila sa svojom rekreacijskom aktivnošću). Baldwin sugerira da su i pod-identiteti prošlih života netaknuti i pohranjeni u našoj podsvijesti te da se pojavljivanje ovakvog pod-identiteta, slično kao i pod-identiteta iz trenutnog života, ne može smatrati opsjednutošću u klasičnom smislu, ali ipak zahtjeva terapiju, gdje bi regresija u prošli život mogla pomoći u raščišćavanju situacije (na način da se osvijesti zašto se pod-identitet "aktivirao"). Ovdje bi se moglo i postaviti pitanje jesu li zaista pohranjeni u podsvijesti ili na nekom drugom "mjestu" koje je na neki način povezano s (individualnom) podsviješću.

"Walk-in"

Koncept koji je (ponovno?) populariziran u novije vrijeme, zahvaljujući pisanju R. Montgomery i New Age krugovima. Riječ je o zamjeni fizičkog tijela, kojeg originalna duša vlasnik prepušta nekom svjetlosnom biću zbog određene zadaće. Sugerira se da je takva zamjena dogovorena još u fazi planiranja u Svjetlu ili čak naknadno za vrijeme života kroz meditaciju. Na ovaj način bi se trebalo valjda "dobiti na vremenu" i novi vlasnik bi imao sjećanja prijašnje duše, koja je nastanjivala to tijelo, ali bez ikakvih emocionalnih povezanosti. Baldwin smatra da ovakvi slučajevi ne zahtijevaju postupak oslobađanja, već samo asistenciju u dijelu pronalaženja mogućih mračnih (demonskih) entiteta, koji su se mogli u procesu zamjene nakačiti.

Ovaj koncept miriše na podmetanje od strane negativnih (mračnih) sila, kako bi sebi stvorile "legalan" prostor za manipulaciju pod krinkom dogovorenog pristanka. U svakom slučaju, ovakvo tumačenje ove pojave je solidan NABS[21] kandidat.

Misaona forma (engl. *thoughtform*)

Misaona forma je projekcija svijesti koja može biti izražena u obliku emocije kao što je strah, ljubomora, bijes, tuga, ponos, taština, pohlepa, sebičnost, itd. Iako može nalikovati astralnom fragmentu po načinu na koji se manifestira na domaćinu, te iako ima vlastitu svijest, inteligenciju i svrhu, misaonoj formi nedostaje stvaralačka božanska iskra, obzirom da je ljudska kreacija. Stoga ovakav entitet nije potrebno poslati u Svjetlo, već će tijekom postupka oslobađanja, kako bi se rastvorila, biti dovoljno vizualizirati svjetlo koje će je okružiti.

Ovdje dolazimo i do problematike bacanja uroka od osobe koja se aktivno bavi čarobnjaštvom, kako bi se zagorčao život osobi

21 NABS od engl. *New Age Bull Shit*

kojoj je namijenjen. Takva misaona forma može pratiti domaćina (žrtvu uroka) i kroz nekoliko života. Opstanak kletvi i uroka kroz jedan ili više života može biti potpomognuto demonskim entitetima. Kletve i uroci mogu biti i razlog većoj otvorenosti prema novim nakačenjima i psihičkim (astralnim) napadima.

> *Za stvaranje misaone forme koje mogu postati opasne za osobu kojoj su namijenjene osoba se ne treba aktivno baviti crnomagijskom praksom.*

Koliki je stvarni ljudski psihički potencijal na lijep način može pokazati stvaranje pogubnih misaonih formi od strane običnih osoba koje to čine, kazali bi, nesvjesno, odnosno nesvjesni kolika je snaga njihove psihe, pa emocionalno jako potreseni mijenjanju svoje stanje svijesti i ispaljuju (često i prema osobama koje su im drage i "voljene") misli koje inače ne bi pomislili (takvo ponašanje često ukazuje da je riječ o duboko nesretnim i suštinski izgubljenim ili zbunjenim osobama). Takve misli dobivaju značajnu energiju i imaju jasnu tendenciju da prouzroče ozbiljne probleme osobi prema kojoj su usmjerene. Kletva "proklet bio" izrečena iz ustiju bijesne osobe koja lako postiže stanje da bude "izvan sebe" od takve emocije može bez ikakvih dodatnih magijskih rituala napraviti stvarnu štetu.

Može se dogoditi i da je osoba koja je zatražila oslobađanje od entiteta u ovom ili nekom od prošlih života sama sebi kreirala ovakvu misaonu formu. U tom slučaju ona se može rastvoriti ako osoba preuzme odgovornost za svoj čin i razriješi emocionalno stanje koje je dovelo do stvaranja takve forme.

Ireland-Frey radi podjelu na misaone i emocionalne forme, gdje prve imaju izvorište u nekoj misli, a druge u emocijama, pri čemu samo negativne emocije mogu imati ograničavajući učinak na domaćina. Spominje i "lažne zaštitnike" (kao Baldwinov pojam), koji su životinjskog oblika, gdje neki od njih (ili svi?) mogu biti misaone forme. Kaže da nije susrela životinjske vodiče šamanskog tipa kao naprasne i opsjedajuće entitete, što i nije priroda pomagača.[22]

Kako bi se dobila bolja ideja o mogućoj snazi i utjecaju misaone forme, smatram da je potrebno reći da pojam izvorno dolazi od tibetanskoga *Tulpa,* što bi u prijevodu značilo "stvoriti" ili "izgraditi".

---

22 Usp. Ireland-Frey, str. 187-188

Takvo je stvaranje dio tibetanskog okultnog, magijskog učenja po kojem praktikanti mogu materijalizirati formu prema želji, koristeći snažnu koncentraciju misli (kroz duboku meditaciju u osami), slijedeći propisani obred. Misaona forma često je poprimala **ljudski oblik**, a stvarala se u svrhu izvršenja određenog čina (možemo samo zamisliti kakvog), nakon čega bi se rastvorila. Tulpa može koegzistirati sa svojim tvorcem, ali isto se tako može oteti kontroli, često **ubijajući** vlastitog tvorca ili nastavljajući život oslobođena njegove kontrole.[23]

Okultisti koriste i pojam Sluga (engl. *Servitor*) za Tulpu, koji se može magijski stvoriti i predstavlja, kako P. Hine kaže, neku vrstu programabilnog astralnog stroja koji se koristi za izvršavanje najrazličitijih zadataka po nalogu tvorca.[24]

Grupna misaona forma (egregor)

Baldwin ne spominje ovu formu u svom tekstu, ali smatram da je ima smisla navesti nastavno na misaonu formu koju, kako smo vidjeli, može stvoriti pojedina osoba. Okultna literatura za ovakav entitet nudi izraz egregor, koja prema neki izvorima ima korijen u lat. riječi *egregius* za "istaknuti" ili "uzvišen", a prema drugima u grčkoj riječi ἐγρήγοροι (egrégoroi) koja označava čuvara/stražara. Opisuje se kao grupna energija ili sila koja može postati posebno snažna kod grupa koje su okupljene oko istog cilja. Stvoriti se može svjesnom namjerom (npr. kroz magijski obred) ili nesvjesno. Magijskim ložama ili udrugama egregor postaje spremnik magijske i duhovne moći koji može utjecati na izvedeni magijski čin, samu ložu, grupu ili pojedince. Egregor može biti pozitivan ili negativan i karakterizira ga simbioza sa grupom koja ga je stvorila iako može nastaviti egzistirati i dugo vremena nakon što grupa nestane.

Smatra se da korporacije, političke stranke, religije, grupe za molitvu, države, klubovi imaju svoje egregore. Kada se kaže da je

23 Usp. B. Foster, M. Foster: *The secret lives of Alexandra David-Neel: a biography of the explorer of Tibet and its forbidden practices*, Woodstock NY, Overlook Press, 1998., str. 154

24 Usp. P. Hine, P. J. Carroll: *Condensed Chaos: An Introduction to Chaos Magic*, Phoenix AZ, New Falcon Publications, 1994., str. 105

"projekt zaživio" to bi značilo da je egregor prisutan[25] (Bavljenje ovakvom misaonom formom izlazi iz okvira postupka oslobađanja).

Nadahnjujuća posjednutost (engl. *inspirational possession*)

Ovakva posjednutost rezultira izvanrednim postignućima osobe koja (navodno) nije postala domaćin, jer se entitet s kojim je u kontaktu nije nakačio i nije astralni fragment. Ovdje se špekulira da je riječ o entitetima koji se nalaze u Svjetlu, a uspostavili su kontakt s osobom kako bi im bili od pomoći i nadahnuća. Postavlja se pitanje čemu onda upotreba pojma "posjednutost".

Mislim da je ovdje važno spomenuti još jednu pojavu koja je vrlo učestala u posljednje vrijeme, a to je osobni duhovni vodič, čije se prisustvo i poruke često nekritički primaju ("kanaliziraju", engl. *channeling)* i koji je za mnoge u New Age zajednici postao znak prestiža, izabranosti, posebnosti i ostvarene "duhovnosti".

U nastavku slijedi isječak Saganove konverzacije s jednom klijenticom[26]:

Dr. Sagan: [...] Da rezimiramo. Imate duhovnog vodiča koji vas tjera da jedete čokoladu i koji vas promatra u vašim seksualnim aktivnostima. On ne želi da budete s vašim suprugom jer je ljubomoran i želi da masturbirate misleći na njega. Nadalje, on crpi energiju iz vašeg srca. Nije li to sve skupa pomalo sumnjivo?

Klijentica: Zaista mi se to sviđa. To me čini znatno snažnijom. Osjećam da mogu živjeti moj život bez da napravim išta krivo. On mi pomaže u donošenju odluka jer ih sama ne mogu donijeti. On misli da ste dobili krivu sliku o njemu. Misli da je on u redu. Vi mu stvarate poteškoće.

Treba li bilo što više dodati na ovakvu ignorantnost i željeno razmišljanje? Ne čudi da se klijentica više nije vraćala Saganu, a kako i bi kada je prihvatila da netko drugi donosi odluke umjesto nje, a "vodiču" je zadnje što bi htio doživjeti ponovni susret s osobom koja bi ga

25 Wikipedia (engl.): *Egregore*, http://en.wikipedia.org/wiki/Egregore, viđeno: 05.12.2011.

26 Sagan, str. 146, moj prijevod

mogla odvojiti od tako zahvalnog domaćina.

Dr. med. H. Naegeli-Osjord je u svojoj knjizi posvetio jedno poglavlje[27] onome što on naziva "Pozitivno posjednuće" i navodi primjere kada se astralni fragment pokojnika s određenom vještinom nakačio na osobu koja bi u promijenjenom stanju svijesti postala instrumentom daljnjeg korištenja te vještine. Kao "dobar primjer" ovakve, po njemu dobroćudne simbioze, navodi slučaj engleza G. Chapmana kojeg je posjednuo za života uspješan oftalmolog dr. W. Lang. Prema opisu slučaja jasno je da je Lang, tj. njegov astralni fragment, zapeo nakon smrti i izgleda da je našao čitavu ekipu "srodnih duša" liječnika koji nisu željeli odustati od svojih liječničkih praksi (ovo nimalo ne čudi obzirom na moguću snagu identifikacije s ovom štovanom i autoritativnom ulogom).

Brazilac Zê Arigò je naveden kao drugi primjer koji se bavio "psihičkom kirurgijom" pod vodstvom preminulog njemačkog liječnika dr. A. Fritza. Koliko god ovakvi slučajevi izgledali plemeniti i dalje ostaje pitanje jesu li te aktivnosti bile usklađene sa životnim planovima (navodno privremenih) domaćina ili su ovo samo još jedni od primjera ego-igara ljudi koji nisu mogli odoljeti privlačnosti ponosa i ugleda, prikazujući se kao "skromni" pomagači, a što je moglo biti itekako uvjetovano entitetima koji nisu željeli odustati od slave i sličnih emocija.

Neljudski entiteti

Grupna svijest

Predstavlja vrlo zanimljivu i slabo istraženu kategoriju. U najužem smislu pojam grupne svijesti odnosi se na obitelj kao grupu u kojoj su međusobne povezanosti prirodno najjače, proistekle iz djela, kako iz sadašnjeg tako i iz prošlih života. Obitelj sa skladnim odnosima trebala bi svakom članu biti oslonac u njegovom ostvarenju i suštinskom rastu i razvoju. Jasno da je zbog toga ona i primarna meta mračnih sila Zloga, jer se njihova porazna djelovanja u tom slučaju

27 Usp. dr. med. H. Naegeli-Osjord: *Possession & Exorcism*, Oregon, New Frontiers Center, 1988., str. 40-44

višestruko uvećavaju. Za pretpostaviti je da bi vjernici judeo-kršćanske doktrine "entitet" grupne svijesti odmah prepoznali kao "grijehe otaca" koje bog kažnjava do trećeg ili četvrtog koljena (generacija), prema prihvaćenoj verziji biblijskog teksta, ne znajući da postoji i drugo tumačenje prema kojemu riječ "generacija" označava reinkarnaciju (što implicira i karmičku otplatu[28] i nudi novu dimenziju cijeloj stvari). Moderniju verziju obiteljskih dugova i "zasluženih kazni" na svoj način iznosi S. N. Lazarev, čije je *Dijagnosticiranje karme* bremenito božjim gnjevom zbog obiteljskog grešnog nasljeđa.

T. Budak koristi pojam "obiteljska karma", koja uključuje skup čiste i promjenjive karme i kaže da se prva ne može mijenjati, a drugu, promjenjivu, dužni smo mijenjati. Smatra da je jedan od bitnih ciljeva reinkarnacije duše čišćenje vlastite karme prekidanjem lanca negativne obiteljske karme.[29]

Ireland-Frey naziva grupnu svijest "duhovnim (psihičkim) virusom", a nudi čak i termin "usklađeni element" (engl. *concordant element*), s kojim se susretala nekoliko puta u svojoj praksi te daje neke dodatne i pomalo zbunjujuće podatke:

> "Kao pasivni infektivni agent na psiho-spiritualnoj razini, takav entitet se može **proširiti po obitelji kroz nekoliko generacija kao prokletstvo** ili se može proširiti prema vani, inficirajući i druge osobe. Govore nam [takvi entiteti] da se **mogu uspavati, ali ne i ubiti**."[30]

U nastavku objašnjava da se ovakav entitet (ili usklađeni element), pojavljuje kad smo duhovno oslabljeni zbog određene traume i zapravo **služi kao zaštita od ulaska drugog, potencijalno opasnijeg entiteta**, pa se čini da po svojoj prirodi nije maliciozan, već preventivan. Primjer potisnute emocije ljutnje koja je uzrok duhovne ozljede pokazuje da će entitet koji se pojavi biti usklađen s energijom/frekvencijom te potisnute emocije. Ako domaćin na terapeutski ili neki drugi način sanira simptome, ovakav entitet će se povući, uspa-

28 Usp. E. C. Prophet, E. L. Prophet: *Reincarnation: the Missing Link in Christianity*, Corwin Springs, Summit University Press, 1997., str. 109

29 Usp. T. Budak: *Transformacija karmičkih obrazaca, Knjiga prva*, Zagreb, Merkaba, 2009., str. 106-107

30 Ireland-Frey, str. 188, moj prijevod i podebljanja

vati, ali potpuno oslobađanje od njega neće biti moguće, za razliku od drugih entiteta. Morat će se dodatno raditi na otkrivanju uzroka traume koji može biti u ovom ili nekom od prethodnih života, čime se otvara prostor za samostalan odlazak entiteta, obzirom da je nestalo uporište njegovog nakačenja.[31]

Tamne misaone forme

Ovakve misaone forme su pomalo uopćena pojava; Baldwin spominje da to mogu biti projekcije drugih ljudi ili same osobe i prilikom procesa detekcije mogu biti vidljive kao tamni oblici veličine loptice za golf. Isto tako, može se dogoditi da su ovakvi oblici posljedica poremećaja energije uslijed nesreće, operacije ili nekih drugih fizičkih trauma tijela, iz sadašnjeg ili nekog od prošlih života. Na koncu, tamne misaone forme mogu se pojaviti i zbog postojanja demonskog entiteta. U tom se slučaju sugerira postupak oslobađanja demonskih entiteta.

Duhovi supstanci

Prema Baldwinu nalikuju duhovima biljaka, Devasima. O Devasima je npr. pisao G. Hodson[32] koji priča o anđelima i Devasima, a postoje i crteži onoga što je navodno Hodson "vidio" kao Devase. Baldwin ovdje spominje biljke s halucinogenim svojstvima i svojstvima promjene stanja svijesti, pozivajući se na navode antropologa C. Castanede, koji je pisao o svojim iskustvima sa supstancom Meskalin koja se prirodno nalazi u kaktusu Peyote (lat. *Lophophora williamsii*). Ovakvi entiteti su kandidati za slanje u Svjetlo u društvu anđela vodiča. Ireland-Frey dodaje da su rijetki i da su im često pridruženi entiteti "malih ljudi".

Elementali

A. Risi misaone forme naziva *elementalima* – snažnim psihičkim kreacijama koje mogu zadržati postojanu i autonomnu formu, ukoliko se nisu na pravi način obradile (razgradile). Takvi psihički mjehuri

---

31 *Isto*, usp. str. 225

32 G. Hodson: *The Kingdom of the Gods*, Theosophical Pub. House, 1976.

postaju "baloni" koji samostalno plutaju ostajući privezani za svog stvoritelja/pošiljaoca pomoću niti od psihičke energije.[33] Sagan za elementale kaže da su nefizička "mala bića" povezana s različitim duhovima prirode, koji se pojavljuju u svim mitologijama.[34] S ovim se slaže i Baldwin i naziva ih vilenjacima, gnomima, "malim ljudima", a svi predstavljaju, ako se pojave, kandidate za slanje u Svjetlo. S. Allen se izgleda ne slaže s time i smatra da bi oni trebali biti vraćeni zemlji jer iz nje potječu.[35] To su uglavnom neugledna bića koja u suštini nisu mračna i zla, iako odaju dojam čangrizavosti, neraspoloženja, zlobe ili neposlušnosti. Ireland-Frey smatra da su niske inteligencije i da su često na tamnoj strani.[36]

Životinjska duša

Entitet koji npr. Ireland-Frey spominje više kao zanimljivost nego čestu pojavu, pa tako navodi dva slučaja koje je susrela u svojoj kliničkoj praksi: dušu vuka, i u drugom slučaju ovce, koja je onda, razumljivo, kod domaćina izazivala smrtni strah od vukova.

Eksperimenti

Baldwin se ovdje poziva na podatke koji su dobiveni od poznatog medija 20. stoljeća, Edgara Caycea, u pisanju L. Robinsona,[37] o navodno nepojmljivim eksperimentima genetskog inženjeringa u vrijeme Atlantide, koji su rezultirali najrazličitijim bićima – poluljudskim, poluživotinjskim kreaturama koje su u to vrijeme doživljavali kao "stvari", a ne svjesna bića, pa su ih držali za robove, pokazivali na izložbama ili obredno žrtvovali. Ovdje je u stvari također riječ o astralnim fragmentima, ali ne ljudskim, koji su ostali kroz sve ove milenije lutati po zemaljskom planu. Takvi entiteti često imaju i proble-

---

33 Usp. A. Risi: *TranscEnding the Global Power Game: Hidden agendas, Divine Intervention and the New Earth*, Neuhausen, Govinda Press, 2004., str. 61

34 Usp. Sagan, str. 101

35 Usp. Allen, str. 90, kaže da u postupku oslobađanja zamoli pomagače da pronađeni entitet odvedu na primjereno mjesto, tako ne treba sama razmišljati o tome je li mu je mjesto u Svjetlu ili negdje drugdje.

36 Usp. Ireland-Frey, str. 51

37 L. Robinson: *Edgar Cayce's story of the origin and destiny of man*, New York, Coward, McCann & Geoghegan, 1972.

ma s odlaskom u Svjetlo, **jer u duhovnim vodičima prepoznaju nekadašnje znanstvenike koji su ih stvarali**. Obzirom na njihovu ograničenu inteligenciju, ovi entiteti ne mogu shvatiti o čemu se tu radi, odbijaju otići u Svjetlo, pa će postupak oslobađanja zahtijevati pozivanje drugačijeg duhovnog vodstva.

Vanzemaljci (engl. *Extraterrestrials, ET*)

Baldwin ovakve entitete predstavlja sljedećim tekstom:

> "Neka bića ne žele proći kroz portal Svjetla kako ne bi sudjelovali u reinkarnacijskom ciklusu na Zemlji. Oni ne žele prolaziti kroz proces pripremanja za zemaljski plan u dvoranama za učenje i planiranje. Ne žele se zamarati ljudskim rađanjem i starenjem, pa se sebično mogu pokušati nakačiti na žive ljude i jednostavno doživljavati ovaj svijet kroz osjetila te osobe. Oni ponekad pokušavaju istisnuti ugovornu dušu (onu koja je prvotno utjelovljena op. a.) i preuzeti tijelo u cijelosti."[38]

Za primjer navodi žensku osobu kojoj je otkriven nakačen vanzemaljski entitet, koji je bio njezin brat u prošlom životu na drugoj planeti drugog sunčevog sustava. Pratio ju je i nije htio proći čitav proces kako bi postao čovjek u svom tijelu, nego se nakačio na sestru koju je "volio", ali je želio dominirati nad njom na šovinistički način. Baldwin nadalje spominje da se ovakvi entiteti mogu nakačiti iz različitih razloga, npr. korištenja naših osjetila za percipiranje naše realnosti, za koju oni nemaju prilagođena osjetila.[39]

Ireland-Frey navodi kako nije imala prilike susresti toliko osoba koje su imale vanzemaljske entitete kao što je to imao Baldwin, ali spominje jedan, moglo bi se reći znakovit slučaj, gdje je domaćin takvog nakačenja bio njezin vlastiti sin! Kaže da je entitet bilo reptilsko biće i da ga je jednostavno zvala "Gušter" (engl. *Lizard*), ime koje je entitet prihvatio u komunikaciji. Nadalje, kaže da to biće nije ostavljalo utisak da je dobronamjerno, kakav bi recimo mogao biti životinjski vodič šamanskog tipa.[40]

38 Baldwin, str. 264, moj prijevod

39 *Isto,* usp. str. 351

40 Usp. Ireland-Frey, str. 222

Fiore je u svojoj kliničkoj praksi imala dovoljno slučajeva koji su uključivali vanzemaljce, pa je toj pojavi posvetila posebnu knjigu *Encounters* (1997.). U predgovoru priznaje da je regresijom koju je napravila tragom sna u kojem se pojavio NLO shvatila da je i sama bila oteta. Priznaje da su sjećanja koja su se pojavila vezano za taj događaj bila ugodna.[41] Ovo ne čudi obzirom da je umetanje lažnih sjećanja (engl. *false memories*) standardni dio procedure, pa je stoga i česta posljedica razvijanje tzv. Stockholmskog sindroma.

Mjenjači lika (engl. *Shape Shifters*)

Prema Allen, neki entiteti mogu preuzeti astralne ljuske (ostatak astralnog tijela koji nakon smrti ostaje na astralnoj razini dok se ne razgradi) kako bi se mogli lažno predstavljati.[42] Ovo može biti slučaj s entitetom koji se želi prikazati osobi kao npr. duhovni vodič ili anđeo kako bi se mogao nakačiti i negativno utjecati na domaćina. Ovakvu pojavu bi valjalo staviti u kontekst nekritičkog prihvaćanja duhovnih vodiča i "nadahnjujućih/pozitivnih posjednuća".

Demonski entiteti

"Najveća prevara vraga je kad te uvjeri da ne postoji!"
– C. Baudelaire: Le Joueur généreux

Htio bih napomenuti da sam, iako svjestan činjenice da je pojam "demonski" bremenit religioznom, povijesnom i kulturološkom simbolikom i uvjerenjima (tj. programiranjima), odlučio u tekstu koristiti taj pojam zbog lakšeg referiranja na dosadašnje radove iz ovog područja. Općenitiji pojam koji bi se mogao koristiti su mračni ili entiteti tame, jer bi se tako obuhvatila sva bića opredijeljena protiv Svjetla i kreativnog potencijala, koja žele manipulirati i dominirati ljudima.

---

41 Usp. Ph. D. E. Fiore: *Encounters: A Psychologist Reveals Case Studise of Abductions by Extraterrestials*, New York, Ballantine Books, 1997., predgovor str. XVIII

42 Usp. Allen, str. 100

M. Martin, kao crkveni egzorcist, umjesto demona češće koristi pojam zloduh (engl. *evil spirit*) ili nečisti duh (engl. *unclean spirit*), možda stoga što izvorna grčka riječ *daimon* nema negativno značenje.

Baldwin svoje pisanje o demonskim entitetima temelji na svojoj kliničkoj praksi, neopterećen filozofskim i religioznim stavovima, pa kaže:

> "U kliničkoj praksi ne treba brinuti zbog religioznih pretpostavki. Bez obzira radi li se o mašti, arhetipu, kolektivnoj halucinaciji, masovnoj hipnozi, projekciji vjerovanja terapeuta ili nečem drugom, ponavljam, izgleda da **sile tame postoje u nekom obliku u ovom realitetu. Bića tame su po svoj prilici prisutna i aktivno uključena u našu osobnu i planetarnu evoluciju.**"[43]

Otkrivanje i oslobađanje od ovakvih entiteta, nazivali ih mi demonima, vragovima ili mračnim entitetima, rezultira ukupnim poboljšanjem stanja, nestajanjem niza simptoma i promjenom u dinamici odnosa s drugima. U postupku oslobađanja osobito se vodi računa o sljedećim karakteristikama ovakvih entiteta:

- Nikada nisu bili inkarnirani u ljudskom tijelu, a ako imaju takva sjećanja, ona proizlaze iz iskustva nakačenja na neku živuću osobu i pokušaja preuzimanja kontrole nad njom.
- Mrze ljudski rod.
- **Preziru Isusa Krista**, gadi im se spomen na njegovo ime i imena koja su ljudskom rodu simboli dobra (npr. Majka Božja, Arhanđeo Mihael).
- Bez iznimke su prevaranti, **netko kome se nikako ne može i ne smije vjerovati** (barem ne prije nego li ih se transformira)
- Mnoštvo entiteta koji su na dnu mračne piramide ne ponašaju se po vojničkom ustroju, već kao da su prepušteni sami sebi djeluju nekoordinirano, vođeni vlastitim porivima. Moć im nije dana već je se žele domoći silom, ne birajući sredstva.
- Entiteti na višim razinama zapovjednog lanca ostavljaju dojam o jako dobroj ustrojenosti i disciplini.

43 Baldwin, str. 276, moj prijevod i podebljanja

- Ne iskazuju (na sreću) lojalnost i odanost dužnosti koju obavljaju, u stalnom su međusobnom natjecanju, nepouzdani i prevrtljivi, skloni kritiziranju drugih i slabo organizirani, što ne čudi obzirom da nemaju prave nagrade za ono što naprave; "sretni" su što nisu dodatno kažnjeni i što im je uopće dopušteno da dalje postoje.
- Jako se boje kazne za moguće slabe rezultate, a kazna je odlazak u "jamu" (engl. *pit*), što je izgleda vrlo neugodno mjesto u kojem su se neki već imali prilike naći i koje je neka kombinacija samice i dodatnog mučenja, uz zastrašivanje da će tamo ostati dovijeka i da će prestati postojati ako ne obećaju da će se drugi put bolje potruditi. Uz "jamu", Modi spominje i neke nadasve slikovite mogućnosti kazne: komadanje, guranje u vatru, bičevanje kožnim remenom sa šiljcima ili guljenje kože i tjeranje da se pojede vlastita koža.[44]
- Demonski entiteti ne mogu imati na sebi nakačene druge entitete.

Prema Baldwinu, demonski entiteti se drže u mračnom zatočeništvu, natjerani na potpunu poslušnost nadređenima po osnovi sljedećih triju obmana:

- Prva i najvažnija obmana je da oni ne znaju da, kao stvorena bića, nose u sebi Božansku iskru (Svjetlo), bez obzira što su posrnuli anđeli. Nadređeni su ih uvjerili da u sebi ne mogu naći ništa drugo osim tame. Nepriznavanje Boga (Apsoluta) je prevara od primarne važnosti. Jednom kada povjeruju da nemaju Božansku iskru u sebi, počinju vjerovati da mogu biti poništeni i vjeruju da im Svjetlo može nanijeti štetu. Tako počinju bespogovorno poštivati bilo koju primljenu zapovijed.
- Uvjereni su da mogu biti u potpunosti uništeni, da mogu prestati postojati. To je prijetnja koja ih stalno prati. Puko preživljavanje postaje osnovni motiv njihova djelovanja.
- Demonska bića se gotovo u pravilu boje Svjetla. Njihovi zapovjednici uvjerili su ih da se klone Svjetla, kako ne bi bili spaljeni i uništeni. Naravno, ako se budu klonili Svjetla nikada neće doći u priliku da išta saznaju o njemu pa tako obmana i njiho-

44 Usp. Modi, str. 302

va kontrola može potrajati.[45]

Kategorije demonskih entiteta

Postoji nekoliko kategorija ovih bića tamne energije (engl. *Dark-energy beings*) koje tvore mračnu piramidalnu hijerarhiju, počevši od najmanjih koji prijete, galamdžije su, mučitelji i rušitelji, pa do tzv. Promatrača koji su često prisutni prilikom postupka egzorcizma i može ih se pojaviti i nekoliko odjednom. Oni promatraju raspoređeni u koncentričnim krugovima i to što vide prenose svojim nadređenima. Prema Baldwinu, iza svakog demonskog entiteta koji je nakačen na živućeg čovjeka postoji niz drugih koji stoje u "redu za čekanje" (princip sličan zubima morskog psa?) i ako se izvede egzorcizam sljedeći u redu će pokušati zauzeti njegovo mjesto.

Kako se ide prema vrhu piramide, više pozicionirani iz ove hijerarhije imaju zvučnija imena i inteligentniji su, sofisticiraniji, upućeniji i imaju više toga za reći. Neki od njih uzimaju imena kao što su Želja, Pohlepa, Strah, Ponos, Masturbacija, Mržnja, Pušenje, Bol – kako bi pokazali koje im je područje djelovanja na domaćinu. Što je entitet viši u hijerarhiji to će biti teže (ako ne i nemoguće) oslobađanje, jer će isti držati da ima previše za izgubiti i ponuda rehabilitacije i nastavka puta u Svjetlo izgledati će mu kao prevelik rizik. Oni su dugo, marljivo i mukotrpno radili kako bi se izborili za svoje mjesto i status, pa im bilo kakva "alternativa" izgleda potpuno besmisleno i opasno (zvuči li vam ovo poznato?).

Nadalje, i ovdje postoje simptomi karakteristični za svaku hijerarhiju: najniži u hijerarhiji demonskih bića su toliko beznačajni da su doslovno bezimeni. Istovremeno se pokušavaju lažno predstaviti kao "veliki šef": Sotona, Lucifer, Belzebub. Kada ih se podsjeti da bi netko "odozgo" mogao doznati za ovakvo lažno predstavljanje, nastaje panika zbog straha od kazne. Isto tako, ako ih se upita za ime šefa razmeću se titulama kao što su: Najveći, Onaj koji zna, Najmoćniji, Vječni, itd.

Djelovali samostalno ili u grupama, demonski entiteti imaju zadatak nanijeti najveću moguću štetu ljudskom rodu, stvarajući što više boli i straha, a u tome često koriste simbole iz postojećih psihič-

45 Usp. Baldwin, str. 284

kih sadržaja i religiozna vjerovanja napadnutoga, kako bi dobili što snažniju reakciju.

> *Primarni zadatak je ometanje, zagorčavanje i uništavanje obiteljskih veza i uspjeh na tom planu smatra se važnim postignućem. Naravno, pokušavaju utjecati na svaki oblik ljubavi bez izuzetaka, kao što pokušavaju "minirati" sva nastojanja, od individualnih do institucionalnih, koja bi trebala voditi k boljitku i humanijem životu na ovom planetu.*

Baldwin dalje objašnjava kako demonski entiteti mogu raditi umreženi ili u grupama, i specijalizirati se za napadanje određenih grupa: obitelji, žena, muškaraca, homoseksualaca, liječnika i terapeuta, duhovnih učenika i učitelja, vodstava korporacija i država, religijskih vodstava, javnih službi, narkomana, itd. Izgleda da su više pozicionirani u ovoj hijerarhiji zaduženi za određene geografske regije.[46]

Modi spominje dvije osnovne grupe demonskih entiteta. U prvu bi grupu spadali nespecijalizirani demonski entiteti opće namjene (engl. *General-purpose*), koji se pokušavaju nakačiti i utjecati na bilo koje ljudsko biće kako bi stvarali probleme. U drugoj su oni koji imaju posebnu svrhu kod domaćina na kojega su nakačeni, zato što i sam domaćin ima neku posebnu životnu misiju s koje ga ovakvi demoni pokušavaju skrenuti.[47]

Izgled i oblici demonskih entiteta

Tijekom rada s ovakvim entitetima u postupku oslobađanja, oni se domaćinu mogu prikazati kao neka od "zlih" životinja kao što su zmije, škorpioni, pauci, gmizavci, lešinari, šišmiši, vukovi, vodorige, itd. Mogu se pojaviti i kao zaokružene tamne sjene ili mase, što zna biti popraćeno pozadinskim crvenilom. Vidoviti ljudi ovo mogu percipirati kao tamne oblike obrubljene aurom žućkasto bijele boje (kao kod gnojno inficirane rane) i ponekad se mogu vidjeti u klasičnom obliku vraga crvene boje, što bi moglo samo potvrditi da se koriste ustaljenim ljudskim simbolima za Zloga. Ako su im oči vidljive

46 Usp. Baldwin, str. 283

47 Usp. Modi, str. 304

one su prodorno crne, često crvene kao užareni ugljen ili rjeđe prijeteće narančaste, ili zle i žućkaste kao u razjarenog vuka. Ovaj detalj s očima je vrlo važan u postupku oslobađanja, jer se po njemu može lako utvrditi je li biće koje se pojavljuje dobronamjerno ili zlonamjerno, obzirom da se demonski entiteti mogu pretvarati da su dobronamjerna bića (što uključuje i figure voljenih osoba), ali ne mogu predugo zadržati prirodan i bistar izgled ljudskih očiju.

> *Ovo vrijedi i u slučaju njihova pretvaranja da su duhovni vodič koji je došao iz Svjetla i čije oči trebaju isijavati čisto svjetlo.*[48]

Pojavu lažnog i obmanjujućeg predstavljanja demonskih entiteta u svojoj je praksi nalazila i Modi.[49]

Opis izgleda demonskog entiteta mogao se čuti u dokumentarnom filmu *Jupiter's wife* (1995.) gdje glavna protagonistica koja "čuje glasove u glavi" vjeruje da joj se pojavio Sv. Mihael u svoj svojoj veličini i blještavilu, i koji ju je pogledao svojim *mračnim zeleno sivim očima* i naredio da ode u Texas, gdje je ostala tri godine, nakon čega je izgubila skrbništvo nad svoje dvoje malodobne djece.

Evo kako je to izgledalo u slučaju jedne seanse koju je vodila Tamara 10.02.2011.:

Damir	[...] Ne znam, kao da je netko sa strane upalio svjetlo, a da mu to nitko nije rekao. Tako se osjećam.
Tamara	Ajde pogledaj da li postoji mogućnost da je još netko tamo.
Damir	(duža pauza) To je neko **svjetlosno biće** koje to radi, **ali ne znam tko ga je pozvao**. Ako mu kažem da to prestane raditi onda točno vidim da se kugla (pronađeni entitet, op. a.) ponovno oporavlja u svom mraku.
Tamara	Zašto si rekao da to prestane raditi?
Damir	Pa čisto za probu da vidim što će se dogoditi. Kada kažem "nemoj to raditi" onda on to prestane raditi i onda se počne oporavljati kugla. Samo me zbunjuje odakle on tu i tko ga je pozvao.

48 Usp. Baldwin, str. 281 i S. Allen: *Spirit Release: A Practical Handbook*, O Books, 2007., str. 209

49 Usp. Modi, str. 357

Tamara	Pa pitaj. Pitaj ga. Pogledaj ga kako izgleda pa ga opiši.
Damir	(smiješak) On smiješno izgleda zato što **ima krila i ima zlatnu auru** i vrlo je u stvari smiješno što ima krila. Ali ne mogu reći da ima bilo što drugo nego da ima značajna krila.
Tamara	Dobro, a pogledaj mu lice što vidiš na licu? Ima lice?
Damir	(pauza) Ima. To je neko žensko lice. (smiješak) Ne znam smiješno mi je kad obraćam pažnju na to biće.
Tamara	Pa opiši mi što vidiš sve na licu?
Damir	Pa vidim čitavo ... čitavo lice. Visoko čelo. **Važan je nos i visoko čelo iz nekog razloga**.
Tamara	Dobro, kakve oči ima?
Damir	(duža pauza) Hm, nije to nešto u redu. **Nisu to dobre oči. To nije dobro.**
Tamara	Opiši mi.
Damir	Te oči na trenutak, kao kad trepneš su **jarko crvene** pa onda opet nisu.
Tamara	Dobro, pitaj to biće ima li ime, tko je to? Što tu radi?
Damir	(duža pauza) Ne znam da li mogu s njime komunicirati ali imam neko ime koje se javlja, to je **Arihel**.
Tamara	Arihel? Tako si rekao.
Damir	Da.
Tamara	Je li ti još smiješno?
Damir	(teško diše) **Pa nije, sada kao da sve to bježi, kao da nestaje** skupa s kuglom, kao da želi pobjeći (pokazuje rukom gore lijevo).

Još jedan interesantan detalj, izgleda karakterističan za povezanost s mračnim silama, spominje se u transkriptu gdje Modi pronalazi Georgea, astralni fragment koji je krivom odlukom pao pod demonski utjecaj:

Dr. Modi:	Provjeri i vidi jesi li povezan sa Sotonom.
George:	Da, **crnom žicom ili cijevi**. Ima i drugih ovdje. Svi su posla-

ni od Sotone.[50]

Ostalo

Implantati

Nisu entiteti u pravom smislu riječi jer nemaju svoju svijest. To su umeci kakve su pojedine osobe u promijenjenom stanju svijesti mogle vidjeti kao neke sitne naprave. Nekada kao crne niti koji iz pojedinih dijelova tijela, i vrlo često čakri, idu prema vanzemaljskim laboratorijima, a koje su korištene za prikupljanje informacija o domaćinu na kojem su bile nakačene. Baldwin ovo tumači interesom vanzemaljaca za proučavanje ljudi na Zemlji (kao što mi proučavamo laboratorijske životinje). Ovakvi slučajevi na koje je naišao u kliničkoj praksi privukli su njegovu pažnju, te je izdao i zasebnu knjigu[51] u kojoj dotiče problematiku otmica (abdukcija) od strane vanzemaljskih inteligencija. Kao drugi primjer spominje posljedice postojanja kristalnih (fizičkih) implantata iz doba Atlantide, kojima se po svoj prilici stanovništvo držalo pod kontrolom; nešto što nam "moderna civilizacija" tek treba ponuditi. Takvi implantati imali su za posljedicu ostavljanje tragova u eteričnim tijelima osoba inkarniranih u sadašnje vrijeme. Obzirom na prirodu nakačenja, klasično slanje u Svjetlo nije primjenjivo i Baldwin je u ovom slučaju tražio asistenciju "duhovnih kirurga" da uklone ovakve umetke i sve eterične uzorke u fizičkom, eteričnom, emocionalnom i mentalnom tijelu osobe, te da ponište sve posljedice djelovanja umetka.

Modi daje nešto drugačije informacije o ovoj pojavi te kaže da je Zli postavio mnoge komunikacijske centre, koji su povezani crnim nitima s različitim ljudima na našoj planeti i drugim mjestima. Radi se o manifestiranim kreacijama koje imaju izričito negativan utjecaj na onoga na koga su spojene.[52]

---

50 Modi, str. 207, moj prijevod i podebljanja

51 Ph. D. W. J. Baldwin: *CE-VI: Close Encounters of the Possession Kind - A Different Kind of Interference of Otherworldly Beings*, Terra Alta WV, Headline Books, 1998.

52 Usp. Modi, str. 344

Elektronički uređaji

Baldwin ih navodi iako nije riječ o entitetima u doslovnom smislu, već više o simptomu. Sveprisutnost električnih polja kao i elektromagnetskih zračenja uređaja koji nas okružuju mogu kod nekih osoba izazvati paranoju, te počnu vjerovati kako ih takvi uređaji na neki način kontroliraju (ovo ne treba brkati s današnjom manje ili više stvarnom ovisnošću o npr. ekranu i njegovim sadržajima). Takva stanja mogu biti naznaka razvoja nečega što se klinički može svrstati u skupine tzv. stalnih sumanutih stanja (F.22 iz MKB-10). Drugi razlog ovakvome stanju mogao bi biti napad demonskog entiteta koji je dobro obavio svoj zadatak, a može završiti hospitalizacijom žrtve u psihijatrijskoj ustanovi. Allen navodi telefone i računala kao primjere uređaja preko kojih je moguće izvršiti psihički napad.[53]

Niti, vrpce (engl. *Cords*)

Sagan ih spominje u kontekstu toksičnih povezanosti između dvije osobe. Ovakve niti su svojevrsne cijevi za gotovo neprestani protok energije i emocija.[54] Ovakve se forme mogu stvoriti kroz dugotrajnu i emocionalno nabijenu međusobnu povezanost i mogu biti između:

- **majke i djeteta**, jer fizičko prekidanje pupkovine nakon poroda ne mora značiti i prekid na eteričnoj razini. Bliska veza između majke i djeteta tako od one poželjne u prvim godinama može prerasti u ograničavajuću, obilježenu naizmjeničnim emocijama ljubavi i mržnje,
- **ljubavnih, bračnih ili poslovnih partnera ili članova obitelji.** U slučaju toksičnih povezanosti među bračnim partnerima, one sve češće završavaju razvodima koji mogu biti vrlo iscrpljujući, jer dugogodišnju povezanost bivši supružnici nisu znali prekinuti na drugačiji način (ako su je neki uopće i uspjeli prekinuti nakon rastave),
- **osobe i astralnog fragmenta preminule osobe**, kada svoju toksičnu povezanost stvorenu za života pokojnikov astralni fragment nastavlja i nakon smrti,

53 Usp. Allen, str. 54

54 Usp. Sagan, str. 121-126

- **osobe i bića iz nižeg astrala** ("mali ljudi") koji preko ovakve povezanosti mogli preko osobe iskusiti materijalne užitke,
- **karmički povezanih osoba** koje ovakav vid veze zadržavaju kroz više reinkarnacija.

Mjesta spajanja na tijelu su najčešće oko predjela pupka, ali i u predjelu srca, s time da vrpca može npr. na jednom kraju biti povezana s pupkom, a na drugom sa srcem. Prema Saganu, ovakve tvorevine su kandidati za tretman kao i kod slučaja pronađenog nakačenja entiteta; treba ih počistiti jer mogu biti dugotrajan i tvrdokoran izvor najrazličitijih ograničenja i imati za posljedicu energetsko iscrpljivanje.

Vrpcama se dosta bavila i Allen, te povezanosti dijeli na pozitivne (primjer majke i djeteta) i negativne (psihički napad ili nesvjesno stvaranje povezanosti).[55] Daje i neke dodatne podatke o izgledu vrpci, pa je tako npr. boja vrlo starih, neaktivnih ili mrtvih vrpci standardno tamna, crna ili smeđa, one su tanke i beživotne za razliku od funkcionalnih vrpci koje su debele, snažne, pulsirajuće i energične. Prema mjestu na koje su vrpce nakačene može se nešto doznati i o namjeri onoga tko stoji s druge strane – nakačenja na leđima indiciraju da osoba ne želi biti otkrivena. Za postojanje negativnog (toksičnog) povezivanja može biti simptomatičan osjećaj povlačenja i pritiska na mjestu spajanja.

U slučaju povezanosti karmičkog porijekla Allen napominje da se takva vrpca **neće** moći ukloniti prije nego li se karmička lekcija ne osvijesti, iskusi, nauči i u potpunosti razumije i integrira.

Na kraju navodi i da su česta mjesta spajanja sedam čakri na tijelu i opisuje kakve posljedice ima spajanje na pojedinu čakru. Ovdje ću spomenuti samo moguće posljedice spajanja na čeonu (Ajna) i krunsku (Sahasrara). Spajanje na čeonu čakru, može imati za posljedicu psihičko uznemiravanje, stvaranje problema s imaginacijom, koncentracijom, snovima, duhovnom svjesnošću, nemogućnošću meditiranja, opsesivnim razmišljanjem o jednoj te istoj osobi (onoj koja je na drugom kraju vrpce), itd. Slično tome, u slučaju krunske čakre, osoba bi mogla imati problema s meditiranjem, duhovnim ak-

55 Usp. Allen, str. 25-36
56 *Isto*, usp. str. 42-43

Iz do sada pronađenog i ponuđenog, nije mi u potpunosti jasna povezanost ovakvih vrpci sa prije spomenutim pod-identitetima opisanih pod "Misaoni fragment živuće osobe". Nije jasno jesu li ovakve vrpce samo popratna pojava nakačenja pod-identiteta druge osobe i poveznica između pošiljaoca i domaćina ili je tu riječ o posebnom fenomenu energetskog povezivanja koje ne uključuje prisustvo strane svijesti (pod-identiteta) na strani domaćina. Prema uputi Allen u dijelu opisa načina prekidanja vrpci gdje spominje frazu: *"Vraćam ti sve tvoje i uzimam natrag sve što je moje"* moglo bi se naslutiti da su vrpce ipak poveznice tuđih pod-identiteta.

Demonske naprave

Modi navodi inertne naprave, nalik na mehaničke uređaje, te ih objašnjava kao pomoćna sredstva koja koriste demonska bića. Takve naprave mogu biti namjenske, stvarajući točno određeni simptom ili problem, ali i višenamjenske, stvarajući niz problema. Neke od njih po svojim svojstvima nalikuju na implantate vanzemaljskog porijekla koje je spominjao Baldwin, i ovo bi mogla biti još jedna od indikacija da je demonska i vanzemaljska sfera na neki način povezana.

Tijekom vremena Modi je na osnovu sakupljenih podatka napravila klasifikaciju ovakvih naprava.[57]

- **Naprave za fizički pomak**: Te naprave uzrokuju neku vrstu mehaničkog pomaka (guranje, povlačenje ili pritiskanje) na dio tijela na koji su aplicirane. Različitih su oblika i veličina, a mogu izazvati najrazličitije pojave kao što je pritiskanje živca, tetiva, trošenje hrskavice zbog trenja dviju kosti, razdvajanje dviju kosti i istjecanje tekućine za podmazivanje u okolno tkivo, itd.

  Aktivne izgledaju kao vijci ili šipke i vrše pritisak kako bi tkivo bilo maknuto iz uobičajene pozicije, ili guraju dijelove tijela kako bi se izazvala bol i disfunkcija na različitim mjestima.

  Pasivne su po funkciji jednake aktivnima, ali su daljinski

57 Usp. Modi str. 345-349

upravljane tako da utječu na osobu vanjskom pobudom samo kad su uključene. Prijavljeno je postojanje tri vrste ovakvih naprava:

- **Naprave nalik radio prijamniku** – demoni "odašilju" misli i informacije prema napravi koja ih dalje prenosi na osobu, izazivajući željenu reakciju.
- **Prijemnik s aktivnim elementom** je sličan prethodnom, s tim što ima još dodatni mehanizam kao klip, pomičnu ruku ili neki sličan mehanizam koji može izvršiti neku jednostavnu kretnju.
- **Srebrni štap** može prilikom aktivacije simulirati električni impuls uzduž živca.

- **Naprave za usmjeravanje i pojačavanje**: Ova grupa naprava se koristi za usmjeravanje demonskih misaonih formi prema ljudskim bićima s ciljem utjecanja na ljudske misli:

  - **Tanjur za usmjeravanje** nalik je satelitskoj anteni i koristi se za usmjeravanje misli.
  - **Generator vala** je odašiljač "vala" koji prenosi misli demona na osobu.
  - **Generator stojnog vala** "šalje" valove iz dva generatora vala, koji su nasuprotni i upereni prema osobi na koju se želi vršiti utjecaj. Konačni učinak je bitno jači nego u slučaju generatora sa samo jednim valom.

- **Upijači energije**

  - **Crni upijači energije** su sačinjeni od crne ljepljive mase i mogu biti naneseni na različite dijelove tijela. Primarno ih nalazimo na živčanom sustavu čije normalno funkcioniranje trebaju omesti. Isto tako mogu ometati duhovne impulse iz Svjetla, kao i samo Svjetlo. Upijanjem energije čine osobu na kojoj se nalaze kronično umornom, pospanom i bezvoljnom.
  - **Žutozelena sluz** se primarno koristi u probavnom traktu, tako da uzrokuje probavne smetnje što stvara neugodu, a ponekad i bol.

- **Daljinski upravljane naprave i centri**
    - **Crni kišobran ili zavjesa** postavljaju se između osobe i Svjetla kako bi se oslabila duhovna snaga i vodstvo iz Svjetla.
    - **Upravljački i komunikacijski centri** postavljeni su u drugoj dimenziji/realitetu od strane Zloga i njegovih demona. Imaju upravljačku, promatračku i komunikacijsku funkciju. Osobama su prikazani kao ogromne kapi viskozne mase, različitih veličina i oblika (često trokutastih). Iz njih mogu izlaziti stotine i tisuće crnih ili sivih niti kojima su povezani s raznim osobama na planeti, a na koje vrše neku vrstu utjecaja. Centri su spojeni s Zlim i njegovim demonima, koji vode ovakvu operaciju.

Modi kaže da su nebrojene osobe ponavljale kako su im anđeli (bića Svjetla), preporučili svakodnevnu molitvu za zaštitu i molbe za uništavanje takvih centara i otklanjanje iz osoba svega onoga što im ne pripada (preko čega se i vrši utjecaj na njih). Ovo se čini problematičnim, jer se snage Svjetla reduciraju na neku vrstu "projektila na navođenje", i to putem molitve za uništenje, što već samo po sebi ne izgleda kao božanski put.

U nastavku Modi navodi i neke druge pojave koje predstavljaju načine utjecaja demonskih entiteta na ljudska bića:

- **Usmjeravanje misli preko grupe demona**: Riječ je o radu više demona na daljinskom utjecanju na osobu, što u svom načinu djelovanja ne zahtjeva postojanje neke izvršne naprave
- **Usmjeravanje i pojačavanje misli ljudskih štovatelja Zloga** također zahtjeva rad više demona, s ciljem usmjerenog negativnog djelovanja takvih misli na određene osobe.

Učinci ovakvih naprava i aktivnosti su najrazličitije tjelesne i psihičke smetnje. Putem njih mogu utisnuti misli, stavove, glasove, vizije, opsjednuća, utjecati na pamćenje i koncentraciju te projicirati zbunjujuće vizije, posebice za vrijeme postupka oslobađanja.

6. POGLAVLJE

Stupnjevi nakačenosti

Prikaz stupnjeva nakačenosti trebao bi nam pomoći u razumijevanju djelovanja entiteta na domaćina. S. Allen ih jednostavno dijeli na: nakačenja (na auru domaćina), koja se nazivaju i opsesijama, i posjednuća (entitet je ušao u fizičko tijelo) koja su puno rjeđa, mada kaže kako se u praksi često događalo da netko dođe s uvjerenjem da je posjednut.[1]

Dr. W. Baldwin smatra da se nakačenje entiteta događa u podsvijesti što objašnjava na sljedeći način:

> "Nakačeni entitet funkcionira u sklopu podsvjesnog uma domaćina. Zahtjevi, stavovi, stvari koje mu se sviđaju ili ne sviđaju, apetiti, ponašanja entiteta izgleda da se miješaju s domaćinovima. Reakcije na podražaje koje se čine karakterističnima za osobu, mogu u stvari poticati od entiteta, bića koje ima svoju zasebnu prošlost i teret emocionalnih zaostataka".[2]

U nastavku slijede prijedlozi podjele nekoliko nezavisnih autora, pa počnimo s dr. R. Allisonom koji je svoju podjelu prezentirao na 2. pacifičkom kongresu psihijatrije u Manili 1980.[3] On je ponudio pet različitih stupnjeva posjednuća (engl. *Possession*) koji pored vanjskih utjecaja, uključuju i psihičke pojave koje su mogle biti stvorene od same osobe (prva dva stupnja). U nastavku slijedi opis i primjeri iz njegove prakse:

---

1 Usp. S. Allen: *Spirit Release: A Practical Handbook*, O Books, 2007., str. 127, 130

2 Ph. D. W. J. Baldwin: *Spirit Releasement Therapy: A Technique Manual, 2nd edition*, Headline Books, 1995., str. 219, moj prijevod

3 Usp. dr. med. R. B. Allison: *The Possession Syndrome; Myth, Magic and Multiplicity*, 1980., http://www.dissociation.com/index/unpublished/myth.txt, viđeno: 02.03.2011.

- **Posjednuće 1. stupnja** predstavlja kontrolu preko određene ideje, opsesije, prisilnih radnji, kompulzija ili nekom ovisnošću (alkohol, narkotici, hrana, seks). Kao primjer Allison navodi gospođu koja mu je došla s opsesivno-kompulzivnom neurozom, žaleći se na depresiju i kompulziju koja ju je tjerala na opetovano pranje ruku. Ženi je prije puno godina prsnula voda u lice dok je bila u javnom zahodu, što je rezultiralo konjuktivitisom. Od tada je izbjegavala odlazak u javne zahode zbog stalno prisutne misli da bi mogla oslijepiti bude li se takvo što još jednom ponovilo. Takva fiks-ideja o javnim zahodima za nju je postala opasna. Počela je ozbiljno utjecati na njezin društveni život, jer su izlasci postali vremenski ograničeni potrebom odlaska kući zbog korištenja vlastite kupaonice. Nije mogla raditi svoj prethodni posao tajnice, a nije mogla prisustvovati niti jednom događanju u gradu.

- **Posjednuće 2. stupnja** postoji zbog utjecaja "negativnog" pod-identiteta razvijenog kod osobe koja ima histeričnu osobnu strukturu. Kao primjer je naveden mladić koji je kao devetogodišnjak stvorio izmišljenog prijatelja, dok se skrivao ispod kreveta kako bi pobjegao od još jednog majčinoga izljeva bijesa. Ta izdvojena (disocirana) psihička kreacija razvila se u pod-identitet koja mrzi sve žene smatrajući ih dobrima samo za seks, što je na kraju završilo silovanjem i umorstvom šest djevojaka u dvjema američkim saveznim državama! Istovremeno s tim događanjima mladić je u svojoj primarnoj osobnosti imao odgovoran posao, živio s djevojkom s kojom je seks bio divan i odgajao njihovog sina. Kada bi se umorio, posustajući na bilo koji način, pod-identitet bi preuzeo kontrolu i ubio novu djevojku. Njegova je primarna osobnost bila u potpunoj amneziji za vrijeme svih tih epizoda dok nije izvršena psihijatrijska istraga hipnoterapijom, kad je doznao da je moderni dr. Jekyll i gosp. Hyde bez ikakvoga sjećanja na trenutke ubilačkih aktivnosti. Allison kaže:

> "U mnogim kulturama alter-ego [pod-identitet] bi se smatrao najboljim primjerom zloduha koji je napao tijelo ovog inače pristojnog mladića.

> Međutim u somnambulističkom[4] stanju pokazao se vrlo jasno psihosociološki korijen ovog mentalnog raščlanjenja. Način na koji je alter-ego bio u stanju baratati potisnutom agresijom protiv njegove majke je jasno pokazan."[5]

- **Posjednuće 3. stupnja** je kontrolni utjecaj uma druge živuće osobe. Ovo je kategorija gdje su vradžbine standardno uključene kako bi se postigao takav utjecaj. Za primjer je uzeta jako amerikanizirana meksička dama koja ne vjeruje u vradžbine i koja je došla u ured Allisona žaleći se na depresiju i na fizičku slabost koja traje godinu dana. Simptomi su počeli odmah po stradanju njezina nećaka u automobilskoj nesreći, noć prije njegova vjenčanja. Mladićeva majka (sestra klijentice) okrivila je sestru za njegovu smrt, obzirom da je odbila pokušati odvratiti mladića od želje da oženi svoju djevojku. Sestra i njihova majka su tada posjetile lokalnu vješticu, gdje su s ostalim članovima obitelji prisustvovale obredu crne magije u namjeri da naštete klijentici. Allison je tijekom hipnoterapije zatražio da se pronađe uzrok problema, nakon čega se javio glas koji se predstavio kao sestrin (mladićeve majke). Glas je potvrdio da je prouzročio sve patnje koje je klijentica proživjela posljednjih godinu dana. Nakon što je od nje (sestrina glasa) zatraženo da se vrati u svoje vlastito tijelo i pusti klijenticu na miru, klijentica se vratila u uobičajeno stanje svijesti s potpunom amnezijom o postupku i s olakšanjem simptoma. Allison nadalje objašnjava da to što je njegova klijentica vradžbine smatrala pukim praznovjerjem **nije spriječilo** ovakav sestrin utjecaj, koja je sa svoje strane vjerovala u moć vradžbina i na utjecanje na druge mislima na daljinu. Za vrijeme seanse njezin je glas objasnio da je bila ljubomorna na sestru jer bi se ona svidjela svima s kojima bi došla u kontakt, za razliku od nje, i na ovaj način ju je kažnjavala zbog njene omiljenosti.

  Ovu priču potkrepljuje Allen, koja kaže da je broj psihičkih

4 Izraz koji se koristi u hipnoterapiji za označavanje duboke razine promijenjenog stanja svijesti. Iako se ovaj pojam koristi i za mjesečarenje, ovdje nije riječ o ničemu sličnom. Prema onome što sam do sada uspio doznati i iskusiti, mogu reći da osoba u ovakvom stanju ne može zaspati ni kad bi to i poželjela, te je potpuno sposobna za vođenje konverzacije.

5 *Isto*, moj prijevod

napada od stane članova obitelji puno veći nego što bi to mogli i zamisliti, a napadi izvedeni izravno ili korištenjem usluga vještice ili vrača mogu biti učinkovitiji zbog otvorenog pristupa osobnim stvarima osobe na koju je uperen napad (pristup kući, fotografije, odjeća, hrana, piće, itd.).[6]

- **Posjednuće 4. stupnja** je utjecaj "duha" (astralnog fragmenta) nekada živuće osobe. Kao primjer navodi slučaj mlade dame s poremećajem višestruke osobnosti (PVO). Jednom ju je nešto primoralo da odšeta od svoje kuće do obližnje luke, bez osobitog razloga. Nakon povratka u uobičajeno stanje svijesti i preuzimanja kontrole nad svojim tijelom nazvala je prijatelja da dođe po nju. Nedugo nakon njenog povratka kući, Allison ju je hipnotičkom indukcijom doveo u promijenjeno stanje svijesti i upitao što je bilo odgovorno za njeno neobično ponašanje. Odgovorio je glas koji je tvrdio da je duh[7] žene koja se utopila u valovima Atlantskog oceana, tražeći u luci brod na kojem su bili njen suprug i djeca koji su je napustili. Nadalje, izjavila je da je preuzela njezino tijelo kako bi mogla nastaviti svoju potragu, ali je shvatila da je sada na Pacifičkoj obali. Nakon što je pristala napustiti pacijenticu, ista više nije pokazivala interes za ovakve šetnje.

- **Posjednuće 5. stupnja** predstavlja kontrolu od strane entiteta koji nema povijest života u vlastitom fizičkom tijelu i predstavlja se kao agent zla. Allison kaže da je imao prilike upoznati mladića koji se na poslu ozlijedio tako što mu je dio nekog stroja pao na glavu. Uslijedili su grčeviti napadi, iako neurološki nalazi nisu ukazivali da bi ih zadobivena ozljeda trebala prouzročiti. Pored toga počeo mu se javljati glas koji mu je govorio da će vrlo brzo umrijeti. Kroz hipnoterapiju Allison je zatražio uzroke takvih simptoma. Javio se glas koji je tvrdio da je demon i da je ušao u mladića još prije nekoliko godina. Dogodilo se to za vrijeme boravka u Japanu, kad je kao vojnik

6 Usp. Allen, str. 74

7 Kako je objašnjeno u prethodnom poglavlju, astralni fragment zna da je ostao bez svog tijela pa će se zbog toga i predstaviti na njemu poznat/naučen način: kao duh, ali ovo ne bi trebalo brkati s ljudskim duhom ili dušom.

američke vojske utrčao u kuću u plamenu kako bi spasio japanskog vojnika, ali ga je eksplozija izbacila iz kuće. Nakon toga je hospitaliziran na više mjeseci i bio vrlo nezadovoljan pruženom bolničkom njegom. Demon je tvrdio da je odgovoran što je taj predmet pao mladiću na glavu glavu, kao i za fizičke i psihičke simptome koji su uslijedili. Allison se o ovome konzultirao s lokalnim svećenikom koji je izgleda susreo tog istog demona, ali prilikom izvođenja određenih obreda! Svećenik je bio mišljenja da to u stvari nije pravi demon, već zli duh koji je toliko glup da misli da je demon. U postupku egzorcizma kojeg je proveo svećenik, mladić je počeo izražavati vrlo jaku potisnutu netrpeljivost koju je imao prema svom ocu u djetinjstvu, kao i prema muškom medicinskom osoblju koje je brinulo o njemu u Japanu. Daljnji napadi i javljanje glasa prestali su nakon obavljenog egzorcizma.

Za razliku od prije navedenog stupnjevanja, dr. med. L. Ireland-Frey navodi slijedeće vrste povezanosti nakačenih entiteta i domaćina korištenjem nešto deskriptivnijih pojmova:[8]

- **Napast/iskušenje** (engl. *temptation*) pod utjecajem nekog aspekta tzv. lutajuće duše (engl. *Wanderer*) ne predstavlja kompulziju, nego prije misao koja nije u skladu s osobnošću i uvjerenjima domaćina, nešto nekarakteristično, neko iskušenje zbog prisustva takvog lebdećeg entiteta.
- **Utjecaj** ili **zasjenjenje** (engl. *influencing* ili *shadowing*) je termin za blago i povremeno utjecanje entiteta na domaćina, što se manifestira npr. promjenama u raspoloženju, iracionalnim trenucima, pojavljivanjem iznenadnih i neobjašnjivih strahova ili depresije.
- **Ugnjetavanje** ili **uznemiravanje** (engl. *oppression* ili *harrasing*) označava primjetan i čest utjecaj entiteta na osjećaje i navike domaćina. Vidovite osobe mogu u ovakvom slučaju vidjeti nakačenje entiteta na domaćinovom tijelu ili auri. Ovaj

8 Usp. dr. med. L. Ireland-Frey: *Freeing the Captives: The Emerging Therapy of Treating Spirit Attachment,* Hampton Roads Publishing Company, 1999., str. 33

monskog iskušenja i (stvarnog) posjednuća.[9]

- **Opsjednutost** (engl. *obsession*) je vrlo često stanje, gdje entitet ne napada samo psihu, nego i tijelo domaćina, i pri čemu može pomiješati svojstva svoje osobnosti i svojih prošlih tjelesnih senzacija s domaćinovim, često uzrokujući pometnju i zbunjenost kod domaćina koji može osjećati stalnu bol, nagle promjene u emocijama koje nisu primjerene njegovim normalnim osjećajima, neprepoznatljivo ponašanje ili čak neprirodne osobine i talente.
- **Posjednuće** (engl. *possession*) je stanje kad napadački entitet preuzme u cijelosti kontrolu nad fizičkim tijelom domaćina, potisnuvši primarnu osobnost domaćina i izražavajući svoje vlastite riječi, osjećaje i ponašanje koristeći njegovo tijelo. Potpuno posjednuće je vrlo rijetka pojava, a ako se dogodi zna biti spektakularno. Npr. slučajevi iznenadnog ludila mogu imati veze s stanjem iznenadnog potpunog posjednuća. Stanje posjednuća se može izmjenjivati sa stanjem opsjednutosti.

Treba razumjeti da se situacija može dodatno zakomplicirati ako nakačeni entitet i sam ima jedno ili više nakačenja (ovo ne vrijedi za demonske). Čest je slučaj da astralni fragment nosi na sebi ili je na neki način pod utjecajem mračnih entiteta, što može biti čest razlog nemogućnosti odlaska u Svjetlo, daljnjeg zagorčavanja života osobi kojoj se nakačio i kasnije opiranja u postupku oslobađanja. U ovakvim slučajevima bit će potrebno prvo osloboditi astralni fragment od demonskog entiteta, a tek onda domaćina od prisustva astralnog fragmenta.

Isto se tako može dogoditi da na domaćinu postoji grupa entiteta, pa se u tom slučaju u postupku oslobađanja komunicira s njihovim "glasnogovornikom". To omogućuje da on i svi ostali članovi grupe istovremeno napuste domaćina i odu u Svjetlo.

M. Martin spominje dva stupnja nakačenosti, koja u osnovi nalikuju onome što je Ireland-Frey navela kao posjednuće. Ako bi prvi stupanj mogli nazvati "posjednuće" onda bi drugi bio ono za što Martin upotrebljava izraz "potpuno posjednuće", a opisuje ga na sljedeći način:

9 Usp. Dr. med. M. S. Peck: *People of the Lie*, New York, Touchstone, 2nd edition, 1998., str. 193

> "Kao što pojam podrazumijeva, žrtva potpunog posjednuća je u potpunosti pod kontrolom zla, za što ne daje nikakve vanjske znakove, **niti ima najmanju ideju o demonskome koje je nastanjeno u njemu**. On ili ona neće ustuknuti kako bi to ostali posjednuti učinili kad bi vidjeli religiozne simbole kao što su raspelo ili krunica. Potpuno posjednutog neće zauzdati dodir svete vodice, niti će se kloniti staloženog učešća u religioznim raspravama."[10]

Po ovome sudeći, potpuno posjednuti mogu se naći i nesmetano djelovati u redovima bilo koje religijske strukture. Martin ističe da je u nekom trenutku na nekoj razini trebalo doći do davanja dobrovoljnog pristanka osobe za upad demonskog bića (zloduha). Peck to slikovito objašnjava, te kaže kako mu je teško zamisliti situaciju gdje osoba jednom šeta ulicom i onda ga zaskoči demon iz obližnjeg žbunja. Posjednuće je prije postupni proces u kojem je posjednuta osoba iz nekih razloga pristajala na ponude.[11]

Petersdorff priča o svojem svjedočenju egzorcizma (gdje, kako kaže, nepozvanima nije bilo mjesta) nad nedužnom opsjednutom osobom kojoj je svaki egzorcizam osigurao određeno vrijeme mirovanja.[12] Za razmisliti je da li takav pristup lišava žrtvu odgovornosti za svoje prethodne (svjesne ili nesvjesne) postupke koji su najvjerojatnije bili višestruko ponavljani, i racionalizira li time neodgovornost, neznanje, odnosno duhovnu infantilnost posjednutog.

Dr. med. H. Naegeli-Osjord dao je opise tri stanja posjednuća, na osnovi kategorizacije koja, prema J. B. Delacouru, izvorno potječe od katoličke crkve:[13]

- **Napastvovanje** (lat. *Infestatio*) – Naegeli želi ograničiti na situacije kada je neka osoba, često žena, napastvovana u samoći svoga doma. Smatra da nema jasne granice između napastvo-

10 M. Martin: *Hostage to the devil: the possession and exorcism of five living Americans,* HarperOne, San Francisco CA, 1992., predgovor novom izdanju str. XXIII, moj prijevod i podebljanja

11 Usp. Peck, str. 190

12 E. von Petersdorff: *Demoni, vještice, spiritisti: Sve o postojanju i djelovanju mračnih sila,* Split, Verbum, 2003., str. 104

13 Usp. dr. med. H. Naegeli-Osjord: *Possession & Exorcism,* Oregon, New Frontiers Center, 1988., str. 35, 137, 150

vanja i uznemirivanja, ali napominje i da se ovo stanje ne treba brkati sa *poltergeist* fenomenom, tj. proganjanjem kućnih duhova koje je vremenski kratka pojava u usporedbi sa slučajevima napastvovanja. Uzrok napastvovanju može biti demonski entitet ili astralni fragment (Naegeli koristi izraz *poor soul*) koji je i za života napastvovao druge što je moglo uključivati i magijske prakse.[14]

- **Uznemiravanje** (lat. *Circumcessio*) može varirati od neprestanog ugnjetavanja do povremenih uspostavljanja kontakta (sa entitetom). Smatra da je medijumistička osjetljivost (otvorenost) nezaobilazni sastojak ovakvih slučajeva. U rijetkim slučajevima, kaže Naegeli, kada se primaju posebne poruke iz "božanskih izvora" ovakav kontakt se ne može smatrati patološkim stanjem, kao što to nije slučaj ni kada se osoba namjerno otvara nevidljivim utjecajima. Koji je kriterij božanskog izvora Naegeli ne objašnjava ostavljajući ovdje, po mom mišljenju, prostor za nekritično i ignorantno prihvaćanje svega što bi u svojoj prezentaciji moglo manipulirati božanskom simbolikom.
- **Posjednuće** (lat. *Possessio*), stanje koje zbog prisustva entiteta može biti praćeno neprijatnim mirisima, a u drastičnim slučajevima i materijalizacijama predmeta. Perje, željezni predmeti, smrdljive tekućine mogu izlaziti iz tijela ili ih se može povratiti. Takvi stanja mogu se pojaviti spontano, biti prethodno najavljena ili isprovocirana od strane svećenika ili egzorcista.[15] Ovo je i jedino stanje na koje se crkveni egzorcizam primjenjuje. Naegeli napominje da osjetljivost na posjednuće može uključivati neobično pozitivna stanja kao i ona negativna, što može zvučati paradoksalno samo neupućenima u ovu problematiku.[16]

Za posljednja dva stanja kaže da ortodoksna psihijatrija uglavnom drži da je riječ o shizofreniji ili shizoidnoj osobnosti i kritizira masovno korištenje psihoaktivnih medikamenata u takvim slučajevima, obzirom da se ne zna kakva sve oštećenja živčanog sustava

14 *Isto,* usp. str. 150-151

15 *Isto,* usp. str. 31

16 *Isto,* usp. str. 36

mogu prouzročiti. Takav pristup može do te mjere oslabiti duhovne temelje pacijenta da osobni impulsi za oporavak i daljnji razvoj budu u potpunosti onemogućeni.[17]

17 *Isto,* usp. str. 138-139

7. POGLAVLJE

Simptomi nakačenosti

Vrag je u detaljima – ova uzrečica dobiva sasvim osobito značenje kad je riječ o nastojanju da se prepoznaju simptomi nakačenosti. Tu je u mnogim slučajevima izuzetno važno obratiti pažnju na detalje, osobito danas kad nam se nudi gomila teoretskih i praktičnih obrazloženja određenih obrazaca ponašanja, od kojih su mnoga "oslobođena" suvišnih detalja koji se ne uklapaju u materijalističku (znanstvenu i političku) i "religijsku" propagandu.

Postavlja se pitanje na koji način javno progovoriti o mogućnosti postojanja nevidljivog i nedokučivog utjecaja, na što bi nas mogla uputiti npr. ovisnost o alkoholu, ako se istovremeno tom istom alkoholu pišu pjesme, racionalizira na svaki mogući način potreba za još jednom čašicom (tj. bocom, gdje volumen teži k 10 litara) i relativiziraju ili umanjuju razmjeri jada i bijede kojoj isti pridonosi. Zahvaljujući dosezima propagandne mašinerije u guranju npr. piva u svakodnevnicu (koja je eto zbog zaštite industrije morala postati prehrambeni proizvod) netko tko bi recimo pao s Marsa u Hrvatsku, mogao bi pomisliti da se zakoni pišu u pivovari ili da je pivska boca nezaobilazni rekvizit muškarca (posebno u vrijeme tzv. sportskih događanja). Kako možemo danas razmišljati o kompulzivnoj i prekomjernoj potrošnji kao nečemu problematičnom, kad je veliki dio medijskog prostora otkupljen od strane tzv. *shopping* "centara", koji žele po svaku cijenu promijeniti zakon gravitacije i primorati što više potrošača da gravitiraju onome što su oni odlučili da bude centar grada i potiču kupovinu brda nepotrepština, koje još prije desetak godina uopće nisu ni postojale niti su ikome nedostajale.

Ako se i govori o utjecajima vanjskih sila, klatno se lako pomakne u drugu krajnost pa priča ode do posjednuća koja su prikazana u nekim senzacionalističkim holivudskim uradcima kao što su "Istjerivač đavola" (*The Exorcist,* 1973.) ili "Egzorcizam Emily Rose"

(*The Exorcism of Emily Rose,* 2005.). Na tome sve uglavnom i završava, uz ismijavanje ili omalovažavanje. To je donekle i razumljivo jer uz inflaciju "horror" filmova posljednjih desetljeća teško da itko može takve pojave uzeti za ozbiljno. Kada smo već kod vraga, a obzirom da vrag JEST u detaljima, onda bi možda bilo korisnije prisjetiti se filma "Đavolji odvjetnik" (*The Devil's advocate,* 1997.) koji na puno realniji način prikazuje suptilnu dinamiku Zloga, metode i posljedice njegovog djelovanja.

U analogiji između utjecaja entiteta na domaćina u spomenutim filmovima i računala, izgledalo bi kao da je u računalo upao vrlo maliciozan softver, napisan od vrlo dovitljive osobe, koja je itekako upoznata s hardverskom arhitekturom. Svojim izvršavanjem/upadanjem može djelovati tako da npr. tvrdi disk počne zujati ili tako vibrirati da se trese čitavo računalo, i na kraju ga toliko opteretiti da zadimi i pregori. Takvo što se danas rijeko viđa u praksi (jer poradilo se na boljem dizajnu i zaštiti) i prisustvo malicioznog programa neće prouzročiti baš nikakve fizičke promjene na računalu, iako može ozbiljno oštetiti programsku jezgru (tzv. operativni sustav) ili korisničke podatke i u svom kontaktu s okolinom (preko mrežne infrastrukture) napraviti jako puno štete procesima na drugim računalima. Vlasnik takvog računala može nastaviti raditi danima i tjednima i ne znajući što se događa. Tek ako obrati pažnju na određene "detalje", kao što je ponavljanje neke sporadične greške, npr. da tipka *Enter* ne "hvata" svaki put, ili da kod odlaska na internet neke operacije mogu nešto duže trajati, može početi sumnjati da nešto nije u redu. Pokrene li odgovarajući tzv. antivirusni program, mogao bi svašta otkriti.

Treba znati da je riječ o puno suptilnijoj pojavi nego što nam propaganda želi sugerirati, a kao što će se moći vidjeti u nastavku, mnogi simptomi ukazuju na ono što moderna medicina smatra psihičkim poremećajima, od kojih su najzanimljiviji za daljnje proučavanje oni iz grupe tzv. "poremećaja osobnosti" (F60-F69 iz MKB-10) i prije spomenuti PVO (F44.81 iz MKB-10).

Kod razmatranja nekih simptoma nužno je naglasiti važnost obraćanja pažnje na njihov **intenzitet** i koliko **dugo su prisutni,** kako se ne bi dolazilo do preuranjenih zaključaka. Istovremeno, neki su toliko znakoviti da bi njihovo postojanje trebalo pokrenuti ozbiljno razmišljanje o provjeri postojanja nakačenosti i poduzimanju potrebnih koraka kako bi se od njih oslobodilo.

Kada bi manifestacije Zloga, čije su izravne ili neizravne posljedice i postojanje nakačenih entiteta, bile svedene samo na senzacionalne scene iz horror filmova, ne bi li živjeli u svijetu s manje sukoba na svim razinama, od kuhinjskih svađa do svjetskih ratova, u civilizaciji s manje stresa, boli i patnje, strahova, blatantnih primjera manipulacije, prevara (laži) i kontrole?

Isto tako, spomenuti simptomi mogli bi biti tek neki od primjera aktiviranja pod-identiteta iz ovog ili prošlih života koji su *naši*, ali samim time ne znači da ne zahtijevaju našu pažnju i rad. Posebice osvješćivanje sadržaja iz prošlih života može dati potpuno novu dimenziju u radu sa simptomima, gdje konvencionalna medicina ne može puno pomoći, osim pokušaja njihova ublažavanja i kod koje takvi slučajevi mahom završavaju u "ladici" psihosomatskih poremećaja.

> *Iako mnogi od simptoma koji će biti navedeni u nastavku mogu biti prouzročeni neosviještenim i neriješenim traumama iz prošlih života (tzv. samskarama), zbog karaktera ovog teksta biti će pretežito razmotreni kroz problematiku mogućeg postojanja utjecaja koji, iako su postali dio psihičkog inventara osobe, izvorno istoj ne pripadaju.*

Nakačenosti ljudskog i neljudskog porijekla

Dr. E. Fiore odmah je na prvoj stranici svoje knjige *The Unquiet Dead*[1] navela deset najčešćih znakova vezanih uz postojanje nakačenog entiteta kako bi čitatelj obratio pažnju na njih, a koje u nastavku knjige i dodatno objašnjava:[2]

1. **Niska razina energije** često prati postojanje nakačenja, mada razlog takvom stanju može ležati i negdje drugdje. Fiore sugerira vrijeme nakon buđenja za provjeravanje ovog stanja uz pretpostavku da noć prije nismo tulumarili, nismo iscrpljeni

---

1 Usp. Ph. D. E. Fiore: *The Unquiet Dead: A Psychologist Treats Spirit Possession*, Ballantine Books, 1995.

2 *Isto*, usp. str. 119

nekom bolešću, alergijom, stresom, krizom kroz koju prolazimo, periodom lošeg spavanja, itd. Ako ništa od navedenog nije slučaj i ujutro se po buđenju ne osjećamo dovoljno svježi da započnemo novi dan, to bi moglo ukazivati na postojanje nakačenja koje nas energetski iscrpljuje.

2. **Promjena karaktera** ili mijenjanje **raspoloženja** uključuje stanja za koja se često vezane izjave poput: "ne znam što mi je bilo (da to učinim/kažem)", "neki vrag mi nije dao mira", "kada popije, on je druga osoba", "promijenio se nakon povratka s operacije (ili nakon putovanja)", itd. Promjena može uslijediti često nakon pretrpljene teške emocionalne traume, smrti voljene osobe, kad bi trebalo obratiti pažnju na promjenu u ponašanju koja, ako na neki način uključuje obrasce ponašanja preminule osobe, može signalizirati da je došlo do nakačenja.

3. **Vođenje konverzacije s glasom (ili glasovima) u sebi**, Fiore navodi, da bi u ovom slučaju trebalo obratiti pažnju je li razgovor vođen na način kao da se netko oslovljava u drugom licu, npr. "Možeš jesti kolače" ili "Smiri se" umjesto "mogu jesti kolače" ili "trebam se smiriti" jer sugerira razgovor između dvije strane.
   Dr. med. S. Sagan kaže da prisustvo glasa postoji samo u manjem postotku nakačenja,[3] a ovaj simptom opisuje i riječima jedne svoje klijentice:

   > "[to] je prisutnost, osjećaj da vas nešto promatra, poput glasa koji stalno nešto prosuđuje i sve komentira. Pokušava stvoriti zbrku. Pokušava me posramiti, učiniti me glupom govoreći mi da sam trapava. ... Ali može biti i dobro. Vrlo je oprezan. Vidi stvari onakvima kakve jesu. ... Osjećam neku vrstu blokade. Čini me nerazgovjetnom dok pričam. Ono je snažno, a ja sam slaba."[4]

   Dr. A. Sanderson na osnovu svog kliničkog iskustva sugerira

3 Usp. Sagan, str. 19

4 *Isto*, usp. str. 17-18, moj prijevod

da shizofrenija (F20 u MKB-10) ne mora biti uvjetovana postojanjem nakačenja, ali ako je ista dijagnosticirana isključivo na osnovu prisustva glasova kod pacijenta, onda je po svoj prilici riječ o postojanju nakačenja.[5]
S. Allen smatra da je u slučaju kada se čini da glasovi dolaze izvana riječ o psihičkom oboljenju, a za glasove iznutra kaže da mogu dolaziti od nakačenja ali i od duhovnih vodiča, čiji glas može dolaziti izvana samo u rijetkim slučajevima nužde.[6]

4. **Zloupotreba droga (uključujući alkohol)** je gotovo siguran znak da postoji jedno ili više nakačenja i Fiore skreće pažnju na stvaranje "unutarnjeg konflikta" u slučaju odluke da se želi prestati s konzumacijom (u ovo uključuje i pušenje) koji rezultira vraćanjem ovisnosti ili vođenju konverzacije spomenute u prethodnoj točki. Prema Fiore, ovisnosti se nalaze na drugom mjestu posljedica nakačenja.
E. Maurey također potvrđuje da su osobe s ovakvim ovisnostima, uz kriminalce, najozbiljniji kandidati za nakačenja i da je nalazio u više od 50% slučajeva neku nakačenost kod osoba iz ovih skupina.[7] U stvari, postavlja se pitanje tko se drogira ili pije, domaćin ili "vesela družina" entiteta koji kroz svog domaćina nastavljaju sa svojim ovisnostima.
Pored ovisnosti o supstancama (kako nelegalnim tako i legalnim) držim da su i osobe koje su razvile bilo kakvu ovisnost o hrani, kockanju ili seksu (jaka potreba za višestrukim odnosima, sklonost pornografiji i učestaloj masturbaciji) isto odlični kandidati za provjeru imaju ili neko nakačenje. Ovo je također jedna od gotovo nezaobilaznih pojava kod osoba sa simptomima nekog od "poremećaja osobnosti" (za koje se želi vjerovati da su isključivo posljedica genetike i/ili loših životnih okolnosti u ranoj dobi).

5 Dr. A. Sanderson: *Spirit Attachment and Human Health*, 2010., http://www.spiritrelease.com/review_spiritrelease.htm, viđeno: 01.03.2011.

6 Usp. S. Allen: *Spirit Release: A Practical Handbook*, O Books, 2007., str. 145-146

7 Usp. E. Maurey: *Exorcism: How to Clear at a Distance a Spirit Possessed Person*, Whitford Press, 1989., str. 91

5. **Impulzivno ponašanje**, brzopleto djelovanje i donošenje odluka koje mogu biti nekada i kontradiktorne kao npr. pažljivo planiranje kućnoga budžeta i impulzivno trošenje zbog čega se može upasti u zaduženja i postavljanja pitanja: "što mi je ovo trebalo?" Pa, domaćinu vrlo često nije, ali nakačenom entitetu koji se tako ponašao i u svom prethodnom životu ovo neće nimalo smetati, dapače, otplata kredita pasti će na leđa njegova domaćina gurajući ga dalje u jad, posebno u današnje vrijeme tzv. plastičnog novca kad transakcija kupovine ne mora trajati više od par desetaka sekundi. Za život opasnije mogu biti posljedice impulzivnog ponašanja kad se uz domaćina nađe vatreno oružje. Dovoljno je povući obarač i svoj ili tuđi život će biti doveden u pitanje. Neprimjereni emocionalni ispadi[8] ("eksplodirao sam" zbog toga) mogu se isto svrstati pod ovu točku. Nakon neke od impulzivne/kompulzivne akcije osobe se često osjećaju vrlo prazno, istrošeno ili iskorišteno, kao da je netko drugi profitirao od još jednog "peglanja kartica", seksualnog čina, itd.

6. **Problem s pamćenjem** trebalo bi uzeti s određenom dozom rezerve, osim ako nije riječ o ozbiljnom, potpunom posjednuću nekog mračnog entiteta, pri čemu se domaćin ne sjeća svojih postupaka u razdoblju kada je entitet preuzeo kontrolu nad tijelom. Iako je problem s alkoholom spomenut u 4. točki, možda nije loše spomenuti izjavu "ne sjećam se, bio sam pijan" koja na svoj način opisuje "oduzetost", odnosno gubitak kontrole (i sjećanja), koja bi isto mogla biti simptomatična.

7. **Slaba koncentracija** je povezana s prethodnim problemom i ako postoji poremećaj u koncentraciji prilikom čitanja, vođenja konverzacije, problem s mentalnim aktivnostima, povremenog osjećaja zamagljenosti moglo bi se posumnjati u postojanje nakačenog entiteta bivšeg ovisnika ili starije (i senilne) osobe.

8 Usp. dr. med. H. Naegeli-Osjord: *Possession & Exorcism*, Oregon, New Frontiers Center, 1988., str. 138

8. **Iznenadno pojavljivanje depresije ili uznemirenosti** su stanja koja bi između ostaloga mogle biti i refleksije stanja nakačenih entiteta, koji vode svoj život i njihovo emocionalno stanje nije nužno u skladu s trenutnim stanjem domaćina, pa je takva promjena za domaćina neobjašnjiva i mogla bi se opisati kao "grom iz vedra neba". Fiore depresiju stavlja na prvo mjesto uočenih posljedica postojanja nakačenja.
   Kad je riječ o uznemirenosti, možda ovdje vrijedi spomenuti Sagana koji je od puno osoba čuo da su u fazi promatranja (vidi 13. poglavlje), doznali kako entiteti postaju vidno uznemireni, uzbunjeni, ugroženi ili prijeteće raspoloženi kada bi ljudi počeli meditirati ili jednostavno poželjeli ostati mirni i nepomični.[9]

9. **Iznenadno pojavljivanje fizičkih problema bez očitih razloga** može biti refleksija fizičkih trauma nakačenog entiteta, koji je umro nasilnom smrću ili s oštećenjima prouzročenim nekom bolešću.
   Maurey u svojoj listi navodi kronične bolesti i upozorava da to ne mora imati nikakve veze s postojanjem nakačenja.[10]
   Dr. med. S. Modi navodi veliki broj različitih fizičkih simptoma za koje su laboratorijski ili rendgenski nalazi bili vrlo često negativni, ali smetnje i bolovi su za osobu bili itekako stvarni, a ne umišljeni.[11]

10. **Emocionalna i/ili fizička reakcija na informacije o nakačenim entitetima.** Fiore kao primjer navodi svoju knjigu, ali isto vrijedi i za čitanje drugih materijala, slušanje/ gledanje audiovizualnih zapisa koji opisuju ovu problematiku. Pojavljivanje određenog napora u praćenju ili otpora u prihvaćanju određenih informacija mogao bi biti važan znak postojanja nakačenja i njegovog strahovanja zbog mogućeg ostanka bez domaćina.

---

9 Usp. Sagan, str. 19

10 Usp. Maurey, str. 91

11 Usp. dr. med. S. Modi: *Remarkable Healings: A Psychiatrist Discovers Unsuspected Roots of Mental and Physical Illness*, Hampton Roads Publishing Company, 1997., str. 262

> *Ovo može rezultirati aktivnim odvraćanjem domaćina od traženja bilo kakve pomoći, pokušavajući to učiniti smiješnim, bespredmetnim i nepotrebnim.*

Reakcije na informacije o postupku oslobađanja spominje i dr. W. Baldwin, gdje se ona može manifestirati tjelesno i emocionalno, a može biti iznenađujuće jaka. Ovo je često reakcija nakačenog entiteta, a ne domaćina.[12]
Sagan također spominje da je broj otkazivanja seansi kod osoba s nakačenjima vrlo visok, kao i da jako često kasne u dolasku obrazlažući to najrazličitijim čudnim razlozima.[13]

***

U nastavku Fiore nudi i "sustav bodovanja"[14] kako bi se poboljšala procjena mogućeg postojanja nakačenja na osobi, jer donošenje bilo kakvog zaključka na osnovi samo jednog ili dva simptoma može biti kontraproduktivno, te može skrenuti osobu u traženju neke druge vrste pomoći. Prilikom ocjenjivanja stanja predlaže sljedeće ocjene svakog simptoma:

0 = Nije primjećeno / nije problem

1 = Događa se ponekad / nije ozbiljan problem

2 = Potvrdan odgovor / stalno prisutno / počelo biti stalan problem

Ukupan zbroj od 10 ili više bodova ukazuje na postojanje nakačenja i naglašava da ocjena 2 za simptome br. 2, 3, 4 i 10 ozbiljno ukazuje na takvo stanje. Ukoliko je ukupan zbroj manji od 10 to još uvijek nije jamstvo da nakačenja nema i u ovom slučaju Fiore sugerira slušanje unutrašnjeg glasa koji bi nam mogao reći postoji li neki entitet, a što bi moglo biti na neki način kontradiktorno simptomu navedenom pod točkom 3. Prije provjere stvarnog stanja od strane osobe upućene u ovu problematiku, jedna od mogućnosti u skladu s toč-

---

12 Usp. Ph. D. W. J. Baldwin: *Spirit Releasement Therapy: A Technique Manual, 2nd edition,* Headline Books, 1995., str. 218

13 Usp. dr. med. S. Sagan: *Entities: parasites of the body of energy,* Roseville NSW, Clairvision School, 1994., str. 143

14 Usp. Fiore, Str. 122

kom 10 je provjera reakcije osobe na slušanje teksta skripte koju je Fiore ponudila u svojoj knjizi čija se prevedena i prerađena verzija može naći u 10. poglavlju.

Baldwin spominje i naglo pojavljivanje vještina koje su nekarakteristične za domaćina i njegova dotadašnja znanja i zanimanja (npr. neka umjetnička ili inženjerska vještina, što bi neki mogli protumačiti i kao "pozitivnu" promjenu), nagla promjena osobnosti, posebno nakon neke nesreće, operacije, srčanog udara, presađivanja organa, traume, tugovanja, gubitka voljene osobe, bitke, korištenja psihoaktivnih supstanci kao što su antidepresivi, tzv. halucinogene droge, medikamenti za promjenu raspoloženja, itd.[15]

Maurey je ponudio svoju listu simptoma koja se u suštini ne razlikuje puno od liste koju je predložila Fiore i iz koje navodim još neke dodatne simptome na koje bi valjalo obratiti pažnju:[16]

1. **Izraženo negativistički stav**, pri čemu domaćin vrlo često koristi fraze fatalističkog i osuđujućeg sadržaja bez obzira radi li se o njemu ili o drugim osobama i stvarima.

2. **Želja za samoranjavanjem** je puno šira kategorija nego što se čini na prvi pogled i mogućnosti su (na žalost) velike i puno suptilnije od "slučajnog" zarezivanja kuhinjskim nožem ili lupanja glavom o zid. U ovo mogu spadati i najrazličitiji kirurški zahvati na tijelu estetskog karaktera, kao i sve popularnije tetoviranje koje je cijenom pristupačnije – zanimljivo je slušati ljude koji nakon prve tetovaže nastavljaju odlaziti po nove, jer im ta "kontrolirana bol" na neki neobjašnjiv način godi, pa znaju izjaviti da su se "navukli" na tetoviranje.[17]
   Uz tetovaže, vrlo često ide i *piercing*, koji u doslovnom smislu daje i novu težinu ovakvom stanju. No, "dekorativno samoranjavanje" ovdje ne prestaje: industrija boli ide korak dalje ponudom tzv. potkožnih implantata.

15 Usp. Baldwin, str. 245

16 Usp. Maurey str. 91

17 Moje ograničeno iskustvo s ovom pojavom svodi se na zamjećivanje onoga što ljudi javno pokazuju na ulici; iz nekog je razloga omiljeni motiv na tetovažama upravo zmaj/dragon (možda zbog toga što je ta "beštija" jednostavno *tattoogenična*).

Bilo bi zanimljivo vidjeti istraživanje provedeno među osobama sklonima tetoviranju, piercingu, nošenju crne odjeće i obuće (gdje su poželjni materijali koža, vinil i hladni metali) i prisutnosti nakačenja, posebno demonskih, koja sad zahvaljujući i potkožnim implantatima dobivaju još dramatičniju fizičku manifestaciju.

3. **Nasilno i kriminalno ponašanje** su isto tako neki od simptoma koje današnja medicina objašnjava "poremećajima osobnosti". Postavlja se pitanje tko je u stvari nasilnik i kriminalac, osoba ili nakačeni entitet koji kroz svog domaćina dalje pokušava živjeti svoj "životni stil".

4. **Samoubilačka tendencija** – na osnovu dosadašnjih saznanja pretpostavljam da bi ovaj simptom mogao pratiti spomenutu želju za samoranjavanjem, kao konačno riješenje za patnju, uznemirenost, osjećaj ispraznosti i promašenosti, a oba simptoma su npr. na listi preduvjeta za dijagnosticiranje stanja koje se zove "granični poremećaj osobnosti" (F60.3 prema MKB-10).

Modi u svojoj listi navodi i sljedeće simptome koje je pronašla kod osoba u svojoj kliničkoj praksi:[18]

- **Ponavljajući snovi i moćne more** mogu biti posljedica sjećanja na traumatične trenutke iz života nakačenog entiteta koji se onda ponavljaju u snovima domaćina ili izazivaju noćne more. Dr. o. I. Hickman također spominje ovaj simptom i preporučuje da se obrati pažnja na one snove koji sadrže elemente nasilja i borbe protiv prijetećih sila.[19]
- **Napadi panike** su, prema Modi, treći najčešći simptom postojanja nakačenog entiteta. Iako domaćin zna da su strahovi i osjećaji koji prate panični napad iracionalni, oni zbog toga nisu ništa manje stvarni i on ih nije u stanju zaustaviti, pa tako mogu trajati od nekoliko minuta do nekoliko sati, popraćeni

18 Usp. Modi str. 266-277

19 Usp. dr. o. I. Hickman: *Remote depossession*, Hickman Systems, 1994., str. 30

različitim tjelesnim simptomima.

- **Strahovi i fobije**, u slučaju da su posljedica nakačenosti, mogu biti refleksije traumatične smrti nakačenog entiteta.
- **Seksualni problemi**, često se mogu manifestirati kao izostanak seksualne želje kod mlađeg domaćina s nakačenim entitetom starije dobi, i pojačanom željom u starijeg domaćina s nakačenim mlađim entitetom (u MKB-10 navedeni su pod *F63, Seksualne disfunkcije*).
- **Transvestizam, homoseksualnost i transseksualnost** mogu biti prouzročeni jakim utjecajem entiteta koji je bio suprotnog spola u svom prošlom životu, što će stvarati zbunjenost kod domaćina i može imati za posljedicu potrebu za nošenjem odjeće suprotnog spola, izbor istospolnog seksualnog partnera ili potrebe za dramatičnom hormonskom i operativnom fizičkom promjenom spola. Transvestizam i transseksualnost se mogu pronaći u MKB-10 pod *F64, Poremećaji spolnog identiteta.* Homoseksualnost je iz nekih drugih razloga i potreba izbačena iz klasifikacija poremećaja (zadnji puta bila u DSM-II[20] do 1974. g.), no to bi zahtjevalo otvaranje nove teme, posebno ako se uzme u obzir da je takva promjena ohrabrena i podacima koji se referiraju na tzv. seksualnog prosvjetitelja Amerike, A. Kinseya.[21]

---

20 (kratica od engl. *Diagnostic and Statistical Manual of Mental Disorders*) – američki dijagnostički i statistički priručnik za mentalne poremećaje, u širokoj je primjeni u SAD (izdavač je APA, Američka psihijatrijska udruga) i često referiran u različitim znanstvenim radovima i istraživanjima, ali isto tako i osporavan, opet s znanstvenog stajališta, zbog površnosti i nepouzdanosti. Rimski broj označava izdanje, trenutno je IV iz 1994. g. koje je s revizijama objavljeno 2000. g. kao IV-TR (od engl. *Text Revision*).

Zanimljivost vezana za novo (peto) izdanje jest preporuka da se proces žaljenja zbog preminule osobe proglasi psihičkim poremećajem!

21 Profesor biologije/zoologije, ponudio je monstruozne ideje o ljudskoj seksualnosti, koju ne samo da je htio svesti na životinjsku, već je otišao i korak dalje uvjeravajući nas da je čovjek seksualno aktivan od trenutka rođenja! Ovu kobnu tvrdnju branio je "znanstvenim istraživanjem" prikupljajući podatke od pedofila (između ostaloga i naci-pedofila dr. Ballusecka), a postoje dobre indicije da je neke za potrebe istraživanja i sam upućivao kako da zlostavljaju djecu. Isto tako na temelju "reprezentativnog uzorka" odrasle populacije koji je sadržavao nedopustivo velik broj seksualno devijantnih i delikventnih osoba, izvodio je zaključke o seksualnosti i homoseksualnosti među odraslima. Njegovo pisanje postalo je i "znanstvena os-

- **Gojaznost, bulimija i anoreksija**, poremećaji hranjenja koji su dobili svoju skupinu MKB-10, gdje se vode pod poremećajima F50. Stvaranje ovakvih stanja izgleda da je još jedna od demonskih specijalnosti.[22]
- **Opsesivno-kompulsivno ponašanje (OKP)**, koje službena medicina stavlja u grupu anksioznih poremećaja i neuroza (F42 u MKB-10).

Na kraju pogledajmo što je Sagan pronašao u svojoj praksi, a što nije već ranije spomenuto:

- **Požuda za određenom vrstom hrane**: Neki entiteti tjeraju domaćina na prekomjerno konzumiranje određene hrane gdje prednjači šećer i slatke stvari (s posebnom potrebom za čokoladom), zatim meso, često jako začinjeno, bijeli kruh (zbog kvasca), škrob i sirevi. Posebno mjesto na ovakvoj listi zauzima rajčica.[23]
- **Neodlučnost**: Entiteti su, kaže Sagan, pravi "otrov za volju", pa svojim utjecajem na volju domaćina mogu kod njega prouzročiti stalno odlaganje odluka, koje je obojeno velikom dozom sumnje i osjećaja krivice.[24]

Demonska nakačenost

Dr. Fiore u samom uvodu knjige *The Unquiet Dead*[25] napominje da u knjizi nisu obrađeni demonski entiteti čije postojanje ne negira, ali isto tako kaže da ih, nasreću, nije imala prilike susresti u svojoj kliničkoj praksi. To izgleda prilično nevjerojatno, obzirom na veliki

---

nova" za tragičnu liberalizaciju kaznenog zakona SAD (a zbog dobrobiti antilokalizma, tj. globalizacije njegova "znanost" postaje temelj za perverzne programe poput svojevremeno u Njemačkoj ponuđenog *Körper, Liebe, Doktorspiele,* roditeljskog priručnika o dječjoj seksualnosti u dobi od 1 do 3 godine!).

22 Usp. Modi, str. 323

23 Usp. Sagan, str. 8-9, 15-17, 26, 71, 73, 92, 101, 116, 118, 146

24 *Isto*, usp. str. 19

25 Usp. Fiore, str. 4

broj klijenata s kojima je imala prilike raditi. Ovu sam informaciju htio još jednom provjeriti obzirom da je spomenuta knjiga napisana prije gotovo 30 godina, pa me zanimalo nije li se nešto u međuvremenu promijenilo. U osobnom kontaktu Fiore mi je još jednom potvrdila da nije nikada imala prilike vidjeti demonsko posjednuće (odnosno on što se pod time obično misli).

U slučaju Fiore ipak postoji jedna druga zanimljivost koja govori da, ako već nije imala prilike susresti neljudske entitete poput demonskih, itekako imala prilike susretati se s drugom vrstom neljudskih entiteta – vanzemaljskim, bilo da je riječ o otmicama ili nakačenjima. Ovoj pojavi je posvetila i čitavu jednu knjigu.[26]

Maurey, sa svojim spiritističkim i teozofskim zaleđem, nema nikakvih problema s postojanjem astralnih fragmenata (ili spiritistički rečeno, prizemljenim duhovima) i sličnih entiteta, ali isto tako ne ostavlja prostora za mogućnost postojanja reinkarnacijskog ciklusa i njegovih posljedica (npr. samskara). Isto tako, u skladu s njegovim vjerovanjima postojanje demonskih entiteta je u najmanju ruku upitno, a to želi potkrijepiti tvrdnjom da je riječ o nespretno prevedenom tekstu iz Isusovog života gdje se spominje istjerivanje nečistih duhova, a što je došlo do nas kao istjerivanje demonskih duhova. Napominje da, ako takvi i postoje, u svojoj praksi u kojoj je imao prilike provjeriti 8 000 osoba, niti jedan nije imao demonski entitet.[27] Ovdje je nužno postaviti pitanje: po čijim kriterijima nije niti jednog pronašao?

Svoj doprinos izreci da je "najveće Sotonino djelo to što nas je uvjerio da ne postoji" dao je M. Newton u čijoj se praksi mogu pronaći naznake neetičkog pristupa i pokušaja manipulacije, a svoje viđenje postojanja demonskih, ali i drugih intruzivnih entiteta (npr. vanzemaljskih), objašnjava sljedećom izjavom u svom svjetskom bestseleru:

> "U svim svojim godinama rada s dušama, nikada nisam imao klijenta koji bi bio opsjednut nekim duhom, neprijateljskim ili drukčijim."[28]

---

26 Ph. D. E. Fiore: *Encounters: A Psychologist Reveals Case Studies of Abductions by Extraterrestials,* New York, Ballantine Books, 1997.

27 Usp. Maurey, str 16, 36

28 Ph. D. M. Newton: *Sudbina duša: novi prikaz slučajeva života između smrti,*

Bez obzira na to, osjeća se njegova potreba za daljnjim racionaliziranjem, pri čemu pokušava stvoriti uvjerenje kako je strah od postojanja nakačenog entiteta potpuno neutemeljen. Newton je ponudio i kategoriju "problematičnih i nesposobnih duhova" koji samo plaše ljude, navodeći ih na srednjovjekovnu misao o opsjednuću. Razlog tom fiktivnom strahu pripisuje i lošem djetinjstvu, PVO (ili kako je prevoditelj hrv. izdanja to nespretno preveo kao "Višestruki poremećaj osobnosti", dajući novu dimenziju i značenje ovom poremećaju), a kao zadnji razlog navodi i poremećaje u zemljinom elektromagnetskom polju koji narušavaju aktivnost mozga kod, kako ih Newton naziva, "problematičnih osoba", uvodeći tako još jednu kategoriju koja kvari njegovu statistiku. Neki od njegovih učenika poput dr. A. Tomlinsona diplomatskom opreznošću čitavu stvar naziva *kontroverznom*, pokušavajući nekako izbjeći pitanje demonskih ili mračnih entiteta nazivajući ih *intruzivnim* energijama. Ostali Newtonovi sljedbenici propagiraju ideju o "osobnim demonima", pa takve pojave pripisuju isključivo pod-identitetima koji su stvoreni neriješenim traumama i "živopisnim fantazijama" takvih osoba.[29]

S druge strane, recimo, dr. med. M. Peck, Baldwin, Modi ili Ireland-Frey otvoreno pričaju o ovakvoj vrsti entiteta gdje posljednja započinje poglavlje o mračnim entitetima sljedećim tekstom:

> "Piscu je vrlo lako defenzivno se prikloniti isprikama prema akademskom i svjetovnom literarnom vodstvu kad počinje pričati o 'neljudskim entitetima', posebice o 'mračnim neljudskim entitetima'. To se naginjanje prema ispričavanju povećava ako koristi riječ 'demonsko'."[30]

Ireland-Frey u nastavku spominje ni manje ni više nego oduševljenost demonskih entiteta vjerovanjem da oni postoje **samo** ako mislimo o njima, jer im to dodatno olakšava posao. Pričanje i razmišljanje o njima s pozicije **straha** dobar je način da se privuče nji-

Zagreb, Škorpion, 2008., str. 90

29 Usp. A. Tomlinson: *Healing the Eternal Soul: Insights from Past Life and Spiritual Regression,* O books, 2006., str. 175

30 Dr. med. L. Ireland-Frey: *Freeing the Captives: The Emerging Therapy of Treating Spirit Attachment,* Hampton Roads Publishing Company, 1999., str. 235, moj prijevod

hova pažnja.[31]

Sagan nigdje eksplicitno ne spominje entitete koji bi se mogli okarakterizirati kao demonski, a obzirom da entiteta koji ne potiču od umirućih osoba ima neznatan broj, smatra da im ne treba pridavati veći značaj. Za entitete koje je naveo u poglavlju "Mračne sile" priznaje da su nešto drugo, ali to dalje ne obrazlaže.[32]

Ako suštinski i postoji razlika između *Old Age* (službenih religija) i *New Age* doktrina, kod pitanja postojanja sila Zloga javlja se trend izjednačavanja stava – ako takve sile i postoje, oni koji vjeruju (svatko svojoj doktrini) već su samim time zaštićeni. Takvo viđenje, danas sve prisutnije, dobro je opisao LAUDETUR, član jednog foruma (23.06.2009., 7:48):

> "**Pričati (pisati) o đavlu zapravo je davati mu značaj. Zato ga neću više spominjati.** Što se pak egzorcizma tiče, javno je obznanjeno kako u Hrvatskoj postoji samo jedan ovlašteni (službeni) egzorcist. Pri objavi vijesti o njegovom imenovanju također je rečeno kako se svaka sumnja u opsjednutost treba prijaviti nadležnim crkvenim tijelima, kako je do sada bilo tek nekoliko takvih prijava i da je, po temeljitoj provjeri, **utvrđeno kako se u svim tim slučajevima radilo o psihičkim oboljenjima.**
> Pitanje egzorcizma regulirano je Kanonskim pravom i **strogo je zabranjeno da se njime bavi neovlaštena osoba.**
> Dakle, pustite vraga neka ide k vragu. Mi krštenici i sljedbenici Isusovi njega se ne trebamo bojati **niti mu pridavati ikakav značaj.**"[33]

Gore naveden tekst indikativan je i po tome što nam govori o nastojanju da se ovo, nekada isključivo religijsko pitanje, prepusti modernoj medicini i znanosti koja je već etiketirala većinu ovakvih stanja kao poremećaje osobnosti ili druga tzv. psihička oboljenja. Jasno, (pravo)vjernici imaju "asa u rukavu" tj. crkveni autoritet koje je ovdje neupitan (svima ostalima je strogo zabranjeno baviti se time).

31 *Isto*, usp. str. 238

32 Usp. Sagan, str. 148-150

33 Alfa i Omega duhovni forum: *Opsjednuće i Egzorcizam*, http://alfaiomegaduhovniforum.forums-free.com/viewtopic.php?p=8683, viđeno: 01.03.2011., podebljanja moja

Kao jedan od primjera *Old Age* anestezije po pitanju potencijala mračnih sila mogao bi se navesti komentar M. Steinera u članku u kojem raspravlja o egzorcizmu u Novom obredniku katoličke crkve gdje kaže:

> "... čarobnjaci i vještice mogu naškoditi samo onima koji vjeruju da im se može naškoditi jer u tom slučaju sami pripremaju podlogu da im se dogodi ono čega se boje."[34]

Pretpostavljam da bi vjernici koji su ipak na svojoj koži osjetili posljedice mračnih sila mogli biti lako optuženi iz istog izvora zbog njihove slabe (ili krive) vjere.

Baldwin je ponudio listu simptoma koji bi mogli ukazivati na postojanje demonskog nakačenja, do koje je došao uspoređivanjem osam različitih izvora:[35]

- **Promjena osobnosti**: vanjski izgled, ponašanje, seksualne devijacije, moralni karakter, inteligencija
- **Fizičke promjene**: promjena glasa, zasjenjenje svjesnosti, simptomi katatonije (obamrlosti), padanje, epileptički napadi, neosjetljivost na bol, nadnaravna snaga
- **Mentalne promjene:** glosolalija, psihičke i okultne moći, npr. vidovitost (engl. *clairvoyance*), telepatija, mogućnost predviđanja budućih događaja, nadnaravno znanje
- **Duhovne promjene**: osjetljivost na molitve, reagiranje i strah od Krista, blasfemija

Neki od Baldwinovih izvora spominju i mogućnost oslobađanja u ime Isusa Krista, što se ne može smatrati simptomom, već naputkom u slučaju dijagnosticiranog demonskog entiteta.

Bez obzira što su navedeni simptomi imenovani kao mogući znakovi postojanja demonskih nakačenja, treba uzeti u obzir da neki od njih mogu biti posljedica postojanja i drugih vrsta nakačenja (npr. astralnih fragmenata), ali isto tako i manifestacije nekog od pod-identiteta u slučaju postojanja PVO ili shizofrenije, kao i pojav-

34 Usp. M. Steiner: *O zlim dušama: Uz novi Obrednik o egzorcizmu*, Obnovljeni život, Vol.54 No.4 Prosinac 1999., viđeno: 01.03.2011., str. 489

35 Usp. Baldwin, str. 277

ljivanje nekog pod-identiteta iz prošlih/ostalih života. Baldwin u listu nije dodao niti manifestacije paranormalnih fenomena koji mogu ukazivati na postojanje posebno mračnog entiteta. Takvi fenomeni (telekineza, levitacija, materijalizacija/dematerijalizacija predmeta, ...) su često bili sastavni dio poznatih slučajeva egzorcizma,[36] ali mogli su se pojaviti i prije toga, posebno kod osoba s jakim medijumističkim sposobnostima koji na neki način postaju instrument za materijalizaciju nakana nakačenog entiteta.

Tragom M. Martina[37] i Pecka[38] mogao bih ovdje još dodati da je u osoba kod kojih je izvršen egzorcizam, pa možemo reći da su evidentno bili pod demonskim posjednućem, postojao opipljiv osjećaj postojanja druge i nedvosmisleno zle osobnosti, što možda pomogne u razumijevanju odakle gore spomenuti simptomi.

---

36 Dr. med. H. Naegeli-Osjord: *Possession & Exorcism*, Oregon, New Frontiers Center, 1988.

37 M. Martin: *Hostage to the devil: the possession and exorcism of five living Americans*, Reader's Digest Press; distributed by Crowell, 1976.

38 Usp. Dr. med. M. S. Peck: *People of the Lie*, New York, Touchstone, 2nd edition, 1998., str. 193

8. POGLAVLJE

Koje su posljedice nakačenja?

Posljedice postojanja nakačenja mogu se manifestirati brojnim emocionalnim, psihološkim (mentalnim) i fizičkim promjenama, od gotovo zanemarivih do vrlo značajnih i višestrukih. Domaćini uglavnom nisu svjesni postojanja nakačenog entiteta i pokušavaju tražiti pomoć za simptome koji se mogu manifestirati zbog njihovog prisustva. Ovo ne bi trebalo čuditi, jer općenito ne postoje niti osnovna znanja o tome kakvo je uobičajeno stanje naše psihe, kao i da tijekom odrastanja ona postaje sve više fragmentirana, što je posebno izraženo kod modernog čovjeka koji je svakodnevno izložen sve kompleksnijim životnim situacijama na koje treba odgovoriti. Povrh toga, uvođenje stranih sadržaja ljudskog ili neljudskog (demonskog i nezemaljskog) porijekla u podsvijest cijelu priču može učiniti samo još fantastičnijom.

Medicinska dijagnostika u slučaju nakačenja može reći da su nalazi uredni,[1] iako domaćin ima stvarne poteškoće. Ovakvo stanje može biti kategorizirano i kao "psihosomatsko",[2] a korištenje ovog pojma govori da moderna medicina može prihvatiti činjenicu da na naše fizičko tijelo utječu psihički sadržaji. Obzirom da su nakačenja dio podsvjesnog inventara naše psihe, ovakva dijagnoza i nije pogrešna. Problem je što u slučaju traženja daljnje medicinske pomoći ne možemo očekivati terapiju koja će otkriti i počistiti nakačenja, već će ona do određene mjere pokušati ublažiti simptome (što nekada može završiti i kirurškim obradama).

---

1 Usp. dr. med. S. Modi: *Remarkable Healings: A Psychiatrist Discovers Unsuspected Roots of Mental and Physical Illness*, Hampton Roads Publishing Company, 1997., str. 261

2 Psihosomatski karakter se pridaje određenim alergijama, oboljenjima dišnih puteva (npr. astma) te kožnim i crijevnim oboljenjima koja mogu biti posljedica utjecaja nakačenog entiteta, ali isto tako mogu biti uvjetovana traumatskim iskustvom iz prethodnih života.

Fizičke promjene

Neke od mogućih tjelesnih promjena spomenute su već kod simptoma u 7. poglavlju. Dr. E. Fiore navodi da, prema ezoteričnim teorijama, niže astralno tijelo – duša dolazi u doticaj s eteričnim tijelom žive osobe, tako da dolazi do neke vrste stapanja. Ovo se u osnovi poklapa s onim što tvrdi i dr. med. S. Sagan. Stvara se neka vrsta nacrta na fizičkom tijelu, što može dovesti do budućih manifestacija nekadašnjih fizičkih problema nakačenog entiteta na tijelu domaćina.[3] Ovo otvara prostor za pojavljivanje niza fizičkih simptoma koji nemaju stvarnog uporišta u prošlosti domaćina (iz trenutnog i/ili prošlih života), već su jednostavno došle kao "miraz" nakačenog entiteta. To mogu biti najrazličitije disfunkcije, bolovi i bolesti, od glavobolja, nesanica, problema s težinom, astme, alergije, tegobni PMS, išijas, itd. Entitet svojim nakačenjem na domaćina neće olakšati svoje stanje, jer će i dalje osjećati traumatska iskustva prošlog života.

Dr. med. S. Modi daje cijeli niz primjera fizičkih trauma nakačenih astralnih fragmenata i kakve simptome mogu izazvati kod domaćina:[4]

- **Prostrijelna rana u trbuhu** može izazvati različite fizičke, ali i emocionalne simptome kao što su nelagoda, zatezanje ili osjećaj čvora u trbuhu, nervozna crijeva, bolovi u abdomenu, mučnine, povraćanje, proljev, konstipacija, povećana kiselina, gastritis, esofahitis, čir na želucu ili iritabilni kolon.

- **Frakture kostiju** ili **smrskanost tkiva** mogu se manifestirati kao artritis, fibromiositis, tendritis, sindrom karpalnog kanala, nervna iritabilnost/razražljivost, glavobolje, osjećaj odsutnosti, trnci ili jednostavno stanje nelagode u traumatiziranom dijelu tijela.

- **Smrt u plamenu** može biti razlog različitih kožnih poremećaja kao što su preosjetljiva ili suha koža, akne, čirevi, osip, crve-

3 Usp. Ph. D. E. Fiore: *The Unquiet Dead: A Psychologist Treats Spirit Possession*, Ballantine Books, 1995., str. 37

4 Usp. Modi, str. 259-261

ni prištevi, eritema, ekcemi, psorijaze ili različiti vidovi svraba. Domaćin može imati i astmu, laringitis ili neke druge plućne poremećaje ako je smrt uključivala udisanje dima. Gastritis, kolitis, osjećaj vrućine po čitavom tijelu, *valunzi*, slabo podnošenje topla vremena ili iracionalni strah od vatre još su neki od mogućih simptoma.

- **Srčani udar** može dovesti do bolova ili osjećaja zatezanja u grudima, osjećaja nedostatka zraka, palpitacije, vrtoglavica, paničnog napada ili iracionalnog straha od srčanog udara i smrti.

- **Vješanje, gušenje ili bilo kakva ozljeda vrata ili grla** može izazvati osjećaj iritacije, infekciju ili bol u grlu, probleme s gutanjem, probleme s štitnjačom, laringitis, promjenu ili gubitak glasa, astmu, glavobolju, bolove u vratu i ramenima, vrtoglavice i bol u očnim jabučicama.

- **Smrt u staračkoj dobi** može kod domaćina izazvati probleme s pamćenjem nalik Alzheimerovoj bolesti. Osoba se može osjećati starije nego što stvarno jest i imati ostale simptome staračke dobi kao što su slabost, onemoćalost, nedostatak energije, itd.

- **Kap i paraliza** mogu izazvati osjećaj slabosti ili čak privremenu paralizu dijela tijela domaćina, preslikavajući stanje nakačenog astralnog fragmenta. Isto tako može se osjećati vrtoglavica, sinkope, bolovi, problem s govorom, geganje.

- **Samoubojstvo predoziranjem uspavljujućim sredstvom** kod domaćina može dovesti do depresije, anksioznosti, samoubilačkih misli bez realnih osnova. Simptomi kao što su letargija, pospanost, slabost, problemi s crijevima i posrtanje reflektiraju način smrti, u ovom slučaju predoziranje.

- **Samoubojstvo predoziranjem amfetaminima** također može dovesti do depresije i samoubilačkih misli, zatim do bujice misli, izljeva gnjeva, hiperaktivnosti, preosjetljivosti, neumornosti, razdražljivosti, višednevne nesanice, paranoičnih ideja, smanjene uračunljivosti i halucinacija. Domaćin može osjećati i druge učinke amfetamina kao što su visoki krvni pritisak, tahiokardija, glavobolje, svrab, mučnine, povraćanje i gubitak tjelesne težine.

Sagan iz svoje prakse navodi dva karakteristična područja na fizičkom tijelu, koja su vrlo često traumatizirana zbog utjecaja nakačenog entiteta:[5]

- **Ženski reproduktivni organi** (što uključuje i posteljicu u slučaju poroda ili prekinute trudnoće), na kojima se može pojaviti niz ginekoloških komplikacija i oboljenja (ali upozorava da se nakačenja nikako ne smiju smatrati i jedinim uzrokom takvih problema).

- **Područje lijevog kuka** (lat. *Ilium*) – smatra da su problemi u tom dijelu mogući simptom učinka nakačenja na području debelog crijeva, a kod žena može biti refleksija nakačenja u predjelu prije spomenutih reproduktivnih organa.

Slučaj nakačenja entiteta drugog spola može izazvati zbunjujuće posljedice. Jak utjecaj entiteta drugog spola opisala je C. Sylvia iz vlastitog iskustva. Njoj su presađeni srce i pluća mladića koji je poginuo u prometnoj nesreći, što je izazvalo niz dramatičnih promjena, pa je npr. odmah po buđenju iz anestezije zatražila pivo,[6] iako ga do tog trenutka nikad u životu nije pila, itd. Iako je transplantacijom uspjela popraviti svoje fizičko zdravlje, mladićeva impulzivnost i agresivnost zakomplicirala je ostale aspekte njezina života.

Situaciju s dominantnim astralnim fragmentom preminule žene na muškom domaćinu opisala je i Fiore u slučaju spolne disforije (vidi 14. poglavlje).

---

5 Usp. Sagan, str. 63-65

6 C. Sylvia: *I was given a young man's heart - and started craving beer and Kentucky Fried Chicken. My daughter said I even walked like a man*, MailOnline, 04-2008., http://www.dailymail.co.uk/health/article-558256/I-given-young-mans-heart---started-craving-beer-Kentucky-Fried-Chicken-My-daughter-said-I-walked-like-man.html, viđeno 01.03.2011.

Posebno teška stanja mogu izazvati demonska nakačenja. Korištenjem svojih "demonskih uređaja" blokiraju normalan protok životne energije i ometaju nas u našoj povezanosti sa Svjetlom. Isto tako, svojim izravnim aktivnostima, kao što su vršenje pritiska ili iritiranje određenih organa mogu dovesti do razvoja vrlo teških fizičkih stanja, što pored bolova, ukočenosti ili obamrlosti mogu biti i različiti tumori i druga teška oboljenja. Neki od preobraćenih demona u svojim iskazima govore da su na svoje domaćine projicirali emocionalne i fizičke patnje koje su sami pretrpjeli zbog kažnjavanja Sotone.[7]

> *Važno je razumjeti da bilo koju od navedenih posljedica možemo pripisati utjecaju nakačenog entiteta, ali tek kada se isti otkriju i počiste i nakon toga dođe do poboljšanja ili potpunog nestajanja simptoma.*

Ako neki od spomenutih simptoma postoji, trebat će provjeriti jesu li isti možda posljedica psihičkih i emocionalnih trauma osobe i u skladu s tim odlučiti se za odgovarajući tretman (svatko prema svojim uvjerenjima, spremnosti i stupnju svjesnosti).

Emocionalne promjene

Strahovi, tjeskobe i fobije vrlo su česta, ako ne i neizostavna posljedica jednog ili više nakačenja. Oni su povezani s određenim situacijama, stvarima i lokacijama na kojima je nakačeni entitet doživio neko traumatsko iskustvo, odnosno smrt fizičkog tijela. Tako npr. strah od visine ne mora nužno biti posljedica traumatskoga iskustva domaćina iz nekog od prošlih života, već mu uzrok može biti to što je nakačeni entitet poginuo prilikom pada s neke litice.

Domaćin može osjetiti nagli preokret u emocionalnoj reakciji na stvari i situacije koje su mu do jučer bile sasvim prihvatljive.

Promjene u emocionalnim reakcijama dalje mogu dovesti do traženja "izlaza" različitim metodama i sredstvima, što može uključivati emocionalni vampirizam, početak neke ili povećanje postojeće ovisnosti o supstancama, kockanju, impulzivnoj potrošnji, seksu, hrani, itd.

7 Usp. Modi, str. 322

Psihološke promjene

Broj psiholoških promjena također može biti vrlo velik. Kao što smo vidjeli kod simptoma nakačenja u 7. poglavlju, oni mogu uključivati i različita psihička oboljenja koja su klasificirana kao poremećaji osobnosti. O uzrocima psiholoških promjena na svoj način ukazuje svjedočenje jednog demona nakon preobrazbe:

Demon: "Shvaćate li da su psihička oboljenja najveći uzrok smrti, bilo samonametnuti ili kao ubojstvo? Ono što vi ljudi ne shvaćate, jest to da su neki od njih zaista imali prave moždane disfunkcije, ali većina toga je prouzročena od strane nas demona. Mi ubacujemo u ljudske umove misli o torturi, kao što je rezanje drugih, ubijanje beba ili druge sadomazohističke misli."[8]

U slučaju da se nakačenje dogodilo u ranom djetinjstvu, pri porodu ili još u majčinoj utrobi, osobnost djeteta će se formirati s uključenim utjecajem nakačenog entiteta, tako da će biti teško razlikovati trenutke kad je utjecaj veći ili manji na domaćinu. U slučaju da je do nakačenja došlo u odrasloj dobi, kad je osobnost domaćina već formirana, promjene u ponašanju prije i nakon trenutka nakačenja (npr. nakon operacije ili nekog traumatskog iskustva) mogu biti jasno vidljive.[9]

8 Modi, str. 330, moj prijevod

9 *Isto*, usp. str. 257

9. POGLAVLJE

Rizična mjesta, stanja i zanimanja

Lista u nastavku daje pregled najčešće spominjanih mjesta, stanja i zanimanja kod kojih je rizik od nakačenja neke vrste entiteta povećan ili visok. Nakon boljeg upoznavanja s pojavom nakačenja entiteta, većina njih izgledaju prilično logično.

Mjesta

- Ambulante hitne pomoći, bolnice, mrtvačnice, groblja, lokacije masovnih stradanja u ratovima i drugih ljudski ili prirodno izazvanih katastrofa.
- Mjesta vezana za bilo koju ozbiljnu ovisnost: gostionice, kafići, noćni klubovi, kockarnice, kladionice, javne kuće.
- Sudjelovanje u spiritističkim seansama, čak i kao pasivni promatrač.
- Boravak na geopatogenim čvorovima povećava nakupljanje "perverznih" energija pa time i entiteta.
- Meditiranje ili spavanje iznad podzemnih voda, kanalizacijskih sustava ili na vrhu vodospreme, zbog destruktivnog učinka na eterično tijelo. Ne preporuča se niti spavanje na vodenom krevetu.[1]

Situacije, stanja i postupci

- Stanje kome i potpuna anestezija tijekom kirurškog zahvata (pri čemu situaciju dodatno otežava fizički proboj tkiva) rizična su stanja, jer su osobe tada otvorenije i podložnije za entitetske utjecaje ili nakačenja.
- Udarac u glavu.

---

1 Usp. dr. med. S. Sagan: *Entities: parasites of the body of energy*, Roseville NSW, Clairvision School, 1994., str 95

- Trudna majka s entitetima potencijalno je opasna za vlastitu bebu koja je nezaštićena od ovakvih utjecaja.
- Pobačaj, spontani ili planirani, čini majku otvorenom prema nakačenju zbog nesaniranja pobačaja na eteričnoj razini i zbog emocionalne upletenosti.[2]
- Porod, zbog mogućih eteričnih, nefizičkih zaostataka posteljice (placente).[3]
- Primanje organa od druge osobe (najčešće poginule u prometnoj ili nekoj drugoj nesreći).
- Konzumiranje alkohola, narkotika ili bilo kakvih psihoaktivnih supstanci.
- Smrt u obitelji: prema dr. med. S. Saganu to je vrlo osjetljiva situacija obzirom da astralni fragmenti umrle osobe ostaju pored mrtvog tijela, odnosno vrte se po mjestima na kojima je obitavao pokojnik dok je još bio živ, i lako se nakače tragom njima poznatih vibracija koje nalaze u svojim bližnjima.[4]
- Kronična neispavanost, zamjena dana za noć (rad ili provod u noćnoj smjeni), prekomjerno opterećivanje iznad granica osobnih mogućnosti.

Zanimanja

- Bolničko osoblje, vatrogasci i policijski službenici koji dolaze na mjesta umorstava ili nesreća koje uključuju iznenadna i tragična stradanja.
- Zubari i psihijatri: M. Maurey napominje da su ovo dvije profesije s najvećim brojem samoubojstava u SAD. Jaka bol istjeruje entitete koji se zbog bušenja zuba često nakače na zubare, a isto vrijedi i za psihijatre koji koriste "terapiju" elektrošokovima.[5]

---

2 *Isto*, usp. str. 71

3 *Isto*, usp. str. 75, 78-80

4 *Isto*, usp. str. 53

5 Usp. E. Maurey: *Exorcism: How to Clear at a Distance a Spirit Possessed Person*, Whitford Press, 1989., str. 92

10. POGLAVLJE

Skripta za pronalaženje entiteta

Dr. E. Fiore je u svom radu s klijentima kao jednu od metoda za pronalaženje i eventualno oslobađanje nakačenih entiteta koristila skriptu koja sadrži sve važne informacije s kojima bi se pretpostavljeni entitet trebao upoznati, njegovu trenutnu situaciju i što mu je za činiti.[1] Skripta se može čitati osobi koja sumnja da ima neki nakačeni entitet ili joj se može snimiti, pa onda snimku može preslušavati kada za to pronađe vremena i bez tuđe pomoći. Snimljena skripta ne bi trebala trajati duže od 10 minuta, uključujući i predložene duže pauze između pojedinih navoda.

Prije početka slušanja skripte udobno se smjestite, stišajte ili se maknite od vanjskih izvora koji vas mogu u tih desetak minuta ometati (telefoni, računala, TV, radio, ukućani, itd.), zatvorite oči i opustite se na nekoliko minuta kao da se spremate zaspati.

Prilikom slušanja obratite pažnju na emocije, misli, slike koje se javljaju kao i bilo kakve fizičke senzacije (promjena temperature, titranje, grčenje, osjećaj pomicanja određenog dijela tijela, suze, itd.) i pokušajte ih po završetku zabilježiti.

Ovisno o tome što vam se događalo, a posebice ako je riječ o opetovanim pojavama prilikom višekratnog slušanja nekoliko dana za redom, dobit ćete možda neke nove ideje o cijeloj stvari. Takvo otkriće ne bi trebalo rezultirati strahom i paničnom reakcijom, posebice ako je otkriven entitet otišao u Svjetlo. Ako i nije otišao u Svjetlo, on je zacijelo prisutan već neko vrijeme i tek treba donijeti odluku o oslobađanju i daljnjim promjenama u svom životu.

Treba znati da bi na ovakvu skriptu mogao reagirati astralni fragment i već nakon prvog, ili nekoliko ponovljenih slušanja, otići u Svjetlo. Ovo neće vrijediti za neljudske entitete, posebice ne za de-

1 Usp. Ph. D. E. Fiore: *The Unquiet Dead: A Psychologist Treats Spirit Possession*, Ballantine Books, 1995., str. 130, moj prijevod i prilagodba, dopuštenje za prilagodbu i korištenje dobiveno od autorice 15.03.2011.

monske koji egzistiraju s vjerovanjem da je Svjetlo opasno i zabranjeno mjesto. Postoji, međutim, određena vjerojatnost da bi kod istih moglo doći do određene reakcije, te bi tim tragom trebalo nastaviti dalje raditi.

Hoće li doći do bilo kakve reakcije ili ne, unaprijed je vrlo teško reći, to je individualna stvar i ne može se ništa sa sigurnošću tvrditi prije nego li se isproba. Ako ne bude nikakve reakcije na prvo slušanje, pokušajte isto ponoviti u nizu kroz nekoliko dana.

***

Ti si ovdje s _________, ali ti ***nisi*** _________, zar ne? Ti si netko sasvim drugi, potpuno različit od _________. Ti imaš drugo ime, drugu osobnost, druge potrebe, ideje i stavove. I bilo je vrijeme kada si ti živio u svom vlastitom tijelu, dugo prije nego što si se pridružio _________.
[Pauza]
Vidi možeš li se vratiti unatrag do tog vremena. Razmisli o ugodnim trenucima dok si u svom ***vlastitom*** tijelu.
[Duga pauza]
I onda se nešto dogodilo s tvojim tijelom i ono je umrlo.
[Pauza]
Kada je tvoje tijelo umrlo, otkrio si da si i dalje živ, baš kao što si to bio i trenutak prije, samo izvan svog mrtvog tijela. U tom trenutku trebao si otići direktno u duhovni svijet, u Svjetlo koje ti se pokazalo. Pomagači su bili tamo, možda netko od tvojih voljenih, možda prijatelj ili netko drugi za tebe poseban, a koji su došli da ti pomognu i otprate te u Svjetlo da tamo nastaviš svoj život. Ali, umjesto toga, ti si ostao u fizičkom svijetu bez vlastitog fizičkog tijela.
[Pauza]
Moguće da si bio zbunjen i nisi shvatio da je tvoje tijelo umrlo i zbog toga nisi shvatio što ti se stvarno dogodilo.
[Pauza]
Tada si napravio ***vrlo ozbiljnu*** grešku jer si u tom trenutku postao izgubljena duša.
[Duga pauza]
Sjećaš li se da si pokušavao nastaviti pričati s ljudima i oni nisu odgovarali? Ili ako si ih dodirivao izgledalo je kao da nisu primijetili tvoj dodir? Činilo se kao da gledaju ravno kroz tebe, bez pomisli da si ti bio tamo. Možda si se zbog toga osjećao vrlo zbunjeno – uznemireno, usamljeno – i frustrirano, i možda čak ljutito zbog njih.

Razlog zašto ti oni nisu odgovarali je to što si ti nevidljivi duh. Ti više nisi bio u svom tijelu, pa te oni zbog toga nisu mogli niti vidjeti. Oni nisu znali da si bio tamo. Ovdje nije riječ o tome da nisu obraćali pažnju na tebe, da nisu htjeli komunicirati s tobom, oni jednostavno nisu mogli znati da si ti bio tamo.

[Duga pauza]

I onda si se u jednom trenutku pridružio ________, i to je trenutak kad si počinio još veću pogrešku. Zato što si, vidiš, do tog trenutka povrjeđivao samo sebe, držeći sebe dalje od tog čudesnog života kojeg si mogao imati odlaskom u Svjetlo, u duhovnom svijetu s tvojim voljenima i s ostvarenim svim svojim željama i potrebama. Ali kada si se pridružio ________ počeo si štetiti i ________. Ako ništa drugo, počeo si crpiti energiju od ________ izazivajući tako umor, pospanost ili bezvoljnost. Isto tako mogao si vrlo ozbiljno zbunjivati ________ jer više ne može razlikovati tvoje misli, želje i potrebe od svojih vlastitih.

Takvo što ne bi poželio da netko drugi učini tebi. Možda nisi shvatio da si ozbiljno štetio ________.

Na sreću, ovakvu situaciju i taj tvoj problem možemo riješiti odmah sada, jer tu su ljudi koje te puno, puno vole i koje su došli iz Svjetla da ti pomognu.

[Pauza]

To su ljudi koje si mislio da više nikada nećeš vidjeti jer su umrli i ovdje oni izgledaju stvarno predivno ... izgledaju čak bolje nego zadnji put kada si ih vidio ... s širokim velikim osmjehom na licima.

Oni su tako sretni što te vide zato što su bili stvarno zabrinuti zbog tebe. Oni su gledali gdje si i tražili te, vapili za tobom i, sada su te pronašli.

[Pauza]

Pogledaj, oni pružaju svoje ruke prema tebi.

[Pauza]

Sada su tu s tobom, prihvaćaju te, grle te i dodiruju. Obrati sad pažnju na taj predivan osjećaj i osjeti ga u potpunosti. Tako si im puno nedostajao.

[Duga pauza]

Oni te sada drže za ruku.

[Pauza]

Želim da obratiš pažnju na to kako su stvarne i čvrste njihove ruke. Ako ih malo jače stisneš osjetiti ćeš čak i kosti ispod njihove kože. To je zbog toga što su oni u svojim duhovnim

tijelima, a duhovno tijelo je isto tako stvarno i čvrsto kao i fizičko tijelo. Osjeti toplinu njihovih ruku.
[Duga pauza]
U sljedećih nekoliko trenutaka ti ćeš napustiti ________, i kada to napraviš, naći ćeš se u svom vlastitom duhovnom tijelu.
[Pauza]
To je tijelo koje ti pripada i koje zaslužuješ, u njemu možeš biti tako dugo koliko to poželiš.
[Pauza]
To je savršeno tijelo u svakom smislu te riječi. Ono je mladoliko i atraktivno – tijelo koje nikada ne stari, dobiva bore ili biva bolesno ili je bilo što krivo kod njega. Ako si muškarac, naći ćeš se u muškom tijelu, snažnom i zdravom. Ako si žena, biti ćeš u krasnom, zdravom, mladolikom ženskom tijelu, onakvom kakvo samo poželjeti možeš.
[Duga pauza]
A sada, želio bih ti reći još jednu vrlo važnu stvar. U slučaju da se bojiš da bi mogao otići u pakao, želim da znaš da je ovdje još netko s nama iz Svjetla – vjeroučitelj – koji će ti objasniti da se nemaš čega bojati dok god si spreman slijediti Svjetlo iz kojega si i potekao. Ako si odgojen u katoličkom ili pravoslavnom duhu, taj učitelj-duh je časna sestra ili svećenik. Ako si protestant, to je ministrant tvoje denominacije. Ako si Židov, to biće je rabin, ako si musliman, taj učitelj je imam. Koga god trebaš ovdje je da ti objasni kako se apsolutno nemaš čega bojati i da je tvoje mjesto u Svjetlu, a ne u ________.
[Duga pauza]
Sada je vrijeme da odeš dalje u svoj predivan novi život, u Svjetlo. Držeći se za ruke svojih voljenih koji su došli iz Svjetla i ako želiš, prihvaćajući ruku tvoga pomagača, znaj da ćeš u samo nekoliko trenutaka biti u Svjetlu koje je tu.
[Pauza]
Možda ga možeš vidjeti u daljini ili možda se ono približava prema tebi. Ono je samo na sekundu udaljenosti.
Ako te to Svjetlo iz bilo kojeg razloga zbunjuje, ako to podsjeća na bljesak eksplozije, vatre iz požara ili neke druge pojave vezane za trenutak umiranja tvojeg fizičkog tijela, slobodno se obrati tim dragim i voljenim osobama koje su ti došle pomoći i pitaj ih kakvo je Svjetlo uistinu i shvatiti ćeš da u njemu možeš nastaviti svoj život jer ti to zaslužuješ.
[Pauza]

I ti ideš u Svjetlo, pod ruku s tvojim voljenima. I u trenutku kada to napraviš, biti ćeš u tvom novom, savršenom tijelu. Kada odeš u to Svjetlo doživjeti ćeš nešto neizrecivo, tako lijepo i divno. Ono je neopisivo čudesno. Osjetiti ćeš se u potpunosti voljeno i prihvaćeno.
[Duga pauza]
Imaš prekrasan život koji čeka na tebe. Biti ćeš s puno svojih voljenih, obitelji i prijateljima koji te prihvaćaju i žele. Nećeš više biti sam kao dosad. Najgore je prošlo. Ti si sada potpuno u redu – a najbolje tek dolazi.
[Duga pauza]
Sada je vrijeme za odlazak. Zahtijevam od _________ da ti u svojim mislima oprosti za bilo koju moguću štetu koju si nanio.
[Pauza]
Primi naš blagoslov mira, svjetla i ljubavi i idi sada sa voljenim svojima u to prekrasno bijelo Svjetlo.

11. POGLAVLJE

Postupak oslobađanja

Preslušavanje skripte iz 10. poglavlja koju je ponudila dr. E. Fiore u praksi se pokazalo vrlo jednostavnim i korisnim, jer je već i nakon prvog preslušavanja znalo doći do potpuno neočekivanih reakcija. Skripta u osnovi sadrži elemente postupaka oslobađanja astralnih fragmenata koji se javljaju kao vrlo često nakačenje, na način da se pretpostavljenom astralnom fragmentu objasni njegova situacija. To prvenstveno uključuje objašnjenje da on više nema vlastito fizičko tijelo i da mu je mjesto u Svjetlu iz kojega je i došao, a gdje ga čeka nastavak postojanja koje zaslužuje. Slušanje ove skripte moglo bi biti korisno bez obzira na postojanje nekog od simptoma, jer je to jedan od mogućih načina za otkrivanje nakačenih entiteta. Slušanje može izazvati i reakciju entiteta, u smislu sviđa li mu se uopće ideja da se njime netko bavi. Točnije, na taj bi se način utvrdilo postoji li pokušaj manipuliranja domaćina, s ciljem da ga se odvrati ili omete u namjeri da provede postupak oslobađanja. Doseg preslušavanja skripte je konačan, no ako ipak izazove određenu reakciju to bi moglo olakšati i ubrzati daljnji postupak oslobađanja.

Prije konačnog izbora između pronađenih i ponuđenih mogućnosti, neke dodatne informacije mogu se pronaći u 13. poglavlju.

Priprema

Postupak oslobađanja zahtjeva pristup sadržajima iz podsvijesti do kojih se dolazi u promijenjenom stanju svijesti kojeg mogu ometati određene supstance. Stoga se najmanje dan prije samog postupka ne preporuča konzumiranje kave, alkohola, tzv. energetskih pića ili bilo kakve psihoaktivne supstance. Isto tako, preporuča se suzdržavanje od onih aktivnosti za koje se sumnja da bi mogle biti povezane sa simptomima karakterističnim za postojanje nakačenja, a koji su navedeni u 7. poglavlju.

Osobe koje imaju propisane određene medikamente u sklopu medicinskih terapija (sedativi, antidepresivi, regulatori seratonina/raspoloženja i slično) trebaju razmisliti mogu li na kratko prekinuti s njihovim uzimanjem (prema vlastitom nahođenju ili u dogovoru sa svojim liječnikom). Dijabetičari bi trebali prethodno prekontrolirati razinu šećera u krvi zbog promjene metabolizma prouzročene opuštenošću u promijenjenom stanju svijesti. Ako postoje pokazatelji da bi postupak mogao uključivati emotivne trenutke (zbog povratka u neko traumatsko iskustvo), trudnicama se isti ne preporučuje, jer bi fetus mogao emocionalnost majke tumačiti na način koji neće biti najpovoljniji za njega. Osobe sa stanjima teške depresije, anoreksije, bipolarnog poremećaja ili shizofrenije bit će nesposobne za jasno i racionalno razmišljanje jer su sklone umišljanju (fantaziranju), što bi moglo onemogućiti ulazak i rad u promijenjenom stanju svijesti. U tim slučajevima kao alternativa se nudi mogućnost rada na daljinu opisan u nastavku.

Prije samog postupka se osobama koje nose naočale ili leće preporučuje da ih odlože. Isto tako, svakako se preporuča prethodni odlazak u WC, kako se postupak ne bi nepotrebno prekidao zbog fizioloških potreba (iako se i u ovakvom slučaju može lako nastaviti gdje se stalo).

Odjeća i obuća trebali bi biti dovoljno udobni, bez ikakvih oštrih detalja i nakita, kako ne bi izazivali neugodnosti (zatezanje, žuljanje, blokiranje cirkulacije, itd.).

Mobilni i slični uređaji trebali bi biti isključeni kako ne bi ometali postupak.

Definicije

U nastavku teksta koriste se sljedeći pojmovi, koje ću ovdje obrazložiti u svrhu otklanjanja mogućih nejasnoća i nesporazuma:

- **Domaćin** – svaka osoba koja ima jedno ili višestruko nakačenje koje se koristi njenom energijom i vrši utjecaj na njen život, bila ona toga svjesna ili ne. Zbog jednostavnosti, u nastavku će se koristiti pojam domaćin za svaku osobu koja je iskazala zanimanje za postupak oslobađanja i zatražila pomoć, iako osoba ne treba nužno i imati neki nakačeni entitet.

- **Nakačeni entitet** – samosvjesno biće ili strana instalacija (npr. eterični implantat) koja se nalazi na ili unutar drugog samosvjesnog bića kojeg nazivamo domaćinom, i na kojem egzistira zahvaljujući energiji domaćina. Neki od dosada identificiranih entiteta navedeni su u 5. poglavlju.
- **Savjetnik** – poznaje postupak oslobađanja, simptome, dinamiku nakačenja i osjeća se spreman voditi i savjetovati domaćina u postupku oslobađanja.
  Važno je razumjeti da savjetnik **ne oslobađa** domaćina od nakačenja, već bića (duhovni pomagači) iz Svjetla. Sve bi se trebalo događati uz zaštitu iz Svjetla i, osim u iznimnim slučajevima, nakačenje treba i završiti u Svjetlu.
  Savjetnici koji bi tvrdili da je oslobađanje njihovo djelo, zasigurno imaju ozbiljnih problema s egom (lažnim ja), a budu li imali nesreću da se suoče s jakim mračnim entitetom, takav stav bi ih mogao doslovno doći glave. Važan čimbenik vlastite zaštite savjetnika čini njegova svijest i čistoća u namjeri i želji da se pomogne drugome, utemeljena na Ljubavi i suosjećanju.
- **Postupak** se u osnovi dijeli u nekoliko faza i temelji se na preporukama dr. W. Baldwina, koje mogu biti provedene unutar jednog susreta (seanse) ili više uzastopnih, ako je riječ o većem broju entiteta na kojima se radi.[1] Ukupno vrijeme trajanja jednog susreta u pravilu ne bi trebalo biti dulje od 2 sata.

Uvodni razgovor

Omogućuje upoznavanje domaćina i savjetnika, unutar kojeg se u osobnom kontaktu razjašnjavaju određene informacije i podaci. Isti su najčešće već prethodno razmijenjeni po osnovi npr. nekog upitnika, email-a ili telefonske korespondencije. Uvodni razgovor bi trebao sadržavati što kvalitetniji uvid za obje strane. U potpunosti trebaju biti jasni razlozi javljanja domaćina savjetniku, simptomatika i

1 Usp. Ph. D. W. J. Baldwin: *Spirit Releasement Therapy: A Technique Manual, 2nd edition,* Headline Books, 1995., str. 209

konačno način rada koji će uslijediti.

> *Postupak treba proteći u ozračju međusobnog razumijevanja, prihvaćanja i povjerenja, što su nezaobilazni preduvjeti za uspješan nastavak postupka.*

Promijenjeno stanje svijesti

Postizanje promijenjenog stanja svijesti (engl. *Altered State of Consciousness*, ASC), nužno je potrebno kako bi se omogućilo uspješno izvršavanje ostalih faza u postupku. Sadržaji s kojima će se raditi mogu se samo iznimno pojaviti u uobičajenom stanju, a i tada mogu biti samo ulazna točka prema podsvjesnim sadržajima.

U uobičajenom stanju svijesti mogu se manifestirati određene emocionalne ili fizičke reakcije, odnosno reakcije na neke izgovorene riječi ili fraze. Takve reakcije se mogu namjerno pojačati i kao takve mogu poslužiti za ulazak u promijenjeno stanje svijesti. Ovakve reakcije se mogu pojaviti za vrijeme uvodnog razgovora, što će ovisiti o vještini vođenja razgovora, ali i pristupu savjetnika koji će ih moći iskoristiti kao tzv. verbalni premosnik prema podsvijesti domaćina. Pored ovakve pobude promijenjenog stanja svijesti mogu se koristiti i emocionalni (ili afektivni) premosnik i somatski premosnik, kada se ide tragom neke tjelesne reakcije ili senzacije.

Svi spomenuti premosnici spadaju u skupinu tzv. nehipnotičkih indukcija (pobuda) promijenjenog stanja svijesti. Osim prije spomenutih postoje i vizualni i premosnik energetske pretrage (engl. *energy scan*).[2]

Većina nehipnotičkih pobuda spada u kategoriju tzv. trenutnih i/ili spontanih pobuda. Vremenski to znači da do iste može doći u nekoliko sekundi. Spontane pobude mogu biti i tzv. *flashbackovi* i *déjà vu* pojave kada na trenutak izranjaju sadržaji iz podsvijesti.

Predvidljiva promjena stanja svijesti postiže se tzv. hipnotičkim pobudama (ili kraće "hipnozom"). Ovakav ulazak u promijenjeno stanje svijesti je predvidljiv na način da dobro vođen uvodni razgovor nije preduvjet kroz koji će se doći do ključnih reakcija

2 Usp. A. Tomlinson: *Healing the Eternal Soul: Insights from Past Life and Spiritual Regression*, O books, 2006., str. 51, 53

(verbalnih, emocionalnih ili tjelesnih) koje će se u nastavku iskoristiti za pobudu promijenjenog stanja svijesti. Ovo još uvijek ne znači da hipnotičke pobude nemaju svojih preduvjeta, i istaknuti ću možda najvažniji – spremnost domaćina da se **opusti**. Iako ovo može izgledati samorazumljivo, koliko god domaćin svjesno želio biti u postupku i opustiti se, podsvjesno može imati određeni strah od hipnotičke pobude. Ovakvi strahovi ne bi trebali čuditi obzirom da je riječ "hipnoza", rekao bih, u istoj kategoriji kao "ljubav", "sreća", "zabava" ili "Bog", gdje je riječ o stavljanju u namjerno ili nenamjerno iskrivljeni ili pogrešno shvaćeni kontekst, što doprinosi daljnjoj vulgarizaciji, banalizaciji i prostituiranju takvih riječi. Bez obzira na to, danas savjetniku stoje na raspolaganju i metode koje olakšavaju premošćivanje takvih strahova i dovođenje domaćina "u radno stanje".

Posljedica nepoznavanja principa uvođenja u promijenjeno stanje svijesti hipnotičkim pobudama olakšava posao onima koji se takvim metodama svakodnevno služe kako bi nam u tako postignutom stanju nametnuli svoje ideje i poruke, a da to niti ne znamo. Nije teško pretpostaviti da je takvo što dio današnje manipulativne prakse korporacija koje nas uvjeravaju da su "naše" i da nas "vole", "našeg" bankarskog sektora koji ostavlja dojam da novce poklanja, a ne posuđuje povećavajući kreditno ropstvo, "naših" političkih i religijskih vođa koji traže naš glas i pristanak za njihove često nečovječne agende, itd.

Iz prije navedenoga jasno se nameće da će hipnotičke pobude biti kritizirane i marginalizirane kako ne bi bile shvaćene ozbiljnije od cirkuskog spektakla (tzv. scenska/binska hipnoza). Koliko je današnje razumijevanje hipnoze (tj. njenog korištenja u postizanju promijenjenog stanja svijesti) površno i pogrešno tumačeno možda najbolje govore slučajevi osoba koje su, nakon što su uspješno završile postupak oslobađanja koji je započeo upravo hipnotičkom pobudom, znale reći da one nikada ne bi dozvolile da ih netko "hipnotizira" i po njima "prčka pod hipnozom"! Razlog ovome može biti i, recimo, doživljeno iskustvo povećane budnosti i potpune svjesnosti o prostoru i svim tjelesnim osjetilima, što se kosi s ustaljenom predstavom o zombificiranom slugama pod potpunom vlašću zločestih gospodara-hipnotizera.

Otkrivanje/lociranje

Ovo predstavlja najzahtjevniju fazu cijelog postupka. Ponekad znanje, intuicija i iskustvo savjetnika može odigrati značajnu ulogu u ovoj fazi, jer će biti dovoljno zamijetiti jednu riječ, pokret tijela ili pojavu određene emocionalne reakcije na osnovu čega će moći postaviti slijedeće pitanje, koje se u nastavku može pokazati ključnim za pronalazak nakačenja. Domaćin treba sam "vidjeti", osjetiti i na neki drugi način pronaći entitet, a bilo kakva izravna sugestija od strane savjetnika je besmislena i krajnje neetična.

Korištenjem nekog od simptoma nakačenosti moguće je otkriti postojanje entiteta. Tako npr. ako domaćin ima ponavljajuće snove, noćne more ili određene fobije, može se izravno raditi na otkrivanju njihovih uzroka. Ukoliko izvorno ne potječu od domaćina, može se pokazati da su navedeni problemi prouzročeni traumatskim iskustvima nakačenog entiteta. Kod ovakvih slučajeva slijedi se trag simptoma, primjerice sna ili fobije.

> *Ovaj detalj ukazuje na još jedan važan preduvjet potreban za učinkovit rad: savjetnik koji vodi postupak treba znati razlikovati scenarije kada se pojavljuju sadržaji iz prošlih/ostalih života i pojavu traumatiziranih pod-identiteta kao uzročnika simptoma, a koji mogu biti identični onima koje bi mogli prouzročiti i nakačeni entiteti. U ovakvom slučaju ne može se nastaviti s postupkom oslobađanja koji je opisan u nastavku.*

U slučaju da izostanu pokazatelji nakačenosti, dalje se može nastaviti pretragom (skeniranjem) tijela pomoću raznih tehnika vođenih vizualizacija, što može rezultirati otkrivanjem više entiteta na različitim mjestima na i u domaćinu. Ovdje se može pokušati i s uspostavljanjem komunikacije sa Višim Ja domaćina korištenjem tzv. ideomotornog efekta i postavljanje izravnog pitanja koliko je stranih entiteta prisutno.

Postoji mogućnost da se neki entiteti prikriju, tako da će postupak trebati više puta ponoviti ili će biti potrebno koristiti više metoda pretraživanja. Isto tako, mogući scenarij je da jedan otkriveni entitet bude iskorišten u lociranju drugih koji su ostali prikriveni.

Treba razumjeti da je ovo prilično neistraženo područje te da postoji jako puno prostora za nova otkrića i usavršavanja u svrhu postizanja što boljih rezultata.

Prema nekim izvorima, pojavljivanje nekih nakačenja moglo bi biti i dio lekcije koju trebamo naučiti. Pretpostavljam da bi ovo moglo biti na neki način povezano s karmičkim dugovanjem. No isto tako je moguće da je riječ o manipulaciji tamne strane kako bi nam nakačenje postalo *prihvatljivo*. Ako je tako, tu je u igri fina manipulacija na dubljem nivou, jer čovjek je po prirodi sklon biti blagonaklon, odnosno emocionalno se vezati uz ono što mu je prihvatljivo, čak i kad toga nije svjestan. Detekcija ovakvih nakačenja mogla bi biti upitna, a ako bi se i pronašli postavlja se pitanje bi li njihovo uklanjanje imalo daljnji karmički učinak ili će oslobađanje od njih biti neučinkovito, odnosno otvoriti prostor za novo slično (ili moguće i problematičnije) nakačenje. U ovakvim slučajevima trebalo bi se pokušati posavjetovati s Višim Ja domaćina.

Diferencijalna dijagnoza

Kada je entitet pronađen, na osnovi diferencijalne dijagnoze savjetnik će odlučiti koja će se tehnika oslobađanja koristiti. Diferencijalna dijagnoza u osnovi predstavlja metodu eliminacije, koja može imati dva krajnja rezultata: prepoznavanje jedne ili više vrsta nakačenih entiteta ili neprepoznavanje niti jedne vrste, što bi značilo da se negdje u postupku pogriješilo i da bi trebalo pokušati ponoviti čitavu proceduru.

Postavljanjem prvog i osnovnog pitanja trebao bi se dobiti odgovor na to kojoj skupini entitet pripada, prema postojećoj klasifikaciji entiteta opisanoj u 5. poglavlju. Prema većini autora, u najvećem broju slučajeva može se očekivati nakačenje astralnog fragmenta.

Oslobađanje

Pronađene i identificirane entitete trebat će obraditi redom. Obrada najdominantnijeg entiteta na početku, može imati višestruke koristi. Domaćin će se riješiti najvećeg "tereta", a to može pomoći u ohrabrivanju drugih entiteta, ako ih ima više, ali i u otkrivanju novih koji se nisu mogli detektirati zbog prisustva dominantnijeg entiteta. U slučaju otkrivanja grupe ili nakupine entiteta često će biti dovoljno samo obraditi njihovog vođu ili "glasnogovornika", kojega će ostali članovi pratiti. Evo kako je to izgledalo u jednoj od seansi na domaćinu kojeg ću zvati Mira, kada je od preobraženog jakog mračnog entiteta po imenu Dijana zatraženo da locira ostala nakačenja (postupak vođen 17.09.2011.):

Denis	[...] Reci mi ima li na Miri bilo koga s kim si surađivala, pogledaj malo, imaš vremena, otići ćeš u Svjetlo uživati ćeš tamo koliko god poželiš. Nadohvat ruke ti je Svjetlo imaš još samo mali posao s nama, pogledaj još malo.
Mira	Ima.
Denis	Možeš mi reći gdje? Gdje ima?
Mira	Sakrio se.
Denis	Dobro, naći ćemo ga mi.
Mira	Trenutno joj steže srce.
Denis	Ima li ime?
Mira	Smradić.
Denis	Ima li oblik?
Mira	Mali, crni.
Denis	Dobro gledaj Dijana dalje, ima li još što na Miri možeš li mi reći? Znam da ih vidiš.
Mira	Pa ima ih još tih maleckih.
Denis	A gdje su, reci. Tako netko velik kao što si ti bila pa da nam ne može reći za te malene, gdje su? Gdje ih ima?
Mira	Ima jedan na maternici, ... na srcu, ... vratu, glavi, na leđima dvojica, u stomaku ima jedan, ...
Denis	Gdje u stomaku?
Mira	U želucu i u crijevima ima neki maleni. Ima i u mjehuru, ima tih malih. Onako ljepljivi su, onako kao neki, kao neka želatina.

Astralni fragmenti

Postupkom oslobađanja pomažemo dvjema stranama: najprije domaćinu kojeg treba osloboditi neželjenog utjecaja nakačenog entiteta, koji se može manifestirati na svim razinama njegovog bića. Međutim, tako pomažemo i entitetu, koji nakon smrti nije otišao u Svjetlo. Astralni fragment treba određeno savjetovanje kako bi mogao razumjeti što mu se dogodilo. Istom se pomaže i u integriranju traumatskog iskustva, koje je često razlog ostanka pri zemaljskom planu. Rad s astralnim fragmentom može uključivati neke od sljedećih postupaka:

- **Objašnjavanje fizičke smrti** – u osnovi znači podsjećanje astralnog fragmenta na situaciju izlaska iz tijela i potvrde činjenice da to ne predstavlja čin prestanka postojanja. Fragment se podsjeća na pojavu Svjetla u trenutku smrti vlastitog fizičkog tijela, kada možemo dobiti i informaciju o razlogu njegovog neodlaska u Svjetlo. Astralni fragment, primjerice prekinute trudnoće, zahtjeva posebnu pažnju, a Baldwin to potvrđuje sljedećim riječima:

  > "Duh preminulog djeteta je najčešće prestrašen i potpuno zbunjen. Rad s duhom preminulog djeteta je jedno od najdirljivijih iskustava i za klijenta i za terapeuta. Dijete ne razumije zašto nitko ne obraća ni najmanju pažnju na njegove pozive u pomoć pune suza. Ono se osjeća potpuno zapostavljeno, napušteno i nevoljeno."[3]

- **Rad sa strahovima** – strah koji najčešće dolazi iz neznanja i neupućenosti, vrlo je čest razlog neodlaska u Svjetlo. To može biti strah od pakla, strah od susreta sa svojim voljenima zbog sramnih postupaka u prošlom životu ili strah od prestanka egzistiranja odlaskom u Svjetlo. Fragmentu koji se već nije našao u paklenom društvu zbog prihvaćanja ponude demonskih bića u trenutku smrti, može se objasniti kako nema osnove da tamo ode (ili da takvo mjesto uopće ne postoji) i da mu je mjesto u Svjetlu. Astralni fragment indoktriniran nekim od vjerovanja propagiranim od strane vodećih religija, možda će trebati dodatnu pomoć. Ovdje se može iskoristiti prizivanje odgovarajuće figure koja je svijesti fragmenta prepoznatljiva i prihvatljiva kao religiozni autoritet, koji će mu moći objasniti

3 Baldwin, str. 247, moj prijevod

da se nema čega bojati.
Indoktrinacija temeljena na judeo-kršćanskoj i islamskoj tradiciji može biti i razlog vjerovanja da odlazak u Svjetlo znači kraj. Bez obzira što bi Svjetlo moglo označavati "rajsku" domenu, neki astralni fragmenti jednostavno su i dalje ovisni o zemaljskim iskustvima. Ne osjećaju se spremni za odlazak, pa bi objašnjenje da rođenjem ništa nije započelo niti će išta završiti smrću, odnosno u ovom slučaju odlaskom u Svjetlo, moglo olakšati daljnji rad.

- **Rad na ostalim razlozima** – osim straha i zbunjenosti, postoji niz drugih razloga zbog kojih astralni fragment nije otišao u Svjetlo, a mogu imati korijene u emocionalnim, psihološkim, pa i tjelesnim stanjima, iako je napušteno fizičko tijelo. Savjetnik ovo treba iskomunicirati s astralnim fragmentom i pomoći mu da razriješi npr. konfliktne situacije zbog neke ovisnosti, nezavršenih poslova, preostalih negativnih emocija (ljutnja, ljubomora, zavist, želja za osvetom, itd.), posljedica teških fizičkih trauma, itd. Ovo može uključivati i regresiju fragmenta u prošle živote ili povratak u fazu planiranja između dvije inkarnacije.

- **Oslobađanje od drugih entiteta** – odlazak u Svjetlo će biti onemogućeno i kada je na astralni fragment nakačen neki demonski entitet ili drugi entiteti koji ne dolaze iz Svjetla (npr. pripadaju Zemlji). Jedna od manifestacija ovakvog nakačenja može biti i opažanje Svjetla od strane astralnog fragmenta, koje nije jasno i sjajno, već postoji određeno sivilo ili prekrivenost tamnim oblacima.[4] Ako je ovo slučaj, trebat će napraviti postupak oslobađanja astralnog fragmenta, kao da je riječ o živom domaćinu. Isto vrijedi i za slučaj tzv. višestrukih ugniježđenih (engl. *nested*) entiteta, gdje treba oslobađati redom entitet po entitet.

  Zanimljiv primjer predstavlja nemogućnost odlaska astralnog fragmenta zbog nakačenja pod-identiteta žive osobe.[5] Naime, kod živuće osobe u trenutku traume može doći do snažne

4 Usp. Baldwin, str. 290

5 *Isto* str. 293

fragmentacije svijesti i odcjepljenja pod-identiteta. Ako se u blizini nalazio lutajući fragment, on se mogao iz nekog razloga (zaštita, sažaljenje, itd.) nakačiti na stvoreni pod-identitet i na njemu ostati.

- **Bližnji i voljeni** – neki astralni fragmenti javljaju da jednostavno nisu znali gdje trebaju otići (iako su vidjeli Svjetlo), ali tvrde i da se nije pojavio nitko njima poznat. Uz određenu pomoć astralni fragment će se ponovno moći susresti sa nekim tko mu je bio blizak i drag za života (iako to može nekada biti i neka životinja, a ne osoba). Ponovni poziv i pojavljivanje bližnjih i voljenih izvodi se u slučaju kad im se u trenutku smrti astralni fragment nije htio pridružiti zbog svojih uvjerenja da će od njih biti osuđen i odbačen. U ponovnom pojavljivanju, važno je da fragment osjeti atmosferu oprosta i prihvaćanja, topline i bliskosti, što će mu olakšati donošenje odluke o napuštanju domaćina.

- **Priprema pred odlazak** – neki se astralni fragmenti mogu zbog traumatske smrti osjećati prljavo, necjelovito ili nedostojno ponovnog susreta sa svojim bližnjima i voljenima i biti nespremni za odlazak u Svjetlo. Ovdje se fragmentu može pomoći u iscjeljivanju uz pomagače iz Svjetla, koji će sve iscijeliti i promijeniti sliku o tijelu u svijesti fragmenta, kako bi se osjećao spremnim i dostojnim za nastavak koji slijedi.

- **Traženje oprosta, razmjena blagoslova, ispraćaj u Svjetlo i ostavljanje mogućnosti za povratak** – u posljednjoj fazi astralni fragment bi trebao iskomunicirati traženje oprosta s domaćinom i razmjenu blagoslova (dobrih želja i darova) prije odlaska u Svjetlo. Dr. med. L. Ireland-Frey kaže da je u ovoj fazi često koristila dva stara pravila: *srebrno* – "Ne čini drugima ono što ne želiš da se čini tebi", kako bi entitet lakše zatražio oprost za svoje djelovanje, a nakon toga i *zlatno* – "Čini drugima ono što bi želio da drugi čine tebi", te kaže da je ovakav moralan savjet bio ugodno iznenađenje ne samo za neljudske entitete već i za astralne fragmente, jer ništa slično

nisu imali prilike čuti u prošlim životima.[6]
Na kraju ostaju i još dva "tehnička detalja": prvi je dobivanje eksplicitne dozvole od domaćina da se nakačeni fragment može otpustiti, a drugi je ostavljanje mogućnosti da se vrati, ako još uvijek postoji nećkanje ili/i najmanja sumnja da mu se boravak u Svjetlu neće svidjeti. Dopuštenje domaćina treba biti u skladu s njegovim slobodnim izborom, jer postoje situacije kada domaćin ipak odluči dopustiti "gostu" da ostane jer isti ima određene kvalitete (npr. neki umjetnički talent ili majstorsku vještinu) od kojih nije spreman prestati profitirati.
Savjetnik, ukoliko sam nema osobine vidovitosti, može zatražiti od domaćina da mu potvrdi odlazak astralnog fragmenta u Svjetlo kako bi bio siguran da može nastaviti dalje.

Demonski entiteti

Osnovna razlika između crkvenog egzorcizma i postupka oslobađanja očituje se upravo u postupanju s demonskim entitetima, mračnim bićima ili energijama. Ovaj postupak uzima u obzir da su i takvi entiteti potekli od Stvoritelja, iz Svjetla, i da imaju Božansku iskru u sebi. Takva bića su "pala", odmetnuvši se svojevoljno (često obmanuti zbog neznanja, znatiželje ili želje za osobnim dobitkom) od Svjetla, koje nije prestalo postojati u suštini njihovog bića. Iz raznih su razloga to zaboravili i prestrašeni kaznom Zloga, počeli su raditi sve protivno Svjetlu. Bez obzira na to, takva bi bića trebala također dobiti mogućnost povratka u Svjetlo. Ovakvo postupanje ima još neke praktične razloge: ako se demonski entitet samo istjera iz domaćina (što je konačni cilj crkvenog egzorcizma), demonski entitet će se moći ponovno vratiti istom domaćinu ili pronaći novoga koji često može biti i sam egzorcist! Više informacija o crkvenom egzorcizmu može se pronaći u 13. poglavlju.

Rad s demonskim entitetima temelji se na radu koji je ponudio Baldwin[7] i u osnovi uključuje sljedeće korake:

---

6 Usp. dr. med. L. Ireland-Frey: *Maybe Controversial? Thinking Outside One's Parameters* u: *The Journal of Regression Therapy*, Vol. XIII No. 1 December 1999., str. 63

7 Ph. D. W. J. Baldwin: *Spirit Releasement Therapy: A Technique Manual, 2nd edition*, Headline Books, 1995.

- **Traženje pomoći i zaštita scene** – zaštita cjelokupnog prostora traži se od pomagača iz Svjetla kako bi Svjetlom okružili domaćina, savjetnika, a pronađeni demonski entitet stave u neprobojni svjetlosni kavez, i tako onemoguće utjecaj drugih demonskih entiteta za vrijeme postupka. Pojavljivanje snaga Svjetla na sceni ne treba uzeti u doslovnom smislu, iako u dosta slučajeva domaćini prijavljuju pojavu Svjetla ili nekih svjetlosnih bića. Njihov dolazak može se manifestirati suptilnije, kao osjećaj prisutnosti bića ili energije koja kod domaćina izaziva umirujući osjećaj ili osjećaj neke nove snage i mogućnosti. Iskustvo prizivanja pomoći iz Svjetla može izgledati i ovako (postupak vođen 13.12.2010., slučaj skidanja pronađenog implantata):

> "Nalazim se na mjestu gdje nema boja. Ništa i nikoga ne vidim. Osjećam se kao da sam zaleđena. Unutar sam sebe i svog postojanja. Tijelo ne osjećam kao tijelo, ali ipak to sam istovremeno ja. Osjećam da mi je moguće dobiti misli s kojima mogu sama maknuti implantat. Moje su misli istovremeno i djelovanje. Ne vidim da li mi netko to govori, ali osjećam da mi se u tome pomaže. Točnije, pomoć je stigla na način da mogu to izvesti sada i sama svojim djelovanjem. Osjećam se sigurnom i u potpunosti zaštićenom."

- **Uspostava dijaloga** trebala bi omogućiti dobivanje informacija o razlogu i trenutku nakačenja, kako bi domaćin mogao izvući kakvu pouku iz toga, što bi mu moglo biti od koristi da se ubuduće pokuša ne dovesti ponovo u sličnu situaciju. Dijalog može biti na početku otežan arogantnošću, koja je tipična za mračni entitet i zbog koje će izbjegavati daljnju komunikaciju. Ovo će zahtijevati postavljanje tvrđeg pregovaračkog stava i ponešto dovitljivosti savjetnika, a moguće i dodatnu pomoć iz Svjetla na način da počinju smanjivati i tako činiti neudobnijim svjetlosni kavez u koji je entitet privremeno pritvoren. Ovdje bi se možda moglo postaviti pitanje kako to da snage Svjetla žele pomoći u ovakvom postupku djelujući tako protivno slobodne volje demona. Ovdje ne bi trebalo zaboraviti da je demon taj koji je prvi prekršio slobodnu volju domaćina kada se na njega nakačio, ili nije poštivao dogovoreno čak ako je i domaćin samovoljno sklopio ugovor s mračnom snagom.

S. Allen spominje da u ovakvom slučaju zna pokušati "demoralizirati" entitet, na način da mu objasni kako je domaćin dobro (iako to nije nužno točno) i puno snažniji nego on, te da nikada neće uspjeti u svom naumu. Isto tako, upozorava da treba voditi računa da se entitet nepotrebno ne maltretira, jer bi se time njegovo oslobađanje moglo samo zakomplicirati.[8]

- **Pokušaj transformacije** – demon je svjestan da je otkriven, što predstavlja ozbiljnu, možda i najtežu pogrešku koju je mogao počiniti svojim djelovanjem, i zna da za to slijedi kazna, koja je strašna. Nalazi se u gotovo bezizlaznoj situaciji i postoji mogućnost da zbog toga kroz domaćina manifestira svoj strah i bijes: psovanje, uvrede i prijetnje neke su od metoda koje bi trebale zastrašiti savjetnika. Na domaćinu se to može vidjeti kroz različite emocionalne, psihičke i tjelesne promjene. Strah ili kolebanje kod savjetnika bit će zabilježen od strane demona, što može dovesti u pitanje čitav ishod postupka. Ovo je trenutak kad će se demonu ponuditi dvije opcije: transformacija i ispraćanje u za njega primjereno mjesto u Svjetlu ili ostanak do daljnjega u svjetlosnom kavezu ili sličnoj tvorevini (npr. soba s ogledalima u kojoj neće moći izbjeći odraz svog mračnog lika), gdje će imati prilike razmisliti o odlasku u Svjetlo. Lako se može dogoditi da demonu niti jedna od ponuđenih opcija nije zanimljiva i na savjetniku ostaje odluka da istraje s ponuđenim opcijama, s tim da nikakva opcija povratka "svojima", ostanka u tijelu ili samo izlaska iz tijela, ne može biti prihvaćena. Nezaobilazan dio ovog koraka je upućivanje demona da ponovno otkrije svoju suštinu, činjenicu da JEST dio Kreacije; da pogleda u sebe, u svoju tamu i ispod naslaga svog nakupljenog jada i bijede vidi što se nalazi.

> *Ovdje ne dolazi u obzir bilo kakva izravna sugestija od strane savjetnika, potrebno je da demon sam pronađe božansku iskru u središtu svoga bića.*

8 Usp. S. Allen: *Spirit Release: A Practical Handbook*, O Books, 2007., str. 186-187

Pronalaženje Svjetla u samoj suštini svoga bića ima transformirajući učinak na entitet, i što je duže njegova pažnja na Svjetlu to će ga ono više ispunjavati i tako iscjeljivati njegovo biće. Isto tako, ovo za njega može biti vrlo zbunjujuće i iznenađujuće, obzirom na obmanu s kojom je živio, a vezanu za opasnosti Svjetla kojega sada pronalazi u samom središtu svoga bića.

- **Pozivanje drugih entiteta** – kada dođe do transformacije demonskog entiteta i on pristane na ispraćaj u Svjetlo, može se iskoristiti za pozivanje drugih demonskih entiteta koji su u hijerarhiji ispod ili u njegovoj razini, što može rezultirati odzivom velikog broja demona. Ne treba zaboraviti, oni se nalaze u nezavidnom položaju i tu su gdje jesu zbog obmana s kojima žive, natjerani da bespogovorno služe Zloga, a jedina "nagrada" za pokorno služenje je to što neće biti kažnjeni ili potpuno uništeni.

- **Ispraćanje u Svjetlo i čišćenje scene** – u završnici demon, očišćen od tamnih masa može biti ispraćen u Svjetlo. Kao i u slučaju astralnih fragmenata, od demonskog entiteta treba zatražiti da kaže što sada tako transformiran misli o svom prethodnom djelovanju na domaćinu i za to treba tražiti oprost.
Iako demonski entitet ne može imati nakačeni drugi entitet, ovo je zadnja prilika kad ga drugi demonski entiteti mogu pokušati zadržati i vratiti nazad. Tako će trebati obratiti pažnju na njihovo moguće lažno predstavljanje kao npr. duhovnih vodiča iz Svjetla. Na sreću, oni ne mogu zadržati takvu formu predugo i moguću prijevaru će biti najlakše uočiti prema njihovim očima (ne mogu predugo ostati svijetle i bistre). Ako je osigurano pravo vodstvo za odlazak u Svjetlo, pomagače iz Svjetla se može zamoliti da demona, kao i sve ostale mračne entitete koji su se odazvali pozivu, transformiraju, iscijele i otprate u Svjetlo. Isto tako zamoliti će ih se da očiste cjelokupnu scenu i ispune Svjetlom mjesta na domaćinu na kojima su se nalazila demonska nakačenja. Postupak završava slanjem zahvale pomagačima iz Svjetla za ukazanu pomoć.

Ostali entiteti

- **Misaone forme** nisu dio primarne Kreacije, nego su stvorene u ljudskoj ili neljudskoj svijesti i kao takve ih nema potrebe slati nazad u Svjetlo, već bi ih trebalo nakon pronalaženja rastvoriti. Misaone forme drugih živih osoba trebat će vratiti njihovim vlasnicima.

- **Implantati** – bez obzira jesu li vanzemaljskog ili demonskog porijekla njihov utjecaj na domaćina nije povoljan i trebati će ih otkloniti. Izravna komunikacija kao u slučaju astralnih fragmenata ili demonskih entiteta nije moguća, jer ovo nisu entiteti u pravom smislu te riječi (nemaju svijest), pa ih samo treba pokušati ukloniti. Ovdje će biti potrebna pomoć snaga iz Svjetla koje bi trebale prekinuti svaku vezu s tzv. kontrolnim centrima, konzolama ili nekim mjestom za nadgledanje, odstraniti implantat i zacijeliti mjesto na kojem su se nalazili.

Ispunjavanje Svjetlom i završne napomene

Postupak prilikom kojega je došlo do uspješnog oslobađanja domaćina od jednog ili više entiteta trebalo bi zaključiti (zapečatiti) ispunjavanjem Svjetlom cjelokupnog prostora domaćina i "praznina" na mjestima s kojih su uklonjeni nakačeni entiteti, kako se na ista ne bi nakačili novi entiteti ili nepoželjne energije. Ovdje se nude dvije tehnike. Smatram da je tehnika koju je ponudila Fiore sigurnija za najširi krug domaćina. Domaćin (sada bivši) trebao bi vizualizirati scenu prateći slijedeći tekst:

> "Koristeći svoju stvaralačku maštu, zamisli da imaš minijaturno sunce, baš poput sunca iz našeg sunčeva sustava, duboko u tvom solarnom pleksusu. To sunce zrači kroz svaki atom i stanicu tvoga bića. Ono te ispunjava Svjetlom od vrhova tvojih prstiju, do vrha tvoje glave i peta tvojih nogu. Ono sja kroz tebe i izvan tebe na daljinu ruke u svim smjerovima – iznad tvoje glave, ispod tvojih nogu, sa strana, stvarajući auru – sjajne, blistave bijele svjetlosti koja te potpuno

okružuje i štiti od svih negativnosti ili zla."[9]

Modi,[10] Dr. med. R. Allison, Tomlinson i Slavinski[11] spominju vizualizaciju gotovo iste scene, s tim da se "minijaturno sunce" ne nalazi u nama već iznad naše glave, što ostavlja više prostora za moguće manipulacije u slučaju da domaćin ne shvaća da je riječ o vizualizaciji spajanja s *vlastitim* Višim Ja. Tomlinson to opisuje kao dobivanje energije iz Višeg Ja koja se spušta u krunsku čakru.[12] Allison taj "izvor" iznad glave naziva "kozmičkom bezuvjetnom ljubavlju"[13] čega je Više Ja nerazdvojni dio.

Baldwin za kraj, pored zaštite Svjetlom, kao mjeru samozaštite preporuča i izgovor sljedećeg proglasa od strane bivšeg domaćina:

> "Uzimam natrag svu svoju snagu i moć s bilo kojeg bestjelesnog bića koje bi se željelo nakačiti na mene. Ovo je moj prostor i proglašavam moju nadležnost ovdje i sada. Odbijam dopustiti bilo kojem astralnom fragmentu ili entitetu da mi se približi ili se nakači na mene na bilo kakav način."[14]

Na kraju, trebalo bi uzeti u obzir činjenicu da povratak iz promijenjenog stanja svijesti nije trenutan i da može potrajati i nekoliko minuta. Stoga po otvaranju očiju reakcije na vanjski svijet mogu biti kod nekih osoba kao nakon buđenja. Iz ovog razloga u slučaju da postoji potreba za upravljanjem vozilom, preporuča se napraviti pauzu od desetak minuta.

---

9 Ph. D. E. **Fiore**: *The Unquiet Dead: A Psychologist Treats Spirit Possession*, New York, Ballantine Books, 1995., str. 138, moj prijevod

10 Usp. dr. med. S. Modi: *Remarkable Healings: A Psychiatrist Discovers Unsuspected Roots of Mental and Physical Illness*, Hampton Roads Publishing Company, 1997.

11 Usp. Ž. M. Slavinski: *Nevidljivi uticaji*, Beograd, vlastito izdanje, 2008., str. 231

12 Usp. Tomlinson, str. 184

13 Usp. dr. med. R. B. Allison: *Working with the inner self helper (ISH) during and after therapy*, u: Workshop Manual for The 12th Annual Fall Conference of The International Society for the Study of Dissociation Orlando, Florida, 1995., http://www.dissociation.com/2007/docReader.asp?url=/index/Manu als/RXWISH.TXT, viđeno: 28.01.2011.

14 Usp. Baldwin, str. 384, moj prijevod

Isto tako, preporuča se suzdržavanje od konzumacije alkohola i izbjegavanje novih stresnih situacija u okvirno, sljedeća 24 sata.

Rad na daljinu i rad s djecom

Rad na daljinu (engl. *remote releasement*) prakticirali su svi terapeuti koji su se bavili ovom problematikom. Postupak se ne izvodi izravno s domaćinom, već uključuje treću osobu koja je posrednik (medij, skener) koji se koristi za otkrivanje i oslobađanje entiteta. Ovakav rad može biti praktičan ili nezamjenjiv u nekim od slijedećih situacija kada je domaćin:

- **Dijete**, zbog realne nemogućnosti sudjelovanja (zbog pada interesa i nedovoljne koncentracije) u postupku i tumačenju sadržaja svijesti kao i mogućih emocionalnih i tjelesnih reakcija. Za djecu u ranijoj dobi (ispod 12 godina) preporučuje se isključivo rad na daljinu. Iako se u postupku standardno traži dozvola od Višeg Ja domaćina (djeteta u ovom slučaju), preporuča se i dobivanje dozvole od roditelja/staratelja bez obzira jesu li oni inicijalno zatražili izvođenje postupka.

- **Odrasla osoba koja ne može svjesno sudjelovati u postupku** – tragom rada na jednoj osobi može se dogoditi da se pronađu određeni entiteti i povezanosti s osobama koje su starije, onemoćale, više nisu pri svijesti ili bi imale poteškoća sa sudjelovanjem u postupku (npr. psihičke smetnje). Ovisno o situaciji moguće je zatražiti i njihov pristanak ili raditi po dobivanju dozvole od njihovog Višeg Ja.

- **U drugom gradu** i ne postoji mogućnost da u dogledno vrijeme pristupi postupku oslobađanja.

- **Nespreman ili trenutno neraspoloživ** – ako se za vrijeme procesa otkriju povezanosti s drugim osobama (vrlo često članovima obitelji), posebno ako je riječ o demonskoj mreži koja utječe na grupu ljudi.

- **S blokadama na očima i mozgu** – u slučaju postojanja demonskih nakačenja na ovim mjestima izravan postupak na domaćinu nije moguć, pa to može izgledati kao "traženje po mračnoj sobi", uz prateći osjećaj zbunjenosti i neodređenosti, osobito ako se entitet pritajio.[15] Primjer rada na daljinu zbog blokade na očima naveden je u 14. poglavlju (slučaj Tion).

Posrednik može biti neka osoba bliska savjetniku s kojom je već radio, te postoji potpuno razumijevanje i povjerenje, ili netko tko je blizak domaćinu (roditelj za dijete, neki drugi član obitelji, prijatelj, itd.). U svakom slučaju, prije samog rada na daljinu posrednik bi trebao biti što "čišći", kako eventualni nakačeni entitet ne bi na bilo koji način utjecao na sam postupak oslobađanja.

Baldwin je tražio od posrednika da vizualizira (stavi pred sebe) lik domaćina na kojem se radi (ne mora ga nužno poznavati) i traži dopuštenje njegovog Višeg Ja za nastavak postupka.

> *Posrednik treba zabraniti bilo kakvom entitetu koji se javlja na domaćinu preuzimanje kontrole nad njime ili njegovim glasom, on će samo ponavljati misli koje mu entitet bude prenio.*[16]

Snimanje postupka

Obzirom da se tijekom postupka domaćin nalazi u promijenjenom stanju svijesti, nedugo nakon povratka u uobičajeno stanje, dobiveni sadržaji i saznanja mogli bi imati tendenciju lakog i brzog nestajanja iz svijesti.

Iako je najvažniji dio posla napravljen na podsvjesnoj razini, ponekad postoji potreba da osoba i nakon rada može lako prizvati u svijest određene informacije koje mogu pomoći u daljnjoj analizi i novim životnim situacijama koje će se pojavljivati. Obzirom da za vrijeme postupka nije u mogućnosti voditi bilješke o onome što joj se tada učinilo važnim, pokazalo se dobrim imati snimku postupka koja bi mogla poslužiti kao podsjetnik i "okidač" za prizivanje određenih misli i informacija u svijest.

---

15 Usp. Modi, str. 427

16 Usp. Baldwin, str. 366

U slučaju da je tijek postupka snimljen, kasnije se može lakše napraviti i transkript snimke, što olakšava daljnje čitanje, proučavanje ili po potrebi prosljeđivanje drugima zbog npr. analize, dobivanja drugog mišljenja, itd.

Tijek postupka bi se smio snimati samo uz izričiti pristanak svih uključenih strana (domaćin, savjetnik i posrednik u slučaju rada na daljinu), a domaćin (i posrednik) bi trebali imati pravo povući pristanak po završetku postupka bez dodatnog obrazlaganja.

Bez obzira postoje li uvjeti za snimanje postupka ili ne, dobro bi bilo što prije nakon postupka napraviti i vlastite bilješke sa što više detalja, dok su još u živom sjećanju. Pored bilješki, bilo bi korisno pokušati skicirati one motive i scene koji su se pojavili za vrijeme postupka i ostavili određeni dojam, pa iako nisu bili izravno povezani za sam rad s entitetima. Ako pravi razlog u tom trenutku i nije poznat, tragom takvih bilješki i crteža može se kasnije nastaviti s istraživanjem podsvjesnih sadržaja i pokušati osvijestiti i razumjeti pravo značenje njihovog pojavljivanja.

12. POGLAVLJE

Dosezi

Predstavljeni postupak oslobađanja i slični postupci do sad su uspješno provedeni nad tisućama ljudi. No bez obzira na to, evidentirana postignuća nisu znanstveno priznata, a po svemu sudeći neće skoro ni biti. Razlog tome je što tzv. "tvrda znanost" insistira na materijalističkom poimanju stvarnosti, te stoga metode i rezultate oslobađanja može samo proglasiti znanstveno neutemeljenima (a oni koji smatraju da su otvorena uma u najboljem bi ih slučaju mogli proglasiti *kontroverznima*). Zbog općenito prevladavajuće materijalističke misli, ova oblast i njeni dosezi (koji se ponekad očituju na dramatične, da ne kažem čudotvorne načine) imati će puno protivnika – a ne bi smjelo biti teško pronaći odgovor i na pitanje: *Cui bono?*[1]

Omalovažavanje rezultata ovakvog postupka prirodno je očekivati iz redova npr. *klasične* psihologije/psihijatrije, koji će svojim pristupom određenim tzv. psihičkim oboljenjima (koja su često simptomi postojanja nakačenog entiteta) nekada trebati i godine rada za dobivanje vrlo upitnih krajnjih rezultata. Dr. med. S. Sagan otvoreno kaže da metode psihoterapije, od psihoanalize do regresije, mogu u najboljem slučaju pomoći da osoba osvijesti postojanje nakačenja i da se s njim nastave bolje nositi u životu, ali je jasno vidljiva njihova neučinkovitost kada je u pitanju uklanjanje.[2]

Postupak oslobađanja često može taj proces svesti na ne više od nekoliko seansi u trajanju od po par sati, što napore klasičnih postupaka čini pomalo naivnim, a ukupne troškove neopravdanim.

Druga, bitno jača opozicija, koja već ima solidnu povijest

---

1 Lat. "u čiju korist?" – pratiti "trag novca" odnosno tko profitira preporučljiva je praksa svakog istraživačkog (i detektivskog) rada kada motivi nisu očiti.

2 Usp. dr. med. S. Sagan: *Entities: Parasites of the Body of Energy*, Roseville NSW, Clairvision School, 1994., str. 27

eutanaziranja niza izuzetnih tehnika pomoći u izlječenju, je farmakološka industrija. Ona ne samo da godišnje ubire milijarde dolara od psihoaktivnih lijekova (preko 100 mil. EUR samo u Hrvatskoj 2010. g.),[3] nego svojom "inovativnošću" brine da kriteriji za početak uzimanja istih, svakim danom budu sve niži. Točnije čine nas, po svojim kriterijima, iako zdrave – bolesnima. Ovdje nikako ne smijemo zaboraviti prirodu pomoći takvih supstanci koje se bave simptomima, a nikako dubljim uzrocima. O uzrocima često postoje samo određene teorije, po kojima ispada da su (na njihovu sreću) uglavnom izvan dosega "moderne znanosti i medicine", pa je onda jedino moguće "ublažavanje i držanje simptoma pod kontrolom". U toj se situaciji "terapija" često svodi na doživotno uzimanje jednom propisanog lijeka za određeno stanje. Ovakav pristup nerijetko nas u konačnici zaista i učini bolesnima, ako zbog ničeg drugog onda zato što se vremenom broj "lijekova" povećava zbog neželjenih popratnih pojava tijekom dugotrajne terapije.

Smatram da stav Crkve ne treba posebno obrazlagati. Ona je vrlo praktična kada je riječ o psihoterapijskom radu, pa je to, po potrebi, demonsko, okultno i nekršćansko – ili je poželjni saveznik na kojega se poziva kada je riječ upravo o egzorcizmu, kako bi što manje slučajeva stiglo do njih (jer nema tog psihičkog stanja koje moderna psihologija/psihijatrija nije znala opisati u priručnicima poput američkog DSM-a).

Vratimo se na sam postupak oslobađanja i njegove pionire. Većina autora spomenutih u ovom tekstu su doktori medicine i psihijatri s licenciranim praksama u SAD. O njihovim dosezima i uspjesima na svoj način govori činjenica da su opisanu metodu profesionalno koristili desetljećima bez konfliktnih situacija i pritužbi zbog šarlatanstva, što bi po američkoj pravnoj regulaciji bilo brzo sankcionirano. Treba znati da su svi oni počeli primjenjivati ovakav postupak s iskrenom željom da pacijentima koje su susretali u svojoj kliničkoj praksi pomognu u izlasku iz stanja zbog kojih su patili oni, ali i njihova okolina. Modi u svojoj knjizi *Remarkable Healings,* koja je i

3 Potrošnja "pripravaka koji djeluju na živčani sustav" u Hrvatskoj je već duži niz godina na drugom mjestu, po čemu se bitno ne razlikuje od ostalih zemalja moderne civilizacije (Usp. HALMED: *Izvješća – potrošnja lijekova 2004-2010.*, http://www.almp.hr/?ln=hr&w=publikacije&d=potrosnja_lijekova, viđeno: 25.11.2011.)

po naslovu znakovita (Izuzetna iscjeljenja), kaže sljedeće:

> "Ne znam jesu li ti prizemljeni entiteti koje opisuju moji pacijenti stvarne ili ne. Mislim da ne možemo dokazati njihovo postojanje. Radeći kao psihijatar sa pacijentima koji se muče s emocionalnim i fizičkim problemima, jedina stvar koja mi je važna su rezultati. I kroz godine, vidjela sam zapanjujuće rezultate zbog terapije duhovnog oslobađanja. Prema mom iskustvu, gotovo 80% primarnih i otprilike 30% sekundarnih simptoma, uvjetovani su ljudskim ili demonskim nakačenjima, a njihovim oslobađanjem nestajali su i simptomi u pacijenata."[4]

Bez obzira na pozitivne terapijske učinke ovakav rad i dalje je marginaliziran i na njega "znanstvena zajednica" (obilato sponzorirana farmaceutskim korporacijama) gleda kao na egzotiku. Neki bi rekli i da se ovdje radi o "modernom šamanizmu", ne bi li se na taj način obezvrijedili njegovi dosezi (obzirom da smo programirani da na riječ "šaman" reagiramo kao na nešto primitivno i arhaično, dakle za moderno doba neozbiljno i neprikladno).

Dr. R. Allison, pionir u proučavanju poremećaja višestruke osobnosti (PVO), završio je svoj aktivan rad kao tipičan disident kojeg su kolege izbjegavale zbog njegovog nastojanja da se uzme u obzir mogućnost postojanje nakačenih nevidljivih entiteta.

Temeljem zabilježenog niza poboljšanja simptoma, iz vlastitog iskustva (i dalje još vrlo ograničenog) mogu ustvrditi da su rezultati postupka oslobađanja i više nego obećavajući i ohrabrujući, posebno ako osoba, bivši domaćin nakačenih entiteta, ohrabrena ovakvim postupkom odluči nastaviti s daljnjim sređivanjem svog psihičkog inventara i osvješćivanjem svoje duhovne suštine, a što će se reflektirati na ostale aspekte svakodnevnog života.

Baldwin u raspravi na kraju svog tehničkog priručnika navodi i rezultate svog kliničkog istraživanja o dosezima postupka oslobađanja, koji se temelje na informacijama o 62 osobe koje su mu se obratile za pomoć[5]. U više od 80% slučajeva primijećeni su simpto-

---

4 Dr. med. S. Modi: *Remarkable Healings: A Psychiatrist Discovers Unsuspected Roots of Mental and Physical Illness*, Hampton Roads Publishing Company, 1997., str. 283, moj prijevod

5 Usp. Ph. D. W. J. Baldwin: *Spirit Releasement Therapy: A Technique Manu-*

mi postojanja nakačenih entiteta. Nakon prve seanse 74% ih je prijavilo promjene vezane za stanje zbog kojega su mu se primarno javili. Baldwin spominje i nekoliko slučajeva koji vrijede puno više od samog broja u statistici, kao što su slučajevi dva transseksualca pred operacijom promjene spola od kojih se jedan nakon prvog susreta doslovce preporodio i odustao od operacije.[6] Drugi se prvotno obratio psihologinji koja je bila upoznata s mogućnošću postojanja nakačenja i koja ga je istjerala bez dobivanja prethodnog pristanka i bez ispraćaja u Svjetlo. Domaćin se osjećao preporođeno kratko vrijeme, točnije sve dok se astralni fragment žene po imenu Shirley nije ponovo vratio (prvi put mu se nakačio još dok je bio u majčinoj utrobi). Nakon toga odlučio je nastaviti s konvencionalnom seksualnom terapijom i godinama je odbijao odvajanje od Shirley. Ostaje za razmisliti: čije su to stvarno bile misli i želje? Primjer rješavanja spolne disforije daje i Fiore (vidi 14. poglavlje).

Dobar primjer dosega ovakvog postupka može biti bitna promjena u nekom ovisničkom ponašanju, posebice ako ono nije iz kategorije onih koje stvaraju tjelesnu ovisnost, što bi produžilo vrijeme oporavka zbog detoksikacije od određene supstance, pa bi tako za primjer mogli uzeti ovisnost o pornografskim sadržajima. Ovakva ovisnost može biti uvjetovana astralnim fragmentom bivšeg ovisnika o takvim sadržajima, ali prije bi mogla biti riječ o demonskom ili nekom drugom neljudskom utjecaju. Nakon uspješno provedenog procesa oslobađanja bivši domaćin može početi pokazivati potpunu nezainteresiranost ili odbojnost prema sadržajima bez kojih nije do tada mogao živjeti. Tvrdnja da "nije mogao živjeti" mogla bi se nekome učiniti pretjeranom, ali pokušajte se prisjetiti izjava osoba koje npr. cijeli život puše i istovremeno govore da bi se toga odmah riješile samo da požele, ili alkoholičara koji svoju predanost čašici opisuje sportskim ili romantičarskim atributima, ali nikako kao nešto čega se ne može osloboditi. Isto to vrijedi i za prije spomenut primjer ovisnosti o pornografiji, koju se u današnje vrijeme može konzumirati u neograničenim količinama, ali se to relativizira izjavama poput, *"ništa strašno, samo pogledam što ima novoga (na mojim omiljenim web stranicama)"*.

Naposljetku treba reći da na postupak oslobađanja nikako ne

al, 2nd edition, Headline Books, 1995., str. 421

6 *Isto,* usp. str. 425-426

treba gledati kao na panaceju, ali bi njegovi pozitivni učinci mogli napokon otvoriti novi prostor za daljnji rad i omogućiti promjene ili odustajanje od određenih obrazaca iz prošlosti, koji su izazivali neželjena stanja o čemu će još biti riječi u 15. poglavlju.

Učinci oslobađanja od nakačenih entiteta trebali bi omogućiti i dobivanje određenih uvida koji bi osobi mogli pomoći, između ostalog, i pri sljedećim postupcima:

- **Opraštanje drugima** ima poseban smisao u slučaju da se tijekom postupka pronađe npr. neka tuđa misaona forma, jer ju je takva osoba često kreirala potpuno nesvjesno, odnosno zbog neznanja. Moglo bi biti puno teže oprostiti nekome tko je svjesnom namjerom (magijski) kreirao mračnu misaonu formu. Ona bi mu se ionako u postupku trebala vratiti, a razumijevanje u kakvom je stanju takva osoba kada se odlučila na takve postupke i koju će zbog toga cijenu morati platiti trebalo bi pomoći u oprostu.
- **Opraštanje sebi**, osjećati se kao "nov", "preporođen", česta je reakcija osobito nakon oslobađanja od nekog ozbiljnijeg entiteta, ali nakon toga bi kod nekih osoba mogla uslijediti i npr. reakcija grižnje savjesti zbog pomisli na to kome su sve učinili nažao, prisjećajući se situacija u kojima nisu ispravno reagirali. Tada nisu znali da je na njihovu reakciju dijelom utjecala i neka druga svijest, a što je tijekom postupka oslobađanja postalo jasno. Ovakvo razmišljanje nema puno smisla i može biti kontraproduktivno. Oprostiti sebi, iako često vrlo težak korak, postaje vrlo važno u ovakvim situacijama, jer se treba pomiriti s time da ponekad nismo bili "svoji" (tj. ono što smo pod time razumijevali s trenutnom sviješću o sebi). Ovo je isto tako i trenutak u kojem bi bilo dobro razmisliti kako ćemo se ubuduće odnositi prema određenim ponudama i situacijama, pri čemu bi nam trebala pomoći stečena saznanja o nakačenim entitetima i njihovim utjecajima.

  Možda bi na kraju zbog naše međusobne neraskidive povezanosti na višim (nematerijalnim) planovima trebalo uzeti u obzir i da će oprost biti cjelovit samo ako obuhvati sve uključene – nas same i sve ostale. Ipak, samo intelektualno shvaćanje prije spomenutog često neće biti dovoljno i trebati će napraviti puno više da bi se ovaj oprost stvarno i dogodio. Često se čuje da je najteže oprostiti sebi i moguće da dobar razlog leži u tome što mi u stvari ne znamo koje dio nas traži razumijevanje i oprost. Ovdje bi trebalo uzeti u obzir da naša trenutna osobnost nije nužno onaj dio kojem treba oprostiti već da postoji neosvješćeni dio koji, dok se ne pronađe i oslobodi emocije krivice, neće dopuštati zaokruživanje postupka. Neki od ovih dijelova nas mogu biti (i često se pokaže da su bili) iz prošlih života do kojih će onda trebati doći nekom od metoda regresiranja u prošle/ostale živote.

- **Započinjanje novog djelovanja** – odlazak entiteta i s njime povezanih simptoma otvara mogućnost za određena djelovanja, za koja osoba može tvrditi da ranije nije imala vremena, dovoljno energije/snage, hrabrosti, itd., a što je tvrdila zbog utjecaja entiteta. Započinjanje s novim djelatnostima, osobito ako su one vezane za suštinski (duhovni) napredak i rast, zasigurno će na svoj način pridonijeti dosezanju većeg stupnja svjesnosti, pa time i zaštite od mogućih daljnjih otvaranja prema novim nakačenjima.

13. POGLAVLJE

Ostale metode i postupci

U ovom poglavlju su obrađeni postupci još nekoliko terapeuta i crkveni egzorcizam, što bi moglo pomoći u boljem razumijevanju potencijala i ograničenja pojedinih pristupa. Navedeni su i neki posebni slučajevi u kojima se primjenjuje oslobađanje, a koji nisu obrađeni u 11. poglavlju.

Rad na daljinu prema dr. I. Hickman

Dr. o. I. Hickman je isključivo radila na daljinu, tj. korištenjem treće osobe kao posrednika (ili skenera kako ju je ona nazivala), pa čak i u situacijama kada je domaćin bio nazočan u istoj prostoriji.[1] Razlog tome je, kako kaže, pitanje koliko bi u izravnom radu mogla igrati ulogu sama sugestija.

S druge strane, dr. W. Baldwin preporuča izravno izvođenje postupka oslobađanja kad god je to moguće, držeći da je učinak djelotvorniji i dugotrajniji ako domaćin sam preuzme odgovornost za svoje postupke u budućnosti, upoznat i vodeći računa o načinima nastajanja i djelovanja nakačenih entiteta.[2]

Po ulasku posrednika (za kojeg se preporuča da bude samouvjeren i izričit) u promijenjeno stanje svijesti, bilo bi zatraženo od njegove "unutarnje mudrosti" (engl. *inner wisdom*) dopuštenje za ovaj rad. Pretpostavljam da je ovdje riječ o Višem Ja posrednika. Po dobivanju dopuštenja slijedi lociranje udaljenog domaćina (imenom i trenutnom adresom) i traženje od posrednika da pošalje dio svog Višeg Ja prema domaćinu. Ovo vjerujem da treba uzeti vrlo

---

1 Usp. dr. o. I. Hickman: *Remote depossession*, Hickman Systems, 1994., str. 17

2 Usp. Ph. D. W. J. Baldwin: *Spirit Releasement Therapy: A Technique Manual, 2nd edition*, Headline Books, 1995., str. 367

simbolično, jer prema mnogim izvorima ovakva povezanost već postoji, a ovo bi više predstavljalo namjeru uspostavljanja svojevrsnog "komunikacijskog kanala". Od Višeg Ja domaćina se nakon toga traži pristanak za početak pretrage mogućih nakačenja, njihovog otkrivanja i diferencijalnu dijagnozu.

> *Entitetu se zabranjuje da napravi bilo kakvu štetu posredniku i da mu samo misaono prenese odgovore na pitanja, koje će posrednik potom izgovoriti.*

Slijedi postupak oslobađanja preuzet od Baldwina i čišćenje i ispunjavanje Svjetlom. Na kraju postupka zatraži se od Višeg Ja domaćina, da mu dopusti da se osjeća drugačije, tj. da prihvati promjenu koja će uslijediti i zbog toga ne bude na bilo koji način uznemiren ili zabrinut, odnosno da može integrirati nove emocije i potrebe koje bi mogle biti drugačije, jer više neće biti utjecaja oslobođenih nakačenja (npr. ako je domaćin bio sklon alkoholu zbog ovisnosti nakačenog astralnog fragmenta bivšeg alkoholičara, smanjivanje ili potpuno nestajanje tog poriva ne treba krivo protumačiti kao npr. znak neke bolesti).

Postupak završava provjerom posrednika (skenera) na način da pronađe Svjetlo vlastite duše i napravi ispunjavanje Svjetlom. Ako se pritom pojave zatamnjena područja, to znači da je neki od entiteta ostao, pa će trebati provesti izravan postupak oslobađanja.

Dr. S. Sagan – čišćenje entiteta (ISIS metoda)

Dr. med. S. Sagan, poznavatelj taoizma, hinduizma, akupunkture i ayurvede, razvio je postupak[3] čišćenja entiteta, za koje smatra da su u 99% slučajeva fragmenti raspadnutog astralnog tijela preminule osobe. Entiteti se trebaju očistiti i smatra da za to ne postoji alterna-

3 U knjizi o entitetima Sagan u slučaju ISIS tehnike na više mjesta upućuje da su *"proceduralni detalji iscrpno opisani na drugom mjestu"* (Sagan, str. 4) upućujući na svoju sljedeću knjigu (dr. med. S. Sagan: *Regression: Past-life Therapy for Here and Now Freedom,* Clairvision School, 1999.) u kojoj ISIS, osim što je spomenut kao osnova njegova rada, nije opisan niti ukratko, a još manje iscrpno. U kontaktu predstavnika Clairvision school za detalje o ISIS-u upućen sam na knjigu *Awakening the Third Eye,* Clairvision School Foundation, 1997.

tiva, na način da će jednostavno otići, otpasti s domaćina (prije nego li domaćin umre) jer bi za njih mogli reći da su uhvaćeni u klopku. Na nekoliko mjesta u svojoj knjizi upozorava da čišćenje entiteta nije za svakoga i da loše vođen postupak može imati i katastrofalne posljedice i za terapeuta (tzv. "konektora") i domaćina. Isto tako, na nekoliko mjesta navodi da se ISIS stanje ne postiže korištenjem hipnoze, sugestije (ako pod ovo podrazumijeva izravnu sugestiju koja može biti dio određenih postupaka), pozitivne afirmacije ili kreativne vizualizacije, već radi po principu otvaranja percepcije izravnom aktivacijom tjelesne energije.[4]

Postupak se sastoji od tri faze: detekcije, promatranja i na kraju čišćenja. Samo čišćenje ne bi imalo smisla ako se prethodno ne dobije više podataka o samom entitetu da bi se bolje razumjelo kakav je utjecaj imao na domaćina, te da se takva znanja iskoriste, kako u budućnosti ne bi došlo do novog nakačenja. Sagan naglašava da je do nakačenja došlo zato što je postojalo nešto zajedničko kod domaćina i entiteta.[5]

Detekcija

Za pronalaženje entiteta koristi ISIS,[6] vlastitu metodu za pobuđivanje promijenjenog stanja svijesti. Pronalaženje može trajati i nekoliko seansi, a kad je entitet (ili više njih) pronađen, s njim se uspostavlja komunikacija kako bi se dobilo više informacija o njemu/njima, koje će se iskoristiti u sljedećim fazama. Zašto je veći broj seansi potreban nije objašnjeno. Kada je osoba "ušla" u sebe, Sagan kaže da će entitet biti pronađen, jer je vidljivo ugniježđen na energiju (eterično tijelo?) domaćina.[7]

Za komunikaciju, Sagan navodi 20-tak različitih pitanja koja

---

4 Usp. Sagan, str. 5, 126, 153

5 Usp. Dr. med. S. Sagan: *Entities: parasites of the body of energy*, Roseville NSW, Clairvision School, 1994., str. 163

6 ISIS se temelji na tri osnovna principa: u "jedan na jedan" interakciji (engl. *Interaction*) između pomagača (koji se naziva i "konektor") i klijenta, na istraživanju unutarnjeg prostora (engl. *Inner Space*) naše svjesnosti aktivacijom energetskog centra koji se nalazi između naših očiju, i pronalaženju izvora (engl. *Sourcing*) emocija i energija prilikom pretraživanja unutarnjeg prostora (*Isto*, usp. str. 4)

7 *Isto*, usp. str. 155

bi trebala pomoći u utvrđivanju mjesta nakačenja na tijelu, njegovom izgledu, obliku, koliko dugo je već nakačen, što želi, koja mu je omiljena hrana i kako ona utječe na entitet (ovo često rezultira promjenom njegove veličine). Pitanja bi trebala pomoći i u dobivanju informacija o tome kako se entitet hrani (odakle crpi energiju), je li npr. uzročnik nekih glasova u glavi, što bi htio poručiti, je li fiksiran ili mijenja svoju poziciju u tijelu, odakle je stigao, itd. U ovoj fazi se može otkriti i ima li domaćin nekih sekundarnih dobiti od nakačenja, ili podatak o tome gdje bi entitet otišao, kada bi to mogao, ili što bi se s njim dogodilo u slučaju smrti domaćina. Pitanje "Što želiš?" smatra vrlo važnim, može se i više puta postaviti naizmjenično s drugima pitanjima, no s pitanjima u ISIS stanju ne treba insistirati, kako se ne bi nepotrebno uključio svjesni um/ego sa svojim besmislenim odgovorima.

Pitati entitet kad je došao često neće biti dovoljno, a Sagan za to nudi ISIS tehniku regresije, gdje se osoba vraća nazad u prošlost u koracima od 5 ili 10 godina do trenutka bivanja u majčinoj utrobi. Sagan govori da je boravak u majčinoj utrobi kritični period za dobivanje nekog nakačenja, pa taj period života treba detaljno istražiti.[8]

Važan princip kojega se treba držati je da se domaćinu na niti jedan način prethodno ne ukaže na postojanje entiteta ili na bilo koji način sugerira na moguće postojanje nakačenja na njemu. Do te spoznaje osoba treba samostalno doći tijekom postupka, što će iskustvo učiniti vjerodostojnijim i manje traumatičnim. Tek po otkrivanju nakačenja dopuštena je slobodna razmjena mišljenja i utisaka.[9]

Promatranje

Nakon što je entitet detektiran, slijedi faza promatranja koja obično traje dva tjedna. Sagan upozorava da u ovoj fazi ne bi ni na koji način trebalo pokušavati izgurati entitet, npr. govoreći mu da ode, jer ne samo da se s time neće ništa postići, nego postoje i dobre šanse da se entitet zbog toga prikrije, što može lako dovesti do krivog zaključka da je otišao!

---

8 *Isto*, usp. str. 161

9 *Isto*, usp. str. 153-154

Ako je prethodno pronađeni entitet nestao, to se može dogoditi iz dva razloga: ili zato što je bio fiktivna tvorevina uma ili (u 99% ostalih slučajeva) zato što se **prikrio**. U periodu promatranja, preporuča se zauzimanje neutralnog stava prema entitetu (npr. slanje ljubavi moglo bi samo učvrstiti emocionalne veze s domaćinom). Promatranjem se može naučiti dosta o samom entitetu, ali bi domaćin isto tako mogao dosta toga naučiti i o sebi, na način da svaki put kada osjeti neku emociju, želju ili požudu pogleda u sebe i promotri što je izvor toga: entitet ili on sam.

> *Sagan jasno upozorava na sklonost nekih osoba da u novootkrivenom entitetu pronađu dežurnog krivca za svoje svakodnevne nedaće.*

Ovo je neodgovorno i nepoželjno ponašanje, koje samo može umanjiti mogućnosti da se nešto nauči kroz fazu promatranja. Promatranje bi trebalo obuhvatiti sve aspekte življenja domaćina: njegov posao, osobe s kojima živi i druži se, vrijeme rekreacije, zdravstvene aspekte, prehrambene navike, itd. To bi trebalo osigurati dobivanje sljedećih informacija:

- što entitet želi, što mu se sviđa ili ne sviđa
- kako utječe na emocije domaćina, njegove želje i odluke
- što su unutar domaćina njegovi pod-identiteti, a što pripada entitetu.[10]

Čišćenje

Proučavanje nakačenja samo po sebi nije dovoljno i moglo bi stanje učiniti još težim za domaćina, ako se u dogledno vrijeme ne pristupi čišćenju (mogli bi se pojačati simptomi prouzročeni nakačenjem).[11] Čišćenje treba izvesti iskusna i pripremljena osoba, kako bi se izbjegli problemi koji mogu nastati u ovoj fazi. S postupkom ne bi trebalo brzati prije nego li domaćin dovoljno ne upozna entitet.

Entitet ne može otići samo zato što to od njega tražimo. Sagan to uspoređuje s traženjem od životinje da prestane disati i crkne, i smatra da entitet, sve i kad bi htio, ne može otići zato što:

10 *Isto*, usp. str. 164

11 *Isto*, usp. str. 162

> "Ono [entitet] je doslovno uhvaćeno u klijentovu strukturu. Određena sila je potrebna da bi se izvukao van klijentove energije. Ovo mora biti pravilno izvedeno, parcijalno čišćenje je gore nego nikakvo čišćenje: entitet koji se uspije othrvati čišćenju, čak djelomično, često postaje učvršćen i time ga je teže kasnije očistiti".[12]

Isto tako smatra da samo izbacivanje entiteta iz domaćina nije dovoljno, jer se postavlja pitanje gdje će otići, odnosno prvo mjesto na koje bi mogao pokušati otići je sam "čistač" (engl. *cleaner*). Ovdje dolazimo i do nekih kvaliteta koje bi čistač (ISIS terapeut) trebao imati, a to su:

- **Neustrašivost i emocionalna stabilnost** – ne smije biti uplašen situacijom, obzirom da entiteti mogu osjetiti energije vezane za emocije straha, itd.
- **Dovoljna razina duhovne vizije**, na način da može vidjeti što se događa s entitetom za vrijeme čišćenja, osobito gdje će entitet otići nakon izbacivanja i hoće li određeni ostaci eteričnog (energetskog) dijela entiteta biti raspršeni unaokolo.
- **Suradnja s duhovnim bićima** koja će pomoći u postupku. Ovdje nema mjesta za improvizaciju i zahtijeva se da čistač dobije neku vrstu "dozvole za čišćenje" od takvih bića, s tim što ona moraju biti iz Svjetla (bića Kristove svijesti), a ne prevaranti koji će stvarati puno vibracija i slati lažno svjetlo prema čistaču.
- **Jako dobro zdravlje** – ako je čistač dobrog zdravlja, onda će mu čišćenje entiteta dati još više energije. Ako je slab, bolestan, žalostan, emocionalno nestabilan i postoji neko curenje energije, onda čišćenje entiteta može postati opasan postupak.

Ako su domaćin i čistač spremni za postupak, isti bi se trebao odvijati u "kontroliranom" okruženju, kako ne bi došlo do zagađenja zbog mogućeg rasprskavanja "eteričnih ostataka". Sagan preporuča da se to napravi u prostoru koji po mogućnosti nije na geopatogenom čvoru, i u kojem nema drugih osoba, životinja ili biljaka (na biljkama se, obzirom da imaju eterično tijelo, također mogu zadržati

12 *Isto*, str. 166, moj prijevod

eterični ostaci entiteta). Domaćin bi se trebao ugodno smjestiti na nekoj prostirki na podu, a pored njega čistač. Nije loše da u prostoru bude upaljena svijeća.

Postupak čišćenja, za vrijeme kojega niti u jednom trenutku nema fizičkog kontakta između čistača i domaćina, sadrži slijedeće korake:

- Čistač počinje proizvoditi određeni zvuk kako bi podigao vibraciju aure domaćina. To ne mora biti nikakva posebna riječ ili zvuk, važna je energija proizvedenog zvuka.
- Uspostavlja vezu s duhovnim vodičima/pomagačima.
- Otvara Svjetlo[13] iznad svoje glave. Ovo je nešto što se ne da objasniti, ne zato što je tajno, nego zato što je jednostavno neobjašnjivo – to netko ili može napraviti ili ne. Ovo **ne spada** u domenu analitičkog uma. U ovom trenutku domaćin obično vidi izlazak entiteta i snažno preslagivanje tjelesne energije.
- Duhovni pomagači iscjeljuju entitet na način da otklanjaju njegovu potencijalnu toksičnost. Ovo traje djelić sekunde i kako se entitet približava Svjetlu, tako mijenja svoj oblik.
- Duhovni pomagači vode entitet u novo boravište, gdje više neće trebati funkcionirati na parazitski način. Ako je riječ o fragmentu, onda se rastopi u Svjetlu. Čistač isto tako može potaknuti raspršivanje fragmenta u prašinu ili astralno svjetlo.
- Domaćin i čistač ostaju nekoliko minuta nepomični, pod izvanrednim utjecajem Svjetla, nakon čega se polako vraćaju nazad (u uobičajeno stanje svijesti) i otvaraju oči.

Postupci nakon čišćenja

Sagan posebnu pažnju pridaje mogućim eteričnim ostacima, *škartu* koji može ostati po izbacivanju entiteta. Navodi da zna za neke čistače koji nisu bili svjesni ovog procesa, pa su završili ozbiljno bolesni zbog akumulacije takve energije. Najjednostavniji način da se smanji mogućnost odlaska preostale energije na neželjeno mjesto je njezino preusmjeravanje, te predlaže slijedeći trik: imati pri ruci kocki-

13 Sagan koristi pojam "Great light" (Usp. Sagan str. 169)

cu bijelog rafiniranog konzumnog šećera i ponuditi ga entitetu trenutak prije nego će biti izbačen iz domaćina![14] Tvrdi da to nije ništa novo, jer je to bila praksa u raznim tradicionalnim obredima na cijeloj planeti (spominje primjer iz hinduističke tradicije: Bhūta-śuddhi).[15] Škart je vrlo suptilan; ako čistač nije oprezan, lako može ostati nezapažen, a ovakva strana energija, ako se ne počisti, može postati tzv. perverzna energija[16] koja kratkoročno može izazvati glavobolje, zamor i slične probleme, ili može ostati uspavana i nadalje potpuno nezapažena. Dugoročno može ozbiljno ugroziti fizičko i psihičko zdravlje čistača, posebno ako se nastavi s novim nakupljanjem.

Kad je riječ o osobi bivšem domaćinu, Sagan predlaže da se odmori na par dana od istraživanja je li entitet eventualno još na njemu ili ne, obzirom da zbog preslagivanja energije u tijelu ionako neće moći puno "vidjeti", a predlaže da stavlja obloge sljedećih nekoliko dana na mjesto gdje je entitet bio pronađen. Obloge treba napraviti tako da se uzmu 3-4 sirova krumpira (po mogućnosti iz poznatog izvora, mogu se prethodno i oguliti), naribaju se i sok se koristi u oblozima koji trebaju biti debljine 1 cm. Oblog se drži do tri sata, osim ako nije riječ o predjelu oko srca ili vrha glave i čela kada bi trebao stajati oko sata i pol, nikako duže od dva sata. Za vrijeme dok je oblog postavljen ne bi se trebalo pomicati, a zadnji sat je najvažniji u postupku. Oblozi se stavljaju u tri navrata: na dan ili dan poslije čišćenja entiteta, pa 2-3 dana nakon prvog, i zadnji nekoliko dana nakon drugog. Upozorava da se oblozi ne bi smjeli stavljati **prije** nego li se entitet izbaci, opet stoga što bi ga to moglo samo uznemiriti, a što bi onda lako moglo završiti njegovim sakrivanjem.

Sagan preporučuje korištenje ovakvih obloga i u drugim prili-

---

14 *Isto,* usp. str. 170

15 Ceremonija uklanjanja duhova i drugih bića čija bi prisutnost mogla ometati ostale ceremonije i Pūjā-e (obrede darivanja). Nudi se skuta, šećer i cvijeće. Ovo je u nekim regijama poznato i kao *Bali.* Ceremonija završava bacanjem sjemenki senfa. Rašireno je vjerovanje da će razbacivanje sjemenki senfa u kombinaciji s mantrama, zaštititi prostor od zlog prisustva (Usp. Hindu blog: *Bhūta-śuddhi,* 14.10.2010., http://www.hindu-blog.com/2010/10/bhuta-shu ddhi.html, viđeno: 08.03.2011.).

16 Kod perverzne (izopačene) energije, Sagan objašnjava kako pridjev "perverzna" nije najbolji jer nas navodi na misao o nečem lošem i zlom. Riječ je jednostavno o energiji koja je na krivom mjestu, a što može rezultirati neželjenim posljedicama (Usp. Sagan, str. 32).

kama kad se želimo očistiti od perverznih energija (pretpostavljam da bi valjalo uzeti u obzir prethodnu napomenu). Za slučaj da je domaćin bila žena i da je entitet bio u području reproduktivnih organa, što je vrlo čest slučaj, predlaže vaginalete (čepiće) dr. Christophera.[17] Za kraj Sagan govori da se entitet više neće vraćati ako je na propisan način očišćen, i spominje moguće daljnje razloge za osjećanje simptoma nakačenog entiteta:[18]

1. to što je pronađeno nije entitet već tvorevina uma (ego fantaziranje)
2. postoji više od jednog entiteta (nisu svi odmah pronađeni)
3. pojavio se novi entitet (iako se to u pravilu ne događa, postoji mogućnost da se na osobu ipak nakači novi entitet). Kao jednu od visokorizičnih situacija spominje smrt u obitelji. Ako dolazi do opetovanog nakačenja, onda razlog može biti:
    - drogiranje
    - spavanje i boravak na geopatogenim čvorovima, koji imaju za čovjeka nepoželjne vibracije
    - rad kao iscjelitelj bez pravog poznavanja energetske dinamike, pri čemu se mogu pokupiti najrazličitije vrste perverznih energija
    - bavljenje magijskom praksom

Diskusija

Saganova tehnika čišćenja entiteta, obzirom da se vrši izbacivanje (engl. *Ejecting*), nalikovala bi egzorcizmu kada ne bi bilo jedne vrlo bitne činjenice, a to je da se itekako vodi računa o tome da entitet završi tamo gdje mu je i mjesto: u Svjetlu. Druga vrlo značajna i vrijedna činjenica je preuzimanje svih mjera predostrožnosti, kako os-

17 Sastojci vaginalete: jednaki dijelovi u prah smrvljene biljke *Mitchella repens*, kore *Ulmus rubra*, korijena *Rumex crispus*, korijena *Symphytum officinale L.*, korijena *Althaea officinalis* (bijeli sljez), *Stellaria media*, korijena *Hydrastis canadensis* i lišća *Verbascum thapsus*. Preporučuje se za detoksikaciju i u tretmanu cisti, tumora, neplodnosti i problema s maternicom, (Usp. dr. J. R. Christopher: *Vaginal bolus*, http://www.herballegacy.com/VB.html, viđeno: 03.08.2011.)

18 Usp. Sagan, str. 177-178

taci entiteta (eterični škart) ne bi dospjeli na drugo biće, bez obzira na njegov stupanj svjesnosti (ljudi, životinje ili biljke koje bi mogle biti u prostoru gdje se vrši čišćenje). Ovdje se ipak postavlja pitanje bi li neke od ovih radnji trebalo poduzimati kada se entitet ne bi nasilno izbacivao, i je li to razlog zašto drugi autori (Fiore, Baldwin, Modi, Hickman, Ireland-Frey) "škart" nisu spominjali i vjerojatno s njim nisu ni imali problema? Od svih spomenutih, možda je Hickmanova loš primjer obzirom da je isključivo radila na daljinu, ali npr. Ireland-Frey je započela svoju "karijeru" čišćenja po Baldwinovoj metodi u 67. godini i to regularno radila sljedeća dva desetljeća. Kakve bi mogle biti posljedice na jednoj "starici" prilikom susreta sa svom tom mogućom perverznom energijom? No, Baldwinova metoda (koja se temelji na radu Fiore i prethodnika), tretira entitet kao samosvjesno biće kojem treba neka vrsta terapije. Smatrati entitet samo "smećem" koje je ostalo po raspadu astralnog tijela pokojnika, ne mijenja na stvari dok god ta svijest, koliko god da je naizgled mehanička u svojim porivima i zahtjevima, može dobro reagirati na terapiju poput svijesti žive osobe. Vrijedi li ovdje da, ako je entitet kao cjelina (eteričnog i astralnog dijela) došao na domaćina, nema razloga da kao cjelina i ne ode dalje u Svjetlo, naravno uz pomoć snaga iz Svjetla? Sam ne može otići, ali uz pomoć i prethodnu "psihoterapiju", zašto ovo ne bi mogao biti manje opasan proces?

Kako god bilo, moglo bi se reći da je Sagan na svoj način ponudio integralnu, učinkovitu i za sve uključene sigurnu tehniku koja rješava 99% problema s entitetima. Promatranje (druga faza postupka) također je vrijedno pažnje jer osobu okreće prema samoj sebi, otvara mogućnost za prepoznavanje vlastitih pod-identiteta i omogućuje novi način percepcije vlastitog ponašanja i odnosa s okolinom.

U Saganovom pisanju jedino nisam pronašao odgovor na dva, na neki način međusobno povezana pitanja: što je s onim entitetima koji nisu astralni fragmenti, i što je s implantatima i "demonskim" napravama? Prema drugim autorima njihov broj nije zanemariv da ih se ne bi moglo tek tako staviti pod tepih ili okarakterizirati kao pokušaj stvaranja "od muhe slona". Knjiga je napisana 1994. g. i nije ništa starija od, recimo, pisanja Modi (1997.), *Encounters* od Fiore (1997.), a da ne spominjem Baldwina (1992.). Bez obzira na moguću vremešnost knjige, informacije koje se mogu pronaći na njegovim web stranicama ne daju odgovor na ovo pitanje, jer nisam uspio pronaći ništa o implantatima i napravama kojima možemo biti "obilježeni" od strane nevidljivih manipulatora (zvali ih mi demonima, vanzemaljcima ili lopticama-skočicama).

Na kraju bih se osvrnuo na jedan detalj vezan za opisanu suradnju s duhovnim bićima, a to je spominjanje postojanja svojevrsne dozvole. Zvuči pomalo čudno da bi netko iz domene Svjetla bilo što dozvoljavao ili zabranjivao nekome u radu. Ovo bi isto tako moglo protumačiti da će bića iz Svjetla biti spremna surađivati samo s "izabranima" (tj. iniciranima[19]).

Egzorcizam katoličke crkve

Kod skoro svih autora čija sam pisanja o egzorcizmu dosad uspio pročitati (neke sam naveo i u tekstovima na ovim stranicama), provlači se ideja da su u svim opisanim slučajevima imali posla ni manje ni više nego sa samim Sotonom. Ono što se u daljnjim analizama i razmišljanjima ne spominje, mogućnost je da su (ipak) imali posla s demonskim entitetima, koji su vrlo visoko kotirali u mračnoj hijerarhiji. Iz nekog razloga kao da su svi smetnuli s uma da Sotona nije jedini "pali anđeo" i da je za sobom poveo čitavu vojsku istomišljenika (ili bolje rečeno lakovjernika koji su "pali" na njegovu lažljivu ponudu). Kategorija ljudskih entiteta (astralnih fragmenata) u takvim pisanjima ne postoji, moguće i stoga što bi se time na određen način potvrdila spiritistička praksa komuniciranja s takvim entitetima.

Dr. med. M. Peck na kraju svog osvrta na dva egzorcizma kojima je prisustvovao, ostavlja barem mogućnost da su ipak imali posla s nižim demonima.[20] Bez obzira na želju demona za pažnjom/priznanjem, iz opisanih slučajeva crkvenog egzorcizma mogu se dobiti neke ideje o dinamici posjednuća (kao krajnje ozbiljnog stupnja nakačenja) i svega onoga što prati i može biti krajnji učinak ovakvog jednog obreda.

Egzorcizam u osnovi znači istjerivanje zlog ili nečistog "duha",

---

19 U sekciji 14.2 jasno upozorava da se čitatelj ne petlja s entitetima osim ako nije posebno školovan i *iniciran* da to radi (usp. Sagan, str. 152)

20 Usp. Dr. med. M. S. Peck: *People of the Lie,* New York, Touchstone, 2nd edition, 1998., str. 210

po uspomeni na djelovanje Isusa za čija čuda neki istraživači novozavjetnih tekstova govore da je u četvrtini slučajeva bila riječ upravo o istjerivanju zloduha. Tragom te prakse crkva, posebice rimokatolička, formalizirala je i postupak egzorcizma kao striktnog obreda, koji se treba primijeniti samo u slučaju stvarnih znakova posjednuća, prema simptomima određenim u 17. stoljeću.

U svakom slučaju egzorcizam je danas, barem višim crkvenim krugovima (kako to i biva u klasičnoj hijerarhiji gdje se gubi kontakt s potrebama baze), neka vrsta "vrućeg krumpira" na kojem se nitko ne želi opeći, jer bi uz njega mogli biti vezani skandali, tužbe i tragične posljedice.[21]

Crkveno odobreni egzorcizam zahtijeva posebno i izričito odobrenje mjesnog ordinarija (biskupa) koji između ostaloga treba i odlučiti je li riječ o posjednutosti koja zahtjeva takav obred. Tako se vrlo često može naići na nezadovoljstvo nižih crkvenih službenika, koji su bliži osobama koje traže pomoć, kao i samih egzorcista koji upozoravaju da se čitavoj stvari ne poklanja dovoljno pažnje. Sama pozicija i titula egzorciste je poprilično zbunjujuća – naime striktna hijerarhija, kakvom se odlikuje katolička crkva, iz nekog razloga nema pravo mjesto za ovu funkciju. Tako se vrlo često može čuti kako se neki svećenik naziva službenim egzorcistom za određenu biskupiju ili širu zajednicu, nakon čega slijed demantiranje titule "službeni" od same osobe ili iz nekih drugih centara.

Peck je mišljenja kako je općenito stajalište crkve da se drži po strani. Njihov strah od mogućih posljedica u takvim slučajevima prirodan je i osnovan, ali ne nužno i čovječan.[22]

Na svoj način o stavu crkve prema egzorcizmu govore i promjene nakon drugog vatikanskog koncila. Nakon njega u novim liturgijskim knjigama nema više nijednog egzorcizma, već su ga na određenim mjestima zamijenile molitve ili je u potpunosti izbačen. Ovo se dogodilo i s obrednim tekstom krštenja u kojem su ostale molitva za zaštitu od zla i odricanje od Sotone i njegovih djela.[23] Pri-

---

21 P. Ciocoiu: *Egzorcizam: Između religije i zakona*, SETimes.com, 2008., http://www.setimes.com/cocoon/setimes/xhtml/hr/features/setimes/blogreview/2008/03/07/blog-03, viđeno: 20.01.2011.

22 Usp. Peck, str. 202

23 J. Muller: *Demoni među nama? Egzorcizam danas*, Đakovo, Knjižnica u pravi trenutak, 1998., str. 49

je drugog koncila svatko tko se pripremao za svećenstvo primao je tzv. "niži red" egzorciste, što je potom ukinuto.[24]

Stanjem na terenu izgleda da nije zadovoljan niti msgr. M. Bolobanić jedan od (službenih?) egzorcista u nas, kada poručuje:

> "Svaka bi biskupija trebala imati svoga službenog egzorcistu. Nažalost, **rijetke ga imaju**.", te nastavlja: "Važno bi bilo da se u odgovornima u Crkvi probudi osjetljivost za ovaj sve aktualniji problem, a na temelju **zdrave nauke** koju nam prenose Sveto pismo, Predaja i Crkveno učiteljstvo, te posebno posljednji pape."[25]

Preduvjeti za egzorcizam

Prilikom odlučivanja o tome hoće li se izvesti obred egzorcizma ili ne uzimaju se u obzir sljedeći simptomi:[26]

- glosolalija – govorenje i razumijevanje stranih jezika (u duljem, smislenom govoru i odgovoru, znači ne samo puko izgovaranje riječi)
- razotkrivanje udaljenih i skrivenih stvari (vidovitost)
- iskazivanje fizičke snage koja nadilazi dob i prirodna svojstva opsjednute osobe

Čini se da je osnovni preduvjet da bi se nad osobom izvršio egzorcizam, to da je krštena, tj. obred se neće moći provesti nad onima koji nisu po tom činu postali članovi crkve. Biskup koji je po svom pozivu (formalno) egzorcist, ali se zbog ostalih poslova ne uspijeva time baviti,[27] treba odrediti svećenika koji će voditi obred.

Petersdorff kaže da su u zadnjoj verziji 12. poglavlja rimskog misala

24 Usp. K. Ninić: *Vjernik koji živi svoju vjeru zaštićen je Kristovom milošću od utjecaja Zloga,* Katolički tjednik, 2010., http://www.katolicki-tjednik.com/vijest.asp?n_UID=2791, viđeno: 20.01.2011.

25 M. Bolobanić: *Kako prepoznati zamke Zloga,* Zadar, M. Bolobanić, 2005., str. 140, zadebljanja moja

26 Usp. E. von Petersdorff: *Demoni, vještice, spiritisti: Sve o postojanju i djelovanju mračnih sila,* Split, Verbum, 2003., str. 103

27 Usp. Ninić

(lat. *Rituale Romanum*) u kojem se obrađuje egzorcizam, od strane pape Pia XII dodane samo dvije, ali kako kaže, značajne izmjene u dotadašnjem tekstu:

> "[...] jer ako je prije glasilo kako se moraju razlikovati znakovi opsjednutosti od znakova bolesti, onda se danas tome dodaje: osobito onih znakova 'psihičkih' bolesti. [...] A kod nabrajanja 'znakova' (signa) opsjednutosti ne kaže se više: znakovi 'su' sljedeći, nego samo oprezno: znakovi 'mogu biti'."[28]

Novi obrednik

Novi obrednik egzorcizma od 1998. g. ima *osuđujući* (deprikativni) i *zapovjedni* (imperativni) način, za razliku od starog obrednika (rimski misal) kod kojega je bio prisutan samo zapovjedni način. Deprikativan način je sličan onome što mi zovemo molitve otklinjanja, dok je zapovjedni način ono što bi u starom obredniku bilo izravno naređivanje zloduhu da napusti čovječje tijelo, što predstavlja sam čin egzorcizma. Prema novom obredniku, najprije liječnici (psihijatri) moraju donijeti svoj sud, a onda se, ako je potrebno, pristupa egzorcizmu.[29] Moglo bi se reći da je spomenuta izmjena za Crkvu suštinski najvažnija. Ona pokazuje da je crkva svjesna moguće štete, koja bi mogla proisteći zbog tužbi i negativnog publiciteta u slučaju egzorcizama s tragičnim krajem (kao u slučaju njemice Anneliese Michel).

M. Steiner u svom članku *O zlim dusima*, ovo dalje racionalizira/objašnjava tzv. moralnom sigurnošću da se radi o posjednuću ako su ispunjena sva tri uvjeta:[30]

- Tražiti ono što se u psihijatriji naziva *razdvojenost osobnosti*.[31]

---

28 Petersdorff, str. 103

29 I. Vikov: *Protiv djelovanja zloga*, Subotica, Hrvatska Riječ, 20.11.2006., viđeno: 20.01.2011.

30 Usp. M. Steiner: *O zlim dušama: Uz novi Obrednik o egzorcizmu*, Obnovljeni život, Vol.54 No.4 Prosinac 1999., http://hrcak.srce.hr/index.php?show=clan ak&id_clanak_jezik=2467, viđeno: 20.01.2011., str. 487-488

31 U trenutku pisanja ovog teksta korištenjem npr. tri najveće internet tražili-

U nastavku se objašnjava da je riječ o iznenadnoj "provali" druge osobnosti pa bi ovo možda moglo biti na tragu simptoma PVO (poremećaj višestruke osobnosti).

- Nužna je prisutnost pojava koja izlaze iz okvira psihologije i zalaze u sferu parapsihologije i
- Ove pojave trebaju se manifestirati na načine koji su drugačiji i suprotni od znanstvenih, i koji se ne mogu objasniti medicinskim modelom, odnosno psihološki/psihijatrijski.

Postavlja se pitanje čemu toliko insistiranje na znanstvenoj potvrdi, tj. potvrdi moderne medicine i psihijatrije kao njene grane, kad ona po definiciji **ne priznaje** nematerijalnu stvarnost? U njihovim priručnicima i priznatim teorijama ne postoje nevidljiva bića, bez obzira na njihovo moguće ljudsko ili neko drugo porijeklo. Moderna znanost završava svoje površno bavljenje čovjekom u trenutku smrti. Odlazak preko te granice jest tabu tema. Steiner se poziva na parapsihologiju kojoj je dopušteno ulaziti u ovu sferu, ali isto tako treba znati da vodeća parapsihološka istraživanja nisu usmjerena prema potvrđivanju nematerijalne sfere, već upravo obrnuto – pokušaja objašnjavanja dosad neobjašnjivog unutar okvira teorija materijalističke znanosti i zakonitostima koje vrijede za materijalnu, nama vidljivu/mjerljivu sferu! Na posljetku valja reći da je za "tvrdu" znanost parapsihologija tek još jedan primjer pseudoznanosti.

Inzistiranje na materijalističkom poimanju stvarnosti uvelo je u psihijatrijsku praksu niz nečovječnih metoda poput "terapije" elektrošokovima,[32] a izazivanje inzulinske kome ili Nobelovom nagradom nagrađena[33] lobotomija bili su neki od standardnih postupaka

ce nisam uspio dobiti niti jedan rezultat vezan za ovaj pojam (upisan s navodnicima).

32 Utjecajni američki medicinski portal opisuje elektrošokove (engl. *Electroconvulsive Therapy* ili ECT) kao sigurnu i jednu od najučinkovitijih terapija za depresiju i konstatira (žaleći?) zbog nerazumijevanja i neprihvaćanja ove metode od strane javnosti. Usp. *Schizophrenia and Electroconvulsive Therapy (ECT)*, WebMD, http://www.webmd.com/schizophrenia/guide/electroconvulsive-therapy, viđeno: 21.04.2011.

33 *The Nobel Prize in Physiology or Medicine 1949 Walter Hess, Egas Moniz*, Nobelprize.org, viđeno: 19.01.2011., razlog za dobivanje nagrade: "za njegov pronalazak terapeutske vrijednosti leukotomije [lobotomije] kod određenih psihoza". Lobotomija skrivena pod imenom *limbic system surgery* i dalje se nudi u određenim ustanovama, kao npr. Massachusetts

obrade beznadežnih slučajeva, ne u Srednjem vijeku, nego sredinom prošlog stoljeća.

Bivši egzorcist M. Martin napominje da će mišljenja kompetentnih psihijatara nekada biti bitno različita, a nepoznavanje uzroka je često samo prikriveno tehničkim nazivima i žargonom, koji nisu ništa više nego opisni pojmovi simptoma.[34]

Najpoznatiji talijanski egzorcist o. G. Amorth po pojavljivanju prvog talijanskog prijevoda Novog obrednika (original je na latinskom, službenom jeziku Vatikana) u razgovoru za lipanjsko izdanje časopisa *30 Giorni* od 2001. g. čini se da je bio prilično potresen isključivanjem egzorcističkih eksperata (poput njega), što i sam naslov članka govori: "Dim sotone u kući Gospodnjoj" (tal. *Il fumo di Satana nella casa del Signore*).[35] Amorth kaže da je Novi obrednik pretvorio čitavu stvar u farsu koja bi mogla onemogućiti egzorcistima da obavljaju svoj posao. Tu tešku optužbu argumentira apsurdnom zabranom djelovanja u slučaju bacanja čini (uroka, prokletstava), za koje govori da su uzrok traženja pomoći u 90% slučajeva. Isto tako, buni se zbog odluke da se obred ne izvršava ako nije sigurno da je osoba posjednuta, a što kaže da je nemoguće utvrditi prije nego li se egzorcizam obavi. Po njemu, takve odluke su plod ignorancije i neznanja nestručnjaka koji su sudjelovali u izradi Novog obrednika. U razgovoru proziva i kardinala Ratzingera koji je bio supokretač inicijative po kojoj bi egzorcisti mogli zahtijevati rad po postojećem starom obredniku, a koju nedvojbeno smatra neuspješnim krajnjim pokušajem da se ispravi šteta nanesena Novim obrednikom.

No, izgleda da se Amorth u međuvremenu primirio (a treba uzeti u obzir i da je Ratzinger postao ni manje ni više nego papa) što

General Hospital, http://www.massgeneral.org/conditions/treatment.aspx?id=1162, viđeno: 19.01.2011.

34 Usp. M. Martin: *Hostage to the devil: the possession and exorcism of five living Americans*, Reader's Digest Press ; distributed by Crowell, 1976., str. 12

35 S. M. Paci: *Il fumo di Satana nella casa del Signore*, Estratto del N. 6 – 2001., http://www.30giorni.it/it/articolo_stampa.asp?id=2564, kako pomoć korišten prijevod objavljen na Free Republic, 13.05.2005., http://www.freerepublic.com/focus/f-religion/1320032/posts, viđeno: 20.01.2011.

36 N. Pisa: *Pope's exorcist squads will wage war on Satan*, Mail Online, 29.12. 2007., http://www.dailymail.co.uk/news/article-504969/Popes-exorcist-

"Na sreću, Benedict XVI [Ratzinger] vjeruje u postojanje i opasnost zla – vraćajući se u vrijeme kad je bio zadužen za Kongregaciju za nauk vjere"[37]

U ovu izjavu ne sumnjam, obzirom na pedofiliju u crkvenim redovima koju je ta Kongregacija sustavno zataškavala pa bih ovdje preporučio film "Izbavi nas od zla" (*Deliver us from Evil,* 2006.) koji dokumentira pedofiliju u katoličkoj crkvi u SAD i daje iskaze stvarnih osoba. Ratzinger je svoj "prilog" problematici egzorcizma dao i zabranom tzv. "malog egzorcizma" 1985. g. (u svrhu bolje suradnje s humanističkim znanostima), jer su ga često prakticirali i (nekvalificirani) laici.[38]

Obred (Velikog) egzorcizma

Peck smatra da egzorcizam počinje samom namjerom domaćina da se riješi entiteta i njegovim traženjem pomoći.[39]

U Novom obredniku se spominje 12 faza tzv. Velikog egzorcizma, gdje je propisano kojim redoslijedom će se izgovarati određene molitve, no to je ništa više nego *okvir,* a o samom egzorcisti i njegovoj odvažnosti, znanju i iskustvu će uvelike ovisiti tijek događanja za vrijeme obreda. Na početku obrednika nalaze se i općenite napomene i upute.[40] Martin navodi da se kod egzorcizma mogu primijetiti sljedeće faze (u 9 od 10 slučajeva), koristeći nazive o. Conora, za kojeg smatra da je jedan od najvećih egzorcista:[41]

- **Prisutnost** (engl. *Presence*) – od trenutka dolaska egzorciste u prostor gdje će se obred izvoditi, može se osjetiti neka strana i nepoznata prisutnost o kojoj nema nikakvog fizičkog dokaza, ali je svi prisutni mogu nedvosmisleno osjetiti. To treba iskusiti da bi se o tome moglo pričati, njezina pozicija u pros-

squ ads-wage-war-Satan.html, viđeno: 20.01.2011., moj prijevod

37 Kongregacija za nauk vjere je suvremeni naziv za instituciju koja se nekad zvala Sveta Inkvizicija (puni naziv *Sacra congregatio Romanae et universalis inquisitionis seu Sancti officii*).

38 Usp. Müller, str. 57

39 Usp. Peck, str. 193

40 Usp. Martin, str. 460

41 *Isto,* usp. str. 17

toru se ne može definirati i to na svoj način povećava jezovitost iskustva, jer se čini da je nigdje – iako je tu. Martin to dalje opisuje sljedećim riječima:

> "Nevidljiva i nedodirljiva, Prisutnost visi prikačena na humanosti onih koji su se zatekli u sobi. Možeš se osloniti na logiku i odbaciti bilo kakvu mentalnu sliku [Prisutnosti]. Možeš reći sebi: 'Ja to samo umišljam. Pažnja! Bez panike!' I to može doći kao trenutno olakšanje, ali nakon toga, već u sljedećem djeliću sekunde Prisutnost se vraća i njezino nečujno siktanje u mozgu kao neizrečena prijetnja tebi takvom kakav si. Njezino ime i suština kao da su sazdani od prijetnje, samo da bi bila intenzivno opaka, čija je namjera usmjerena na mržnju zbog same mržnje i uništenje zbog uništenja."[42]

- **Pretvaranje** (engl. *Pretense*) – u ovoj ranoj fazi zloduh čini sve kako bi se sakrio "iza" posjednute osobe. Čini se da je nerazdjeljiv od osobnosti žrtve. Prvi zadatak egzorciste je razbijanje ove prevare, tj. otkrivanje zloduha kao odvojenog entiteta. Po razotkrivanju je potrebno dobiti ime zloduha, kako bi se s njime moglo općiti neovisno o posjednutom. Ime je vrlo često povezano s njegovim djelovanjem. Ova faza nekada može potrajati danima jer će zloduh pokušati iskoristi sve što mu je na raspolaganju kako bi ostao neotkriven. Lako može dovesti u pitanje cijeli postupak, jer progovarajući kroz žrtvu i oponašajući njen karakter i obrasce ponašanja može stvoriti lažni dojam da je osoba zapravo nevina žrtva maltretiranja egzorciste. Obred se ne može nastaviti dalje ako otkrivanje nije uspjelo. Ako egzorcist ne uspije razbiti obmanu, bit će poražen. Možda ga može zamijeniti drugi egzorcist, ali on sam više ne može ništa učiniti.
  Ova faza je puna kontradiktornosti, u jednom trenutku se ispoljava nevjerojatna inteligencija, a u drugom priglupost, izmjenjuje se osjećaj izuzetne opasnosti sa strašnom ranjivošću, što dovodi do dileme je li zloduh jedan ili ih je više. Zbunjivati može i činjenica da zloduh može koristiti najintimnije detalje iz prošlosti bilo koga od prisutnih, a s druge strane imati rupe

42 *Isto*, usp. str. 18, moj prijevod

u poznavanju najtrivijalnijih stvari koje se događaju u sadašnjosti. Ovo može biti vrlo neugodno za samog egzorcistu koji nije raščistio s bilo kakvim teškim, ali i ugodnim trenucima iz svoje prošlosti i koje bi mogli čuti svi prisutni.

> *Bilo kakvo natezanje i logično argumentiranje sa zloduhom može biti doslovno pogubno, ali iskušenje je puno prisutnije nego što izgleda.*[43]

- **Trenutak preokreta**, prijelomna točka (engl. *Breakpoint*) – ako je došlo do potpunog raspada zloduhova pretvaranja, što bi moglo biti popraćeno silovitom bujicom uvreda, izvijanjem i skakanjem posjednutog po prostoriji, pa čak i pokušajem fizičkog napada na egzorcistu. Trenutak preokreta označava novu fazu, gdje je egzorcist izložen potpunoj i teškoj konfuziji. Rijetko se koji egzorcist u ovoj fazi neće pogubiti barem na trenutak, obavijen čudnom patnjom očigledne kontradikcije u svakom smislu. Martin ovo pokušava objasniti potpunom zbrkom osjetila, pa uši egzorciste *njuše* prostote, njegove oči *čuju* uznemirujuće zvukove i krikove, a njegov nos može *okusiti* kakofoniju visoke jačine. Ovaj trenutak sije strah među svim prisutnima i paniku da će izgubiti zdrav razum, ali egzorcist je primarna meta ovog napada, on mora to istjerati svojom voljom, ali **uvijek u ime Isusa**, a pokušaj borbe u svoje ime može ga doslovno doći glave.
- **Glas** (engl. *Voice*) – od trenutka preokreta zloduh se obraća kao zasebna osobnost/identitet (ili osobnosti, ako ih je više). Sad zloduh više ne koristi glas posjednutoga, ali se zato pojavljuje novi glas koji nimalo ne zvuči kao ljudski. Taj strani glas dodaje novi sloj hladnog straha i zna zvučati kao usporena snimka normalnog glasa, uz pojavljivanje najrazličitijih efekata jeke, režanja, smijanja, urlikanja, itd. To može zvučati i kao da se riječi međusobno prelijevaju i preklapaju, što otežava razumijevanje. Kako bi se nastavilo s egzorcizmom taj glas je potrebno utišati.
- **Sudar** (engl. *Clash*) predstavlja konfrontaciju egzorciste sa zloduhom, u nastojanju da se glas stavi pod kontrolu i preuzme inicijativa. Ovo faza je jezgra borbe dviju volja i koliko god

43 *Isto*, usp. str. 19

bila bolna, egzorcist je mora isprovocirati; ako ne uspije zauzdati zloduhovu volju, to će opet značiti poraz samog egzorciste.[44] Što u ovoj fazi dobije više podataka o zloduhu, to su bolje šanse da će istjerivanje biti uspješno. Ovo može biti popraćeno jakim i otvorenim nasiljem, a posjednuta osoba na ovaj ili onaj način postaje očito svjesna što ju je zaposjelo. U nekim slučajevima postoji mogućnost da egzorcist zatraži od posjednutoga da se onim dijelom sebe koji nije pod utjecajem zloduha pridruži u borbi. Pod utjecajem razdraženog zloduha, tijelo posjednutoga može se izobličiti do neshvatljivih granica.[45] Egzorcist je također napadnut i može osjećati fizičku, psihičku i emocionalnu bol. Nekada napad može biti toliko silovit, da egzorcist počne nekontrolirano povraćati, a sve mu se učini besmislenim i potone u beznađe.[46]

- **Istjerivanje** (engl. *Expulsion*) je finalna faza u kojoj se zloduh optužuje i istjeruje iz osobe u ime Isusa. Ako je istjerivanje uspjelo svi prisutni će osjetiti promjenu u atmosferi. *Prisutnost* koja se osjećala cijelo vrijeme sada nestaje. Prije posjednuta osoba može izgledati kao da se budi iz sna, noćne more ili kome, ponekad bez ikakvoga sjećanja na ono što se događalo za vrijeme egzorcizma.

Zbivanja karakteristična za spomenute faze opisana su u slučaju egzorcizma "Djevac i Majstor za cure" u 14. poglavlju, kojeg Martin iznosi u svojoj knjizi.

Mali egzorcizam

U tekstovima vezanim za crkveni egzorcizam često se spominju i tzv. molitve za oslobođenje (engl. *deliverance*) ili molitve oslobađa-

44 *Isto,* usp. str. 21

45 Dr. med. H. Naegeli-Osjord ovo naziva *psihoplastičnim* fenomenom obzirom da dolazi do deformacija koje nije moguće opisati poznatom fizikom materijala, pa tako npr. kosti nogu mogu postati toliko uvinute kao da je riječ o gumi ili nekom sličnom elastičnom materijalu, a ne čvrstoj i krtoj strukturi. Ovaj fenomen razlog je i da se osoba može doslovce uvijati poput zmije (Usp. dr. med. H. Naegeli-Osjord: *Possession & Exorcism,* Oregon, New Frontiers Center, 1988., str. 95-96, 114)

46 *Isto,* usp. str. 23

nja, koje bi do neke mjere trebale imati egzorcistički učinak. Peck spominje da neki karizmatici koriste tzv. mali egzorcizam za istjerivanje "duha alkohola", "duha depresije", "duha osvete", često s dobrim rezultatima. Sam Peck sumnjičavo gleda na takvu praksu i traži "znanstvenu evaluaciju", pozivajući se na svog mentora koji je bio nitko drugi do M. Martin,[47] čiji je stav prezentirao crno-bijelom tehnikom, po principu ili imamo posjednuće, i time egzorcizam, ili nemamo. Za karizmatike kaže da uglavnom nemaju posla s demonima, ali i njima se ponekad dogodi da ulove pravu ribu.[48]

Dostignuća i diskusija

Egzorcizam bi se mogao usporediti s psihoanalizom, smatra Peck, s tim što je u egzorcizmu prisutna doza prisile i svojevrsnog ispiranja mozga. Takvo korištenje sile bi se gotovo moglo smatrati činom silovanja, da nema dogovora između egzorciste i posjednutoga, a toj važnoj činjenici mnogi egzorcisti često ne pridaju punu važnost.[49] To "silovanje", prema onome što je prije opisano, izgleda ipak neizbježno ukoliko se želi razotkriti *Pretvaranje* i na taj način, između ostalog, dokazati postojanje stvarnog posjednuća.

Mogućnost da stvari odu po "zlu" za vrijeme obreda su velike i to će uvelike ovisiti o samom egzorcisti – o njegovoj fizičkoj, psihičkoj i emocionalnoj pripremi, iskustvu, vjeri u ono što radi i snalažljivosti u situaciji, na koju se stvarno gledajući, čovjek ne može u potpunosti pripremiti jer ne zna što ga očekuje. Osim očekivanja potpuno neočekivanih stvari, stanja i djelovanja svih koji su uključeni u obred, Peck kaže da bi pokušaj egzorcizma mogao propasti u slučaju kad je energija demona jednostavno prevelika, pa se prisutni s njom ne mogu nositi. Pretpostavlja i da bi stvar mogla propasti zbog nepostojanja prave želje u posjednutoga da se riješi demona, a njegovo stanje bi se nakon toga moglo dodatno pogoršati pa i biti kobno.[50]

Ako dođe do istjerivanja demona i popravljanja sveukupnog stanja,

---

47 Usp. dr. med. M. S. Peck: *Glimpses of the Devil*, New York, Free Press, 2005., str. 11

48 Usp. Peck (1998.), tekst fusnote na str. 193

49 *Isto*, usp. str. 187

50 *Isto*, usp. str. 188

postoji određena mogućnost pojave recidiva. Martin se pita zašto se zloduh toliko muči da ostane u posjednutom,[51] te u nastavku to pokušava objasniti pozivajući se na biblijski tekst:

> "Kada je Isus istjerivao nečiste duhove, ti duhovi su pokazivali zabrinutost gdje bi mogli otići. U slučaju za slučajem, kao i u nekoliko egzorcizama u ovoj knjizi (obradio je ukupno pet slučajeva, op. a.) jadikuju i nariču i u boli pitaju: 'Gdje ćemo otići? I mi bi isto trebali imati prebivalište. Čak nam je i Razljućeni (Isus, op. a.) dao mjesto među svinjama. Ovdje, ... ovdje više ne možemo ostati'."[52]

Dalje opisuje kako zlodusi teško odustaju od "staništa" koje su dobili uz voljni pristanak domaćina, a spremni su riskirati i umorstvo svog domaćina, samo kako bi sačuvali svoju poziciju. Postavlja se pitanje što je razlog tome, odnosno koliko se to poklapa s iskustvima npr. Baldwina ili Modi i tvrdnjama da će demon biti drakonski kažnjen od viših u mračnoj hijerarhiji, zbog toga što je otkriven i istjeran i nije ispunio svoj zadatak ostajući uz žrtvu.

Uspoređujući crkveni egzorcizam s ostalim postupcima, osnovna razlika se svodi na to da egzorcist ne uzima u obzir (tj. ne smije, jer to obrednikom nije dozvoljeno) da su demoni "pali anđeli", pa ne postoji niti mogućnost razmišljanja da se, kao što se može pomoći posjednutoj osobi, i demonu može dati prilika za povratak svom izvoru: u Svjetlo. Jednom riječju, egzorcizmu nedostaje Svjetlo (što možda na svoj način pokazuje koliko manjka i cijeloj instituciji), a kad ovome pridodamo činjenicu da je to "laički" rečeno čin **proklinjanja** (upućeni koriste diplomatski izraz "zaklinjanje"), što po suštini potencira "govor mržnje" i nasilnost, ne bi trebalo čuditi kakvi sve mogu biti ishodi ovakvog postupka.

Ipak, čini se da su ljudi bliski ovoj problematici, koji su preživjeli veliki broj izravnih suočavanja sa mračnim silama u namjeri da pomognu posjednutima, bar intuitivno shvatili da ako već takve pale anđele (uz Isusovu pomoć i pomagačima iz Svjetla) ne mogu vratiti među one koji su ostali u Svjetlu, da ih ne trebaju osuđivati na "paklenu jamu", nego pokušati poslati na primjerenije mjesto, pa tako

51 Usp. Martin, str. 21

52 *Isto*, str. 22, moj prijevod

npr. Amorth kaže:

> "Ja ih uvijek prisilim da im odredište bude u podnožju križa Isusa Krista, jedinog suca."[53]

Ovo izgleda kao vrijedna preporuka za egzorciste, a vrlo moguće i sasvim dovoljan razlog što je Amorth još uvijek živ i može reći da mu se recidivi rijetko događaju.[54] Ako ništa drugo, ovo je dobar način zaštite samog egzorciste jer je on, uz ostale prisutne za vrijeme egzorcizma, prvo moguće odredište istjeranog demona.

Egzorcizam po metodi H. Naegeli-Osjorda

Dr. med. H. Naegeli-Osjord studirao je psihijatriju, neurologiju, kirurgiju i internu medicinu i dugi niz godina imao vlastitu privatnu praksu kao psihijatar i psiholog. Pored prirodnih znanosti zanimao se i za područja parapsihologije i metafizike. Njegova metoda[55] je dobar primjer pokušaja osuvremenjivanja crkvenog egzorcizma na način da je uzimao u obzir i ljudske entitete (kao što su astralni fragmenti) i činjenicu da su demonski entiteti Božja kreacija i da ih se može vratiti u Svjetlo. Raskol između Dobra i Zla prisutan u crkvenom egzorcizmu držao je predrastičnim jer vodi u bitku za nadmoć lišenu ljubavi i razumijevanja. Između ostalog proučavao je egzorcistički rad filipinskih iscjelitelja kao i Afro-brazilski sinkretizam i držao je da bi s psihoterapijskog stajališta trebalo koristiti mješavinu kršćanskog i animističkog egzorcizma.[56] Svoju metodu koristio je u radu s klijentima kao dodatak uobičajenim psihoterapijskim metodama.

Za svoju metodu kaže da se, uz određene preduvjete, može izvoditi u liječničkoj praksi. Prvi korak je doznati što je više moguće o anamnezi (povijesti stanja) poremećaja kao i osobnosti domaćina.

53 G. Amorth: *Izvješća rimskog egzorcista*, molitve.info, 15.09.2009, http://www.molitve.info/index.php/Izvjesaa-rimskog-egzorcista/Page-7.html, viđeno: 19.01.2011.

54 *Isto*

55 Usp. dr. med. H. Naegeli-Osjord: *Possession & Exorcism*, Oregon, New Frontiers Center, 1988., str. 63-65

56 *Isto*, usp. str. 121-122

Domaćin mora biti u stanju kritički rasuđivati, biti samodiscipliniran i pripravan za postupak i odobriti ga. U slučaju mlađe osobe zahtijevao je pristanak barem jednog roditelja, a u slučaju osobe u braku tražio je pristanak partnera. Ako je ikako moguće samom postupku bi trebala biti nazočna majka djeteta ili partner ako je riječ o oženjenoj osobi. Nadalje, domaćinu treba objasniti prirodu pojave nakačenja i suprotstaviti se mogućim racionalizacijama ove pojave. Također, liječnik bi trebao naglasiti važnost vođenja urednog i smislenog života kao i usredotočenost na osobne pozitivne duhovne vrijednosti i rad na njihovom daljnjem razvoju, pa i onda kada bi to moglo zahtijevati određena odricanja i žrtvu.

Naegeli je dotakao i pitanje honorara za ovakav rad. Drži da bi ga liječnik eventualno trebao prihvatiti u slučaju postojanja i produžene psihoterapije, ali i tada kao vrlo skroman prilog. U radu s osobama koje sumnjaju u cijeli postupak ili u liječnikovu gramzljivost preporuča da se ne uzima nikakav honorar.

Upozorava da liječnik ne bi trebao provoditi više od 2-3 ovakva egzorcizma dnevno i ne više od 10 tjedno zbog intenzivnog energetskog angažmana. Sam Naegeli je imao pri ruci i blagoslovljenu vodu i svijeću dobivenu od pouzdanog svećenika kao i ikonu arhanđela Mihaela koju mu je poklonila jedna, kako kaže, etična i poštovana gospođa.

Sam postupak počinje smještanjem domaćina u udobnu fotelju u kojoj se može opustiti nekoliko minuta i pripremiti za daljnji rad. Domaćin bi se u nastavku trebao pridružiti moljenju Očenaša koji bi trebao izgovarati s posebnom predanošću, što bi moglo biti zahtjevno u slučaju postojanja jakog mračnog entiteta. U nastavku Naegeli otkriva kako je uključio i bioenergetsku komponentu u svoj rad. Držao bi ruke iznad domaćinove glave i pomicao ih prema ramenima na udaljenosti od nekoliko centimetra što bi izazivalo osjećaj topline. Srednji prst lijeve ruke uperio bi prema sedmoj (Sahasrara) čakri. Istovremeno bi srednji prst desne ruke bio nad šestom (Ajna) čakrom i u tom bi položaju ostali otprilike pola minute, za vrijeme čega bi domaćin, ako bi imao neke medijumske sposobnosti, često vidio boje. Nakon ovoga slijedi proglas koji nema krutu i nepromjenjivu formu, već je u skladu s psihičkom situacijom domaćina.

Iako je tekst proglasa obojen vjerskim elementima (sam Naegeli navodi da nije bio katolik niti se izjašnjava kao pripadnik neke druge konfesije) on je sročen u duhu razumijevanja, prihvaćanja i objašnjavanja situacije entitetu možda prisutnom na domaćinu, za razliku od proklinjanja, zastrašivanja i demonstracije sile čime se odlikuje crkveni egzorcizam. Tekst sadrži i stvaranje zaštite i davanje snage u ime Sv. Trojstva, arhanđela Mihaela i osobnog anđela čuvara kako bi domaćin mogao ostvariti božanske ciljeve. Obzirom da ova metoda ne uključuje detekciju vrste nakačenja, tekst sadrži obraćanje kako mogućim astralnim fragmentima tako i demonskim entitetima. Važan detalj jest objašnjavanje demonskom entitetu njegove stvarne prirode i potrebe odlaska u Svjetlo, čime se izbjegava mogućnost nakačenja na drugu osobu. Tekst završava izjavom da nakačenje nema više što raditi na domaćinu koji pripada Isusu Kristu.

Nakon izricanja proglasa izdaje se naredba koja predstavlja sam čin egzorcizma, pri čemu se entitetu naređuje da sada napusti domaćina u ime Sv. Trojstva. Slijedi trostruki znak križa, kratko zadržavanje ruke nad glavom domaćina i završna gestikulacija koja sugerira istjecanje (energije) iz glave u svim smjerovima. Naegeli preporuča i kratku molitvu zahvale, posebno u slučaju religioznih domaćina, uz napomenu da se čitav postupak može ponoviti nekoliko puta, kao u slučaju crkvenog egzorcizma. Naegeli je tražio od arhanđela Mihaela i njegovih anđela dodatnu zaštitu domaćinove aure kako bi bila neprobojna za vanjske utjecaje.

Egzorcizam po metodi E. Maureya

Metoda E. Maureya zahtjeva korištenje viska kao instrumenta, a postupak naziva egzorcizmom, iako se u potpunosti razlikuje od crkvenog obreda i ne istjeruje nasilno otkriveni entitet. Ova dva egzorcizma se razlikuju i po vrsti entiteta koje uzimaju u postupak, pa tako Maurey isključivo priča o astralnim fragmentima (u njegovoj terminologiji *earthbound spirits*) i isključuje postojanje demonskih entiteta, dok se crkveni bavi isključivo demonima (zlodusima, nečistim duhovima) i ne ostavlja mogućnost za postojanje astralnih fragmenata.

Ovdje bih htio navesti jedan moguće dobar primjer koliko naša vjerovanja mogu utjecati na poimanje svijeta oko nas. Naime,

Maurey kao spiritista i teozof[57] ne priznaje postojanje demona. Zahvaljujući takvim uvjerenjima, činjenicu da ga je na početku njegova rada jedan entitet gotovo ubio, interpretira samo kao sukob s vrlo "negativnim" astralnim fragmentom, ali nikako demonom. Demoni, ili što god to bilo, a dolazi s tamne strane, jednostavno ne postoje u njegovom sustavu vjerovanja, pa mu onda demon nije ni mogao skoro doći glave. Entitet je pronašao na masovnom ubojici koji je do tada ubio 41 osobu![58]

Maurey je kao osnovu uzeo korištenje viska prema B. Coxu koji je svoju metodu opisao u knjizi *Techniques of Pendulum Dowsing* (Tehnike rašljanja viskom), a između ostaloga navodi da tajna uspješnog rašljanja leži u sposobnosti osobe da zadrži u mislima precizno postavljeno pitanje.[59] Čistoća upita je od suštinske važnosti, a neprecizna pitanja rezultirat će konfuznim odgovorima. Pitanje treba biti stalno prisutno u umu onoga koji pita, a pitanja treba postavljati jedno po jedno – istovremeno postojanje više pitanja najčešće vodi do zbunjujućih informacija. Isto tako, ohrabrujući one koji bi se željeli ovim baviti, napominje da svi oni koji tvrde kako je rašljanje dar dan samo izabranima – čine to isključivo iz vlastitog egocentrizma. Smatra da samo neki ljudi mogu ovu vještinu razviti brže od drugih.

Komunikacija viskom temelji se na postavci da se pomoću njega može posegnuti u podsvjesni um, a preko podsvijesti možemo doći do sadržaja iz nadsvjesnog uma (Višeg Ja) osobe koji je povezan s Izvorom svih informacija. Smatram da ovdje možemo reći kako se "samohipnozom", odnosno meditacijom (držanjem pažnje) na postavljeno pitanje inducira promijenjeno stanje svijesti u osobe, iz kojega onda može dobivati odgovore iz nadsvijesti (Višeg Ja). Obzirom da nadsvijest ne poznaje govor, već komunicira na simboličan način, u ovom slučaju moguće je uspostaviti komunikaciju tako što Više Ja preko podsvijesti uvjetuje način kretanja viska, ovisno o odgovoru koji može biti u jednostavnom obliku kao "Da" ili "Ne".

Maurey je koristio sljedeće znakove u komunikaciji viskom:

57 Usp. Maurey, na koricama knjige u sekciji "O autoru" spominje se njegovo članstvo u Teozofskom društvu, Wheaton IL

58 Usp. Maurey, str. 120

59 *Isto*, usp. str. 98

okretanje viska u smjeru kazaljke na satu označavao mu je "da" odgovor, a obrnuti smjer značio je "ne".

Uz to je koristio "grafikon za parametarsku analizu" W. J. Fincha (*The Pendulum & Possession*, 1975.), kojim je dobivao nešto više detalja ravnajući se prema stupnju otklona viska. Egzorcizam bi provodio kad nije bio emocionalno rastresen, a počeo bi s neometanim opuštanjem u svojoj fotelji, pri čemu bi za početak doznao nešto više o osobnosti osobe nad kojom je trebalo izvršiti postupak. Osoba je uvijek bila udaljena (nekada i tisućama kilometara), a često je nikada ne bi ni upoznao, već je radio na temelju dobivena imena i prezimena, što je trebalo biti dovoljno za uspostavljanje veze na "nadsvjesnoj" razini.

Potvrdan odgovor na jednostavno pitanje "je li osoba posjednuta?" dovoljan je da se nastavi s egzorcizmom. Nakon što bi ustanovio broj i vrstu entiteta, zatražio bi dozvolu od Višeg Ja osobe da može izvršiti egzorcizam. Vrstu entiteta treba uzeti s određenom dozom rezerve, obzirom da je Maurey baratao samo s različito stupnjevanim "pozitivnim" ili "negativnim" astralnim fragmentima. Osim provjere same osobe, kad bi bio u mogućnosti provjeravao bi i prostor u kojem osoba prebiva, kao i bliske osobe kako bi ustanovio imaju li one određeni utjecaj na osobu.[60] Ističe da je u ovom poslu vrlo važno voditi bilješke o stanju osobe kroz više mjeseci pa i godinu dana, kako bi se moglo ustanoviti je li došlo do poboljšanja situacije. Priznaje i da se ipak puno bolja ocjena osobnosti može postići ako se unaprijed dobije nešto više informacija o osobi, što omogućuje postavljanje puno izravnijih pitanja.

Ukratko, egzorcizam se sastojao od sljedećih 5 faza:[61]

- Korištenjem viska provjerio bi je li osoba posjednuta.
- Preko Georgea, njegovog prijateljskog duhovnog vodiča, objasnio bi entitetu njegovu situaciju – da je mrtav i da više ne pripada zemaljskom planu. Dao bi mu do znanja da sad smeta drugoj osobi i da je mora napustiti.
- Pozvao bi entitet da pronađe prijateljske duhovne vodiče koje prepoznaje i u koje ima povjerenja (netko bivši iz obitelji, kru-

60 *Isto*, usp. str. 103

61 *Isto*, usp. str. 123-124

ga prijatelja ili neki učitelj).

- Objasnio bi entitetu sve prednosti i mogućnosti koje su pred njim na mjestu na koje bi trebao otići.
- Uljudno bi zamolio entitet da ode, a ako bi sumnjao da postoji neki razlog zašto ne bi želio otići, doveo bi ga u neizdrživu situaciju. Vođen mišlju da svojom vizualizacijom možemo kreirati bilo što, stavio bi ga u tijesnu crnu kutijicu i ostavio mu dva izbora: da se uputi s vodičem ili da ostane u takvoj kutiji beskonačno.

Smatra da egzorcist ni po koju cijenu ne bi smio ovo raditi u prisustvu osobe na kojoj se radi iz sljedećih razloga:

- Osoba obuzeta entitetom mogla bi naglo postati nasilna.
- Entitet bi mogao proniknuti egzorcistu, odbiti poslušnost i ostati u osobi.
- Sam egzorcist može postati žrtvom oslobođenog entiteta i tako postati posjednut.

Ipak, izgleda da postoji jedan izuzetak prije spomenutog pravila, a to je kad egzorcist traži od drugog egzorciste da ga počisti, što može učiniti na daljinu ili u prisutnosti osobe.[62] Zašto u ovom slučaju ne bi mogle postojati gore spomenute opasnosti, nije objašnjeno.

Maurey kao ograničenje navodi emocionalnu komponentu koja može vrlo često pratiti rad na bliskim osobama, gdje bi naši trenutni osjećaji prema toj osobi mogli ozbiljno ugroziti ono što će visak pokazivati, pa će rezultati biti uvjetovani našim emocijama, a ne stvarnim stanjem.[63]

Zanimljivi detalj koji Maurey spominje, a ide tragom rada dr. E. Jastrama, jest to da u slučaju postojanja nakačenog entiteta komunikacija između podsvijesti i nadsvijesti može biti u potpunosti blokirana. Ovo bi bilo svakako zanimljivo dalje istražiti i usporediti s nalazima dobivenim npr. skeniranjem čakri, koju je kao jednu od metoda detekcije koristio Baldwin.[64]

---

62 Usp. Maurey, str. 131

63 *Isto*, usp. str. 104

64 Usp. Baldwin, str. 235

Procesuiranje entiteta prema Ž. M. Slavinskom

Slavinski je autor koji je prisutan na ovim prostorima već duže vrijeme s različitim metodama, koje naziva *Spiritualnim tehnologijama,* među kojima nudi i procesuiranje entiteta. Uvrstio sam ga ovdje prvenstveno zbog nekih njegovih zanimljivih i neobičnih pojmova, koji su možda rezultat mješavine različitih psiholoških pravaca koje je proučavao, ili upućenosti u okultno-magijske prakse ovog bivšeg Scijentologa.

Prema Slavinskom, entitet može biti sve ono što ima individualnu egzistenciju i svijest,[65] a kao primjer daje pjesmu ili melodiju koja nam "uđe u glavu" i može nam se vrtiti satima protiv naše volje. Isto tako, na postojanje nakačenja novog ili buđenja postojećeg entiteta u osobi mogu nam ukazivati izjave poput npr. "U toj situaciji kao da to nisam bio ja".[66] Kad se postojeći entiteti mogu aktivirati, objašnjava i sljedećim riječima:

> "[Kad se] osoba očisti na svojoj Ja-poziciji, do tada uspavani Entiteti počinju se buditi u pročišćenom energetskom polju, koje djeluje na njih kao da se u auri upalilo svijetlo. Ta pojačana energija njih pokreće na aktivnost i oni počinju ispoljavati svoje do tada latentne programe."[67]

Slavinski kaže da je bit rada s entitetima u pregovaranju, objašnjavajući kako oni često samo žele da ih netko saslušа, jer ih je njihov domaćin stalno ignorirao. U nastavku objašnjenja pojavljuju se zanimljivi detalji: ako ih saslušamo i prema njima se ljubazno ponašamo, te potvrdimo njihov značaj i vrijednost, oni će promijeniti svoje ponašanje i otići svojim putem kako bi nezavisno ostvarili svoj razvoj ili *"počeli neku drugu vrjedniju i višu igru ili čak postali naši prijatelji, pomagači i saveznici".*[68]

Kod Slavinskog u kontekstu priče o entitetima kao nakačenjima možda bi moglo zbuniti korištenje pojma entitet za ono što nije i

---

65 Usp. Ž. M. Slavinski: *Povratak jednosti: Principi i praksa spiritualne tehnologije,* Beograd, vlastito izdanje, 2005., str. 156

66 *Isto,* usp. str. 158-159

67 Slavinski (2005.), str. 160

68 *Isto,* usp. str. 161

što jest dio osobe (npr. pod-identiteti), kao i to što je svima ponuđeno isto: da se integriraju s osobom (primarnom svijesti/identitetom) ili da odu dalje. Kao moguća destinacija u slučaju odlaska ponuđena je u prvoj knjizi Praznina, a u drugoj je ovo nadopunjeno i Svjetlom.[69]

Isto tako, mogao bi se steći dojam da su svi entiteti "dobri", što ako bi dovoljno "daleko" prevrtili film vrijedi i za "pale anđele", odnosno bilo kakve mračne entitete, a koji su dio sveukupne kreacije – kao što su to npr. lisice i kokoši, s time što eto lisice jednostavno po svojoj prirodi "rade o glavi" kokama. U nastavku postoji još jedna kontradikcija (ili samo slabo objašnjena situacija), gdje se spominje da, kako god ciljevi i htijenja entiteta na početku procesuiranja prividno izgledali loše, na kraju ipak možemo otkriti pozitivno usmjerenje **svakog** entiteta. U nastavku objašnjava da svaki učinak entiteta ne mora biti pozitivan, pa ga iz toga razloga i preusmjeravamo prema višim i prihvatljivim ciljevima. Možda je samo riječ o refraziranju poželjne magijske prakse transformacije, kako to okultist P. Hine naziva, "osobnih demona", za koje bi bilo poželjno da ih, kada su već tu, možemo i identificirati, da ih navedemo da rade za nas umjesto protiv nas.[70] Za uspješno procesuiranje navodi slijedeće važne napomene:

- Entitet treba promatrati kao odvojeni dio domaćina i tako mu se obraćati.
- Entitet ne treba doživljavati kao osobu i ne mora imati čovjekoliko obličje (ne daje primjer nečovječnog oblika).
- Treba dobiti svojstva ovog univerzuma (npr. lokaciju, veličinu, boju, oblik, težinu, itd.).
- Ne miješati logiku (intelekt) u rad (prednost daje emotivnoj strani).
- Komunikacija s entitetom je uvijek izravna, kao u slučaju obraćanja drugoj živoj osobi.

---

69 Usp. Ž. M. Slavinski: *Nevidljivi uticaji*, Beograd, vlastito izdanje, 2008. str. 152

70 Usp. P. Hine, P. J. Carroll: *Condensed Chaos: An Introduction to Chaos Magic*, Phoenix AZ, New Falcon Publications, 1994., str. 150

U kategorizaciji entiteta Slavinski koristi zanimljive pojmove, a dijeli ih u tri glavne grupe:[71]

- Entiteti koji su odcijepljeni dijelovi našeg vlastitog bića. Naziva ih još i Aspektima, što mi nalikuje na fragmente duše s kojima su radili drugi autori.
- Kreacije i odcijepljeni dijelovi (aspekti) drugih bića
- Bestjelesna bića, koja mogu biti dobronamjerna i zlonamjerna, relativno samosvjesna i samostalna. Kao pozitivne primjere daje: umjetničke muze, duhovne vodiče, anđele čuvare i "njima slične pozitivne inteligencije". Negativni mogu biti: "buhe" ili "psihičke pijavice", duše umrlih osoba (astralni fragmenti op. a.) i **Kontrolori** i **Dominatori** koji "*vrše sasvim određen utjecaj na nas*", obično iz daljine.

Pažnju privlače *kontrolori* i *dominatori* koji vrše sasvim određen utjecaj na nas, ali o kakvom je utjecaju stvarno riječ Slavinski ne priča puno, osim da je riječ o dominaciji i upravljanju **nižim bićima** tj. u ovom slučaju nama samima! Kod nekih drugih autora mogli smo vidjeti otvoreno spominjanje dviju kategorija koje nam "rade o glavi": demonskim entitetima pod vodstvom Sotone i tzv. negativnim vanzemaljskim inteligencijama, gdje u nekim slučajevima postoje naznake da su ove dvije kategorije na neki način povezane, odnosno da su takvi vanzemaljski entiteti pod demonskim utjecajem.

Procesuiranje entiteta opisano je u 19 koraka, u kojima se prilikom komunikacije uzimaju u obzir gore spomenute napomene. U slučaju da entitet ne želi otići postupak bi trebalo ponoviti 5-6 puta pri čemu se mogu koristiti još neke metode. Prvo, od domaćina se traži da upozna entitet s "dva osnovna prava svjesnih bića u ovom univerzumu" koja bi trebala ovako glasiti:[72]

- Pravo na samoodređivanje (odlučivanje o samom sebi).
- Pravo na prekidanje igre koju si do sada uspješno igrao i mogućnost odlaska gdje god hoćeš i kako hoćeš, kako bi započeo novu i vrjedniju igru po svojoj volji. Ti možeš pronaći novo tijelo, **pogodnijeg domaćina** ili se vratiti u Prazninu iz koje si

71 Usp. Slavinski (2005.), str. 165

72 *Isto,* usp. str. 166-168

došao.

Trebalo bi uzeti u obzir da ponuđena univerzalna prava dolaze iz Scijentološke doktrine, a pokušavam i zamisliti posljedice u slučaju da prije spomenutom kontroloru ili dominatoru jednostavno kažem da se makne s mene i nađe drugu ... žrtvu? Ako ni ovo ne uspije, Slavinski preporuča da se entitet pita: *"Pokaži mi na biće od kojeg si odvojen!"*, a ako niti to ne da rezultate, onda navodi još dvije mogućnosti koje bi se mogle iskoristiti za tako tvrdoglave entitete:[73]

- Pregovaranje s entitetom o novoj *igri* na način da entitet pomogne domaćinu u ostvarenju vrednijih ciljeva za samog domaćina, za sam entitet ili za ostvarivanje zajedničkih ciljeva. (Ponovno se pitam što bi ovo značilo u kontekstu nakačenja jednog *dominatora*, što bi u suštini značio ovakav dogovor, s kime se sugerira domaćinu da sklopi "ugovor"?)
- Ako se entitet ogluši na prethodna "dva prava svjesnih bića" i ne reagira na pitanje od koga je odvojen, po svemu sudeći je riječ o entitetu koji ima svog *kontrolora*. Slijedi pitanje tko je kontrolor i zahtjeva se uspostavljanje komunikacije s kontrolorom.

Prema Slavinskom, veza s kontrolorom uspostavlja se lako, bez obzira je li na nekoliko metara udaljenosti ili u susjednoj galaksiji, a postupak s kontrolorom bi se trebao lako i završiti, na način da mu se isto tako priopće "dva prava svjesnih bića", upita od koga je odvojen i **pohvali za obavljeni posao u dosadašnjoj igri** (zatvorenik tapše svog tamničara i govori mu da je napravio dobar posao?). Ako ništa drugo, izgleda kao vrlo originalan pristup s meni trenutno nedokučivim posljedicama.

Na kraju je možda važno napomenuti da Slavinski u svojoj sljedećoj knjizi *Nevidljivi uticaji* (2008.) kronološki navodi različite izvore učenja o entitetima, te još jednom pokazuje svoju upućenost u magijske i okultne prakse, negativne entitete, snage zla i demone.[74]

Osvrće se i na problematiku vanzemaljskih entiteta, pozivaju-

73 *Isto*, usp. 168-169

74 Usp. Slavinski (2008.), str. 63

ći se na početku i na iskustva dr. E. Fiore i Baldwina.[75] U nastavku te knjige gdje ponovo nudi prije opisani postupak (a ovaj put navodi da je izvorno povezan s australcem P. Grahamom), ne daje dodatne napomene vezane za moguće "negativne" entitete. Ipak, u dijelu praktičnih uputstava za rad s vanzemaljskim entitetima, "kontrolore" dovodi u vezu s višim bićima u hijerarhiji, spominjući mogućnost da to bude npr. "naučnik-vanzemaljac" i na neki način ponavlja ono što je Baldwin sugerirao[76] – da bi se u slučaju njegovog obmanjujućeg djelovanja trebalo pozvati na kršenje slobodne volje domaćina (Baldwin upotrebljava pojam "Primarna direktiva" o neometanju osjećajnih bića). Isto tako, ponavlja Baldwinovu tvrdnju da ovakvi entiteti prilikom napuštanja domaćina odlaze u zeleno, plavo ili grimizno (purpurno) svjetlo, osim ako se slijedeći put neće inkarnirati u našem realitetu, čije je svjetlo izvora bijelo (zlatno-bijelo).

Dr. L. Ireland-Frey – oslobađanje doniranog organa

Dr. med. L. Ireland-Frey smatra da bi standardni dio pripremnog postupka presađivanja organa trebao uključivati i obraćanje organima kao i tijelima primaoca, kao što je to usklađivanje krvnih grupa.[77] Čitanje teksta bi trebalo reprogramirati staničnu memoriju organa kao i pripremiti tijelo na prihvaćanje novog organa. Prilagođeni prijevod teksta bi glasio ovako:

> "Govorim tebi čije je tijelo umrlo/uništeno u ... [navesti događaj]. Ne poznajem te, ali mi je žao što je tvoje tijelo umrlo iznenadno i nasilno. Međutim, organi tvoga tijela mogu biti donirani živim osobama čiji su vlastiti organi bolesni ili povrijeđeni i na taj način nam možeš nastaviti pomagati, ali dopusti svojoj svijesti, svojoj duši da se digne visoko, visoko i uđe u Svjetlo, slobodno i sretno.
> Vjerujem da je i tebi drago što možeš biti od pomoći donira-

75 *Isto*, usp. str. 204, 207

76 Usp. Baldwin, str. 351-353

77 Usp. dr. med. L. Ireland-Frey: *Freeing the Captives: The Emerging Therapy of Treating Spirit Attachment*, Hampton Roads Publishing Company, 1999., str. 326, moj prijevod

njem svojih organa. Zamolio/la bih od svih stanica tvoga organa da se prilagode njihovim novim tijelima mirno i bez teškoća, fiziološki i na svaki drugi način kako bi bili potpuno funkcionalni. Isto tako zamolio/la bih tijela primaoca organa da ih prihvate bez poteškoća, kao prijateljske i dobronamjerne jedinice njihovih tijela."

Tekst bi trebalo ponoviti više puta za redom, kroz nekoliko dana prije operacije.

Služba spašavanja

Prilikom svake prirodne ili ljudski izazvane katastrofe, za očekivati je da će veliki broj osoba na iznenadan i nasilan način izgubiti živote, a takve traumatske smrti su čest razlog ostajanja astralnih fragmenata, zbog zbunjenosti i neshvaćanja da su im tijela mrtva ili zbog neke od emocija kao što su strah, tuga, mržnja, osvetoljubivost, itd. Za pretpostaviti je da neodlazak u Svjetlo može biti osobito česta pojava u slučaju razornih eksplozija, požara ili drugih događanja koja na neki način uključuju intenzivno svjetlo koje je dovelo do smrti tijela. Na mjestima katastrofe tako bi se mogle pronaći velike grupe astralnih fragmenata, koji bi se mogli na njima duže zadržati. Vrijeme kakvo mi znamo u nematerijalnom realitetu ne postoji, pa se može dogoditi da neki ostanu i po nekoliko stotina godina na mjestu nesreće.

U posao spašavanja spada pronalaženje takvih grupa i pomaganje da nastave svoj put u Svjetlo, a izvodi ga mala grupa istomišljenika koji molitvom ili meditacijom na Svjetlo u sebi pozivaju u pomoć milosrdnu grupu spasilačkih anđela iz Svjetla da im po potrebi pomognu u ovom poslu.[78]

Jedna ili dvije osobe iz grupe molitvom ili meditacijom na Svjetlo pobude promijenjeno stanje svijesti i služe kao posrednici koji se koriste za lociranje i komuniciranje s astralnim fragmentima. Baldwin podsjeća da u ovom, kao i u drugim slučajevima kad se pozivaju snage Svjetla treba obratiti pažnju da se slučajno nisu pojavili prerušeni demonski entiteti i ponudili "pomoć".

78 Usp. Baldwin, str. 371

Posmrtno oslobađanje

Posmrtno oslobađanje je ekvivalent rada službe spašavanja kad se u radu s osobom (postupak oslobađanja, regresoterapija, itd.) pojavi neka druga osoba koja je umrla i ostavila astralne fragmente, pa se odluči da im se pomogne u odlasku u Svjetlo. Baldwin spominje slučaj majke koja mu se obratila za pomoć kako bi preko regresoterapije eventualno saznala što je razlog patnji u njezinom sadašnjem životu. Imala je kćer koja je tragično poginula prije tri mjeseca i sa kojom je dok je bila živa stalno imala velike probleme. Tijekom regresije je shvatila da je kćer došla u njezin život samo kako bi je iritirala, a što je vjerojatno bilo uvjetovano poravnavanjem nekih starih dugovanja. Za vrijeme regresije došla je i u trenutak pogibije kćerke, kad je doznala da ona nije mogla otići u Svjetlo jer je imala nakačeni demonski entitet (koji je izgleda i bio zaslužan za nesreću). Demon je preobražen, astralni fragment kćeri je također poslan u Svjetlo uz pomoć snaga Svjetla.[79]

79 *Isto*, usp. str. 366-368

14. POGLAVLJE

Primjeri

U nastavku slijede neki od primjera prvih postupaka oslobađanja izvedenih od strane autora i suradnika. Primjeri sadrže opise slučaja i pripadajuće transkripte tonskih zapisa seansi kako bi se dobila bolja slika o dinamici samog postupka oslobađanja. Sadržaj transkripti je autentičan i nepromijenjen, objavljen uz dopuštenje osoba s kojima se radilo (domaćina) čija su imena izmijenjena radi zaštite privatnosti. U radu se za ulazak u promijenjeno stanje svijesti koristila Elmanova hipnotička indukcija[1] kako bi se pouzdano postiglo dovoljno duboko promijenjeno stanje svijesti (tzv. somnambulizam).

U transkriptima se koristila oznaka "[...]" kako bi se naznačilo da je izbačen početni dio (indukcija) koji nije važan za razumijevanje, a oznaka "..." se koristila kako bi se naznačilo da je u konverzaciji bila načinjena kraća pauza.

Na kraju je naveden i prijevod slučaja s kojim se susrela dr. E. Fiore i opis jednog od egzorcizama o kojima je pisao M. Martin.

Oslobađanje od entiteta "Prošlost i budućnost"

Postupak je vođen 02.12.2010. g. na Nini. Primjer pokazuje uspostavljanje dijaloga s nečim što se u Nininoj svijesti pojavilo kao crna katranska masa koju je nosila na leđima. Entitet se predstavio imenom "Prošlost i Budućnost", Ninin izraz lica i glas ponešto su se uozbiljili, a kasnije je izjavila da je za nju bio iznenađujući osjećaj drskosti i grandioznosti tog entiteta. Isto tako, mogla je osjetiti dramatičnu promjenu kad je entitet pronašao Svjetlo u svojoj sušti-

1 D. Elman: *Hypnotherapy*, Glendale CA, Westwood Publishing Company, 1984. (©1964.)

ni. Po završetku postupka ustvrdila je da je nevjerojatno koliku je razliku u pritisku na svojim leđima osjetila nakon odlaska entiteta.

Isječak transkripta snimke postupka

Trajanje: 32 minute

Denis	[...] Pod teretom?
Nina	Da.
Denis	Kakvim teretom?
Nina	Ne znam. Ne mogu odrediti taj teret. Da li je fizički, da li je strah.
Denis	Je li se on vidi negdje, jel' ima on neku manifestaciju, taj strah?
Nina	Ne.
Denis	Nego? Kako ti vidiš taj strah? Taj teret. Kako izgleda taj teret?
Nina	Težina na ramenima.
Denis	Obrati pažnju na tu težinu na ramenima. Pogledaj je malo izbliza. Kako izgleda ta težina na ramenima, opiši mi je.
Nina	Tamno.
Denis	Pogledaj još malo to, obrati pažnju na tu tamnu težinu na ramenima.
Nina	To je, ... znaš kako to izgleda? Kao premaz. Sliči katranu, po gustoći, po opipu, boja nije takva, ali je težina puno veća, materijal je teži.
Denis	Znači fino vidiš tu neku masu koja je katranasta masa koja stoji tu na leđima? To je neka katranasta masa, tako to možemo nazvati?
Nina	Da, 'ajmo nazvati to tako.
Denis	Pozivam duhovne pomoćnike iz Svjetla, neka okruže čitavu scenu, neka okruže tu katranastu masu, neka naprave neprobojni kavez od Svjetla oko nje, da ništa ne može ući niti izaći, neka ga polako tiskaju. A sada se obraćam ne Nini nego katranastoj masi, pitam katranastu masu što radi tu?
Nina	Ja sam Prošlost i budućnost.

Denis Jesi li muško ili žensko?

Nina Ništa od toga.

Denis Jesi li bio kad u svom tijelu? U svom ljudskom tijelu?

Nina Ne znam.

Denis Što radiš na leđima Nine?

Nina Ja sam Prošlost i budućnost.

Denis Dobro Prošlost i budućnost, to zvuči poprilično grandiozno, osim toga što si Prošlost i budućnost što imaš još reći? Što tu radiš? Kakva je tvoja veza s Ninom?

Nina To je moje mjesto.

Denis Koliko dugo si već na tom mjestu?

Nina Koliko god želiš.

Denis Objasni mi to koliko god želim. Želim da mi ti to kažeš, Prošlost i budućnosti. Koliko si tu dugo na Nini?

Nina Podosta.

Denis Koliko je to podosta vremena?

Nina Meni vrijeme nije bitno.

Denis Dobro. Prošlost i budućnost, ako ne budeš odgovarao na moja pitanja, taj kavez svjetla će se početi još dalje sužavati oko tebe, sve dok ne počneš osjećati to svjetlo na sebi, kako ti se sviđa ta ideja? Želiš pričati sa mnom?

Nina Nema se tu što za pričati. Svejedno mi je.

Denis Svejedno ti je?

Nina Da.

Denis Dobro pa sada ćemo probati kako izgleda kada ti je svejedno. Zamoliti ću ponovno duhovne pomoćnike iz Svjetla da kavez oko Prošlosti i budućnosti, oko te crne katranaste mase, počnu još stiskati tako jako da počne osjećati tu svjetlost na sebi ... skroz dalje, neka osjeti to svjetlo oko sebe. Prošlost i budućnost kako ti se čini ta svijetlost sada?

Nina Uhm. Uhm. Ona nema utjecaja na mene.

Denis Ona nema utjecaja na tebe?

Nina Ne.

Denis Siguran si? Daj si pogledaj malo površinu sebe, kakva je od tog svjetla?

Nina Sjajna.

Denis To je nešto novo za tebe? Obrati pažnju malo na svoju površinu koja je tako tamna, što svjetlo radi od nje?

Nina Osvjetljava je.

Denis Odlično. Tko je tvoj gazda Prošlost i budućnost?

Nina Ne znam.

Denis Ne znaš tko ti je šef? To se šefu neće svidjeti. Kako se zove tvoj šef Prošlost i budućnost?

Nina Ne znam.

Denis Dobro i dokle misliš stajati na leđima Nine?

Nina Ne znam.

Denis Nešto mora da je interesantno na Nini kad stojiš na njoj tako dugo i ne znaš koliko ćeš još dugo stajati.

Nina Nije ugodno.

Denis Odakle ta neugoda?

Nina Od svjetla.

Denis Je li moguće da ti je netko rekao da bi od svjetla mogao imati problema, Prošlost i budućnost?

Nina Ne znam, nisam siguran.

Denis Moraš znati da ti svjetlo ne može ništa učiniti, dapače. Ako želiš to doznati zamoliti ću sada duhovne pomoćnike neka ispale na tebe par zraka svjetla u tebe da vidiš što će se dogoditi, kakav je utjecaj tih zraka svjetla na tebe. (pauza). Što se događa Prošlost i budućnost, jel' te svjetlo ubilo?

Nina Nije.

Denis Nije. Tako je. To je prva prevara u kojoj živiš Prošlost i budućnost, da bi te svjetlo moglo uništiti, tko ti je rekao da bih te svijetlost mogla uništiti?

Nina Nešto me tu, ... nešto me osvjetljava.

Denis Osvjetljava te, da.

Nina Liječi, liječi.

Denis Prošlost i budućnost, pokušaj sada obratiti pažnju na svoju unutrašnjost, zagledaj se u sebe, duboko u sebe i pogledaj što ćeš naći, što se nalazi u tvojoj suštini.

Nina (duga pauza) Tugu.

Denis Tugu? Gledaj dalje, Prošlost i budućnost ispod tuge što se nalazi? Što još imaš? Što se javlja ispod tuge?

Nina Usamljenost.

Denis Dobro. Traži dalje. Idi još dublje u sebe, ispod tuge i usamljenosti, što se novo javlja? Pogledaj u sebe slobodno, vidi što ćeš naći.

Nina Ne mogu dalje.

Denis Tko ti je rekao da ne možeš dalje? Da li je strah nečega?

Nina Nestajem.

Denis Prošlost i budućnost to je druga prevara u kojoj živiš, to da ti je netko rekao da ćeš nestati ako pogledaš u sebe i nešto nađeš. Zaboravi to na trenutak, zaštićen si potpuno u svjetlu i nitko ti ne može ništa napraviti. Uzmi to u obzir da si potpuno zaštićen i da iz tog kaveza svjetla ne možeš izaći, slobodno idi dalje, traži i nešto ćeš još naći, duboko u sebi, nećeš nestati zbog toga. Što je ispod usamljenosti?

Nina Klupko.

Denis Kakve je boje klupko?

Nina Boje kože. Bež. Svijetlo je.

Denis Obrati još malo pažnju na to klupko, skroz unutra, što je u tom klupku?

Nina Malo svjetlo.

Denis Vidiš Prošlost i budućnost, ti u sebi nosiš Svjetlo. U tome leži još jedna prevara, da nisi biće Svjetla, da nisi dio Boga i Kreacije, da Svjetlo imaš i nosiš u sebi i da se tom Svjetlu možeš vratiti. U tome ćemo ti danas i pomoći. Što kažeš na to?

Nina (uhm, potvrdno)

Denis Može? Dobro. A sada obrati pažnju Prošlost i budućnost na ove duhovne pomoćnike oko tebe. Pogledaj ih i pokušaj uspostaviti kontakt s njima, izaberi jednog od njih koji će ti pomoći da nađeš svoje mjesto u Svjetlu.

Nina Ne znam koga bih.

Denis Ima ih puno?

Nina Da.

Denis Neka ti svi pomognu, ali prije nego odeš mogu li te zamoliti nešto?

Nina (uhm)

Denis Ok, daj se okreni oko sebe, odnosno dobro pogledaj Ninu, i javi mi ako ima još nešto na njezinom tijelu, odnosno bilo tko, 'ko je pod tvojom kontrolom neka se pridruži u Svjetlu.

Nina Nema nikoga, samo sam ja tu.

Denis Ti si sam tu? Dobro pogledaj da li je još netko na Nini osim tebe?

Nina Ne vidim.

Denis Dobro. Jesi li sada spreman da odeš s duhovnim pomoćnicima koji će ti pokazati tvoje mjesto u Svjetlu?

Nina Može.

Denis Može? Dobro. Pa ja ti isto dopuštam da odeš u ljubavi i da nađeš svoje mjesto u Svjetlu. Duhovne pomoćnike bih zamolio da mjesto na kojem je bio Prošlost i budućnost očiste i napune svjetlošću. Neka ispune čitavo to mjesto sa svjetlošću. Vidiš li ih da to rade? Reci mi kada to naprave, neka uzmu dovoljno vremena da to naprave.

Nina Odoh ja.

Denis Prošlost i budućnost, idi u miru, u Ljubavi i Svjetlu. (pauza) A sada se vraćam Nini i pitam Ninu da li je ta masa nestala?

Nina Da.

Slučaj Tara – regresija s demontiranjem lažnih sjećanja i skidanjem implantata

Postupak je vođen u dva navrata, 04.12. i 25.12.2010. g. na Ani. Krenulo se tragom ponavljajućeg sna, koji ju je iscrpljivao na način da bi se nakon buđenja osjećala kao da je radila čitavu noć i da se uopće nije odmorila.

Iako je u prvoj seansi izgledalo da će regresija, koja je nalikovala na progresiju u 2178. godinu, dovesti do razrješenja Anine situacije, postojalo je dosta naznaka da nešto nije kako treba, što je i dovelo do slijedeće seanse. U prvoj seansi našla se u "prostoriji", a prvi opis "prostorije" bio je poprilično znakovit: bijelo-plavo osvjetljenje (hladno svjetlo), hladnoća, tamno sivi pod i nemogućnost određivanja veličine, što je povećavao osjećaj nepostojanja zidova. Ukratko, scena koja se često spominje kod vanzemaljskih otmica.

U nastavku Ana doznaje da je dio tima koji radi na višem cilju i da je njezin rad vezan za DNK, ne vidi "krupnu sliku", ali shvaća da su napravili preinaku na nekom živom biću, a njezin joj svjetonazor ne dozvoljava ni da pomisli da su radili na novom čovjeku! Pokušaj daljnjeg produbljivanja promijenjenog stanja svijesti dovodi na scenu lik koji joj nalikuje na biće iz Spielbergova filma (*E.T.: The Extra-Terrestrial*, 1982.). Ona ga tako i naziva, te ponovno pokušava odbaciti ideju da bi takav lik trebao imati ikakve veze s poslom kojim se bavi, iako joj on sam govori da je dio pokusa, ali Ana ima osjećaj da ga drugi ne vide. U nastavku vidimo da baš i ne izgleda kao ET (sudeći po tamnim očima, formatu glave i glatkoj koži), a Ana je puna simpatija prema njemu. Prilikom pokušaja dobivanja više informacija o mjestu događanja cijele radnje, doznajemo da Ana ima svoj laboratorij koji je prostorno određeniji od "prostorije" koja se pojavila na početku.

U jednom trenutku zaprepašteno konstatira da njezin oblik nije nužno ljudski i da ga može prema potrebi mijenjati između ljudskog i 2,5 m visokog bića koje izgleda kao gušter sa zelenim rukama i nogama, koje umjesto prstiju imaju kandže nalik gušterskim. Ime joj je Tara, a prema njezinom opisu *"Ja ga ne promijenim, ja samo vidim drugačije"*, moguće je da se promjena oblika događa promjenom u svijesti, što mijenja njezino poimanje same sebe. Prema opisu mnoštva u metrou (podzemnoj željeznici), koji je dala tokom seanse, izgleda da ljudska bića istovremeno koegzistiraju zajedno sa onima koji su drugačiji i mogu mijenjati svoj oblik.

Tara i skupina kojoj navodno pripada rade na različitim zadacima, za to nisu posebno nagrađeni već se čini da je dovoljan (a moguće i ciljni) motiv **emocija** koja slijedi nakon dobro odrađenog posla, što bi iz sadašnje perspektive moglo izgledati kao plemenit i valjan cilj. Povrh toga, ta ista Tara (Ana u navodnoj budućnosti) zna da je sve to samo **igra** i da ostalo nije važno. Na kraju prve seanse, Tara se doima suosjećajnom i poručuje Ani da se ne mora ničega bojati, da se samo opusti jer je sve ionako igra. Ana očito dirnuta ovakvim razumijevanjem, poručuje Tari da čuvaju ET-a, koji je ostavio dojam tužnog i nezaštićenog lika.

Po završetku ove seanse pojavio mi se neki osjećaj nedorečenosti i nakon dodatne analize i razgovora s Anom sljedećeg dana, složili smo se u tvrdnji da nešto ipak nije kako treba i da možda ne bi trebalo sve uzeti zdravo za gotovo, već pokušati to još dodatno istražiti prvom prilikom, prije donošenja bilo kakvih zaključaka. Kako je vrijeme prolazilo tako sam bio sve uvjereniji da mora postojati još nešto i da bi trebalo na neki način pokušati vidjeti što je "iza scene". Sljedeća prilika za nastavak se ukazala nakon otprilike tri tjedna.

Druga seansa započela je pokušajem dolaska u laboratorij koristeći onaj isti san, i tzv. uspostavljanjem scene obraćanjem pažnje na Tarino tijelo. Odmah na početku pojavljuje se situacija da Tara ne može otići dalje u budućnost. Umjesto toga pojavilo se nešto što je na tragu prijenosa između našeg realiteta i nekog drugog, svojevrsni *portal*. U sljedećem trenutku Ana vidi drugu osobu koja se zove Betty, amerikanku, udanu s dvoje djece (što se ne može povezati sa stvarnom Aninom životnom situacijom) i za koju ne zna kako se tu pojavila, te pretpostavlja da bi to (s Tarom?) mogao biti i njezin san (u naknadnom razgovoru Ana mi je potvrdila kako je stvarno pomislila da je san o Tari u stvari Bettyin san). Anina zbunjenost se nastavlja povećavati, pa u jednom trenutku konstatira: *"Sad sve izgleda kao da je poduplano. Isto to što je radila Tara samo je sad sve, ... samo u ljudskom obliku"*. Pratimo što Betty radi do trenutka kada će otići spavati i tad Ana pomisli da bi Betty mogla u snu ponovno ići raditi. Ovo vraća Anu ponovno u Tarin laboratorij, a za to je zaslužna ista "sila" koja ju je i spustila "dolje" kada joj se pojavila Betty. Pokušavam ponovo provjeriti autentičnost scene laboratorija, pri čemu doznajemo da je bila u 2178. godini.

U sljedećem trenutku odlučujem se na preokret u namjeri da provjerim, ima li smisla pokušati doslovno demontirati tu scenu u slučaju da ne pripada Ani, već je strani sadržaj i upućujem je na to riječima: *"Sada zamrzni tu sliku, zamrzni to gdje jesi, skroz je zamrzni, ... rasparaj tu scenu i vidi što je iza scene ... Što se javlja?"*. Na moje, i još više Anino čuđenje, promijenjenom intonacijom kazala je da su se pojavila neka čudna bića. U nastavku doznajemo ono što se vrlo često opisivalo u scenarijima vanzemaljskih otmica, a "ekipa" kojom je bila okružena sličila je onima koji se nazivaju "sivima" (engl. *Greys*). Ana opisuje da je u nekoj ogromnoj "prostoriji" i shvaća da je ovo njima bio samo eksperiment, a obzirom da su dobili ono što su tražili ne obraćaju više pažnju na nju.

Nakon što je regresirana nešto malo unatrag, shvaća da je bila iskorištena u njihovom eksperimentu u kojem izgleda da su željeli osjetiti emocionalnu reakciju vezanu za određenu situaciju, koju će proživjeti indirektno kroz ljudsko biće koje će postaviti u tu situaciju. To su i postigli, a Ana ljutito konstatira da su oni najobičniji kradljivci!

U nastavku, obzirom da više nije mogla ostati među njima ispraćaju je "van", a sljedeće što joj se pojavilo nakon pojave svjetla je nešto što je na prvi pogled izgledalo kao regresija u neki od prošlih života. Ana se našla na azijskom otoku Mohatma[2] kao Nike (izgovara se točno kako je i napisano) u dobi od 22 godine, gotovo u zemaljskom rajskom ozračju gdje je sve jako lijepo.

Ovu idilu, nakon dobivanja nekih dodatnih informacija o Nike i njezinim sunarodnjacima, odlučujem ponovno prekinuti obraćanjem pažnje na njezine noge. Naime, Ana se već prije žalila da ima neku čudnu ranicu iznad gležnja desne noge za koju je prvo mislila da je posljedica uboda komarca sredinom ljeta 2010. g. Obzirom da ranica nije uspijevala do kraja zarasti, obratila se u listopadu dermatologu za što je i dobila terapiju, od koje je odustala jer nije došlo do nikakve promjene. Posumnjao sam da bi takva ranica možda mogla biti posljedica neljudske intervencije. Ovaj puta nije trebala posebna uputa za paranje scene, sama se raspala i Ana je bila ponovno na operacijskom stolu, a na mjestu koje fizički odgovara ranici vidjela je neki implantat s fluorescentnim svjetlom. Pokušavam doznati tko je nadređen "ekipi" zaduženoj za Anu i pojavljuje se slika, kako kaže,

2 Spomenuti otok bi možda mogao u stvarnosti pripadati skupini Andaman & Nicobar otočja u indijskom oceanu gdje postoji Mahatma Gandhi morski nacionalni park. Sama riječ na Sanskrtu (महात्मन्) bi imala značenje velikodušan, plemenit i koristi se kao titula koju je nosio Ghandi. Prema riječima Ane izgleda da je i ovo ipak bila samo montirana scena, koja je bila postavljena za rehabilitaciju i "punjenje baterija" nakon spoznaje da je imala posla sa sivima.

gadnog gmaza! Visine 3,5-4 m koji je zaogrnut nekom haljom. U nastavku, po dobivanju Anina odobrenja, slijedi skidanje fluorescentnog implantata uz pomoć iz Svjetla, nakon čega nestaje scena sa *sivima* i završavamo seansu. Na kraju transkripte nalazi se i dio razgovora vođenog nakon seanse u kojem još jednom pokazuje svoje zaprepaštenje time što se služe trikovima i kako je osjećala tu krađu emocija.

Ovdje bih želio napomenuti da ni Ana, ni autor, kao voditelj postupka, na niti jedan način nisu bili pripremljeni na sadržaje koji su se pojavili, posebno mogućnost neljudske/vanzemaljske manipulacije (otmice?). Vanzemaljski utjecaj pripada u domenu visoko *kontroverznih* pojava i čak se želi povezati s određenim psihičkim poremećajima uzrokovanim traumatskim iskustvima.

(Ne)etična znanstvena kritika

Zanimljiv je pristup istraživača iz znanstvene zajednice vanzemaljskim intervencijama, pri čemu se stječe dojam da po svaku cijenu žele osporiti ovakve događaje, koristeći se upravo onim što zamjeraju tzv. alternativnim praktičarima i istraživačima: **neetični** pristup. Evo kako to primjerice objašnjava dr. S. Clancy:

> "Pod hipnozom, ljudi koji razmišljaju jesu li možda bili otimani, uljuljaju se u stanje sugestije i **zatraži se da zamisle** ono što se moglo dogoditi. Ako već vjerujete da je otmica moguća, nećete trebati puno dokaza da opravdate svoje vjerovanje da se to dogodilo".[3]

Clancy nema problema da nakon ovoga u daljnjem tekstu izjavi, kako ona ima nejasan uvid u hipnozu, ali je to izgleda ne brine, jer nalazi uporište u tome da je njezino stajalište sukladno s, ni manje ni više, nego Američkim liječničkim udruženjem (AMA) i Američkom psihijatrijskom udrugom (APA).[4]

Nadalje Clancy u nastavku tvrdi da postoje *čvrsti* dokazi, temeljeni

---

3 Ph. d. S. A. Clancy: *Abducted: How People Come to Believe They Were Kidnapped by Aliens,* Harvard University Press, 2007., str. 71, moj prijevod i podebljanja

4 Isto, usp. str. 72

na četiri desetljeća[5] dugim istraživanjima, da je hipnoza loš način prizivanja sjećanja, pozivajući se na rad upravo vlastitog tima, ili da ponovimo – na rad osobe koja ima nejasan uvid u *hipnozu*.[6]

Evo još jedan primjer objašnjavanja ove problematike, ovaj put od zagovornice memetike. Članak dr. S. Blackmore nalazi se na portalu *Skeptical Inquirer*, a u kojem nam pokazuje svoju metodologiju ukazivanja na upitnost iskaza o otmicama.[7] Članak na početku sugerira da "pod hipnozom" osobama mogu biti usađena (lažna) sjećanja. U nastavku opisuje kako je onda došla do (poželjnih) rezultata u svom istraživanju. Istraživanje je napravila na 350 djece iz dvije osnovne škole u Bristolu[8] za što odmah mogu reći da je krajnje neetično obzirom na njihovu dob. S djecom je prvo napravila polusatni uvodni "razgovor" (ovo je vrlo važan dio za stjecanje povjerenja, a time i povećanja sugestivnosti koja je ionako vrlo visoka kod tako malene djece). Nakon toga je zatražila od djece da se opuste najbolje što mogu (ovo je hipnotička indukcija), a zatim im je čitala, **sporo** i **jasno**, priču "Jackie i vanzemaljci" o otmici djevojčice sa svim potrebnim detaljima (ovo je izravna sugestija ili u najboljem slučaju vođena imaginacija u promijenjenom stanju svijesti). Postupak je završila tako što je zatražila od njih da se "probude" (izlazak iz promijenjenog stanja svijesti) i da zapamte najbolje što mogu to što im je ispričala (ovo se zove posthipnotička sugestija).

Kako ovo protumačiti nego kao još jedan besramni primjer

---

5 Ovo je jedna od standardno prihvaćenih propagandnih praksi kad se angažman svih koji su povezani s projektom ili imaju određenu ekspertizu navodi zbrojeno. Npr. ako tvrtka ili tim ima tri osobe koje znaju nešto o uzgoju glista od kojih dva člana to rade po 18 godina, a jedan 4, ovo se spominje kao 40-godišnje iskustvo u uzgoju glista. Pretpostavljam da ne treba posebno isticati koliko je *etički* navoditi 40 godina u biografiji posljednje osobe s najmanjim iskustvom.

6 Usp. Clancy, str 59. poziva se na S. A. Clancy, R. J. McNally, D. L. Schacter: *Effects of guided imagery on memory distortion in women reporting recovered memories of childhood sexual, abuse,* J Trauma Stress, 12.10.1999. (4), str. 559-569., http://www.ncbi.nlm.nih.gov/pubmed/10646176, viđeno: 08.02.2011.

7 S. Blackmore: *Abduction by Aliens or Sleep Paralysis?*, Skeptical Inquirer, Volume 22.3 May/June 1998., http://www.csicop.org/si/show/abduction_by_aliens_or_sleep_paralysis, viđeno: 03.03.2011.

8 Sponzorirala fondacija *Perrott-Warrick,* najveći izvor financijske podrške za psihološka istraživanja i parapsihologiju u Britaniji.

zloupotrebe hipnotičke indukcije za svoje (ili već nečije) potrebe? Blackmore objašnjava kako njeno istraživanje ništa ne dokazuje, ali želi upozoriti da bilo kakva ispitivanja, kao i upitnici na ovu temu nemaju značaja obzirom da njezin članak kritizira *Roper Poll* u SAD, po kojem je 3,7 milijuna amerikanaca imalo nekog kontakta s vanzemaljcima. Blackmore prešućuje da spomenuta ispitivanja nisu provođena isključivo na djeci koju je ona spremno zloupotrijebila za potrebe svoga istraživanja.

K. Perina u svom članu u *Psychology Today* o realnosti vanzemaljskih otmica, pored spominjanja Clancy i njezinih dostignuća navodi i rezultate dr. S. Lynn gdje kaže:

> "U 1994-toj, u eksperimentu koji je **simulirao** hipnozu (što god to značilo, op. a.) psiholog Steven Jay Lynn pitao bi subjekte da **zamisle** da su vidjeli bliještavo svjetlo i imali doživljaj izgubljenog vremena. 91% od onih koji su bili **pripremljeni** s pitanjima o NLO-ima izjavili su da su oni bili u interakciji s vanzemaljcima (alienima)"[9]

Za Perinu, kao ni Lynn, nije problem prihvatiti rezultate koji su sastavni dio neetičke prakse, kao ni one koji su dobiveni u nedefiniranom stanju svijesti. Ovo pobuđuje sumnju da su imali posla samo sa očekivanim/iznuđenim ego fantaziranjima ispitanika. Osoba koja je imala priliku doći do stvarnih podsvjesnih sadržaja lako će potvrditi nepredvidivost onoga što će se pojaviti, a što nadilazi ego fantaziranja. Takvi sadržaji će se pojaviti bez obzira svidjelo se to egu (i istraživaču) ili ne.

Takvi pokušaji omalovažavanja hipnoze, točnije hipnotičke pobude kao alata za postizanje promijenjenog stanja svijesti, naliku ju mi na ukazivanje da npr. kirurški nož nije adekvatan alat jer se njime može ubiti čovjeka. Što je potpuno točno, pitanje je samo u čijim se rukama nož našao i kako će ga ta osoba iskoristiti. Nadalje, dobiva se dojam da je u ovom slučaju stvoren čitav niz studija kako iskoristiti kirurški nož za ubijanje čovjeka, umjesto razmatranja kako s njime obaviti uspješan kirurški zahvat. Ovdje bi se mogli zapitati tko stvarno profitira omalovažavanjem rada u promijenjenom stanju

9 K. Perina: *Alien Abductions: The Real Deal?*, 01.03.2003 – zadnja recenzija 10.11.2010., http://www.psychologytoday.com/articles/200305/alien-abductions-the-real-deal, viđeno: 08.02.2011., moj prijevod i podebljanja

svijesti i kome znanstvenici poput Clancy, Blackmore ili Lynn čine uslugu (ili na čijem su platnom spisku)? Podsjetiti ću ovdje na suptilnost dinamike Zloga i činjenice da se upravo u promijenjenom stanju svijesti mogu otkloniti neki utjecaji i posljedice njegova djelovanja?

U biti, ključni dokaz znanstvenog pobijanja ovakvih sadržaja trebao bi biti tzv. sindrom lažne memorije (engl. *False Memory Syndrom,* skraćeno FMS) koji se također spominje i prilikom opovrgavanja npr. ritualnog seksualnog zlostavljanja, PVO (poremećaj višestruke osobnosti) i drugih disocijacija, ili u programiranjima vladinih agencija. U stručnim krugovima, kad je riječ o ovoj pojavi, često se navodi eksperiment s implantiranjem lažnog sjećanja iz djetinjstva, gdje se iskoristio tipični američki stereotip "zdjele za punč" koju ispitana osoba izljeva na proslavi vjenčanja.[10] Postavlja se pitanje zašto u eksperimentu nije sugerirano nešto sasvim neočekivano, kao npr. svat koji ima četiri ruke ili, recimo, taj isti punč koji ne stoji u staklenoj zdjeli nego se poslužuje iz bunara?

Isto tako, evidentno je da je došlo do inflacije novih pristupa i metodologija koje na ovaj ili onaj način ugrožavaju psihoterapeutsku struku (na čijem je glavnom oltaru i dalje Freud). Zar to nije jasan pokazatelj da se ista u zadnjih nešto više od stotinu godina nije uspjela isprofilirati kako bi mogla odgovoriti stvarnim potrebama Zapadnog čovjeka? Cijela stvar ponekad nalikuje na reakciju crkvenog vodstva pred navalom indicija da zemlja nije centar Svemira i da bi se mogla ipak vrtjeti oko nečeg drugoga. Tad je razumljivo bilo očekivati pojavljivanje raznih pravovjernika, koji su ustali u obranu svojih dogmi.

To se ovdje i dogodilo, pa su dr. S. O. Lilienfeld, dr. J. M. Lohr i prije spomenuti Lynn, ponudili koristeći liječnički žargon, svojih *pet lijekova za liječenje bolesti,* odnosno pseudoznanosti koja je zahvatila područje kliničke psihologije, tvrdeći da, ako se primijene, mogu pokazati *učinkovitost u izlječenju:*[11]

10 Usp. I. E. Hyman, T. H. Husband,F. J. Billings: *False memories of childhood experiences,* Applied Cognitive Psychology, 9, (1995)., str. 181-197

11 Usp. Ph. D. S. O. Lilienfeld, Ph. D. S. J. Lynn, Ph. D. J. M. Lohr: *Science and Pseudoscience in Clinical Psychology,* The Guilford Press, 2004., str. 461-464

1. Svi programi obuke moraju uključivati formalnu obuku u vještinama kritičkog razmišljanja.
2. Područje kliničke psihologije mora se usredotočiti ne samo na eksperimentalno (empirijski) podržane metode već i na one koje su jasno lišene eksperimentalne podrške, a u smislu **kreiranja liste psihoterapijskih metoda koje treba izbjegavati.**
3. APA i druge udruge psihologa moraju igrati aktivniju ulogu u osiguranju da kontinuirano školovanje terapeuta bude utemeljeno na **čvrstim** znanstvenim dokazima.
4. APA i druge udruge psihologa moraju zauzeti vidljiviju ulogu u javnosti u borbi protiv pogrešnih tvrdnji u popularnoj štampi i drugdje (navode internet kao primjer) o psihoterapijskim i tehnikama procjenjivanja stanja.
5. Na kraju APA i druge udruge psihologa moraju biti spremne **nametnuti jake sankcije** onim terapeutima koji se uključuju u procjene i psihoterapeutske prakse koje nisu temeljene na **prikladnoj znanosti** ili onima koje su se pokazale kao **potencijalno** štetnim.

Što reći o ovakvoj humanističko-fundamentalističkoj *recepturi* i njihovom pozivanju i prozivanju viših instanci (APA i druge udruge) u borbi za obranu stavova koji su neodrživi i temelje se na tome da smo bezdušni biološki strojevi, čija su unutrašnja stanja (svjesnost) posljedica fiziološko-kemijskih reakcija u mozgu, a ne upravo obrnuto: da je to što pokušavaju mjeriti samo učinak svijesti na materiju od koje smo sazdani. Što u ovom slučaju znači pozivanje na "čvrste" dokaze "prikladne znanosti", kada je toj istoj znanosti *prikladnije* pozivati se na više instance, stvarati "crne liste", krenuti u križarski rat i kažnjavanje vještica, umjesto da razmotri mogućnost da "Zemlja nije centar Svemira".

"Duhovna molekula" i reptili

Pogledajmo u nastavku kako su se u jednoj drugoj znanstvenoj studiji pojavila bića koja bi mogla nalikovati na Taru. Sveučilišno istraživanje (University of New Mexico, School of Medicine) je vodio dr. med. R. Strassman, koristeći u SAD zabranjenu supstancu DMT, koja je za potrebe ovog istraživanja bila legalno nabavljena uz sve potrebne formalnosti, a istraživanje vođeno striktno prema propisima. Događanja za vrijeme istraživanja opisuje u knjizi *DMT: The spirit molecule,* a snimljen je i istoimeni film.[12] Evo nekoliko citata o zapisanim svjedočenjima dobrovoljnih sudionika u eksperimentu:

> [Dr. Strassman:] "Ipak još impresivnije je bilo poimanje ljudskih i 'alien' (hrv. 'stranih', u smislu nesvakidašnjih i/ili nezemaljskih op. a.) figura koje su izgleda bile svjesne dobrovoljaca i bile u interakciji s njima. Neljudski entiteti mogli bi biti prepoznati kao: 'paukovi', 'bogomoljke', '**reptili**' i 'nešto nalik saguaro kaktusu'".[13]

Na početku 13. poglavlja pod nazivom *Kontakt kroz veo: 1,* pogledajmo što sam Strassman kaže o onome što je vlastoručno zapisao:

> "Kontinuirano sam se osjećao iznenađen gledajući koliko je puno naših dobrovoljaca 'uspostavilo kontakt' sa 'njima' ili drugim bićima. Najmanje polovica je to napravila na neki način. Subjekti istraživanja (dobrovoljci op. a.) koristili su izraze poput 'entiteti', 'bića', 'alieni', 'vodiči' i 'pomagači' u njihovim opisima. Još uvijek je zapanjujuće vidjeti vlastite napisane komentare poput 'Tamo su bila ta bića', 'Bio sam vođen', 'Brzo su došli do mene'. to je kao da moj um odbija prihvatiti nešto što je tamo [napisano] crno na bijelo".[14]

Pogledajmo što je izjavio jedan od dobrovoljaca (imenom Ken) pod utjecajem DMT-a:

> "Tamo su bila dva **krokodila**. Na mojim prsima. Pritiskajući me, silovali su me analno. Nisam znao hoću li preživjeti. Prvo sam mislio da sanjam, da imam noćnu moru. **Poslije sam shvatio da se to stvarno dogodilo**. ... Bilo je užasno. To je bilo nešto najstrašnije u mom životu. Želio sam ti reći

---

12 *The Spirit Molecule,* 2010. Film je snimljen u tipičnoj New Age maniri i nije se puno zadržavalo na iskustvima s reptilskim i sličnim bićima, već je naglasak na našim skrivenim/duhovnim potencijalima.

13 R. Strassman, *DMT: the spirit molecule: a doctor's revolutionary research into the biology of near-death and mystical experiences,* Rochester VT, Park Street Press, 2001., str.147, moj prijevod i podebljanja

14 *Isto,* str. 185, moj prijevod i podebljanja

> da te hoću držati za ruke, ali bio sam pribijen tako čvrsto da se nisam mogao niti pomaknuti niti govoriti. Isuse!"[15]

Ken nije nastavio s daljnjim sudjelovanjem i vratio se u rodni grad, potresen i pod dojmom ovog nemilog događaja. Obzirom da je Ken prije bio "rekreativac" s *ecstasyjem* i marihuanom, Strassman kaže da je naknadno bilo lako ustvrditi da su Kenove psihološke zaštite bile jednostavno preslabe da bi bile djelotvorne pod moćnim utjecajem duhovne molekule (DMT).[16] Sve u svemu, pojavljivanje reptila se spominje na desetak mjesta u knjizi.

Završne napomene

U nastavku bih htio navesti neke činjenice koje bi mogle pomoći u boljem sagledavanju čitavog slučaja s Anom:

- Ana nije mislila da je bila u nekoj neljudskoj interakciji, pa ju je to motiviralo na ovakav rad. Htjela je otići tragom ponavljajućeg sna i vidjeti što će se pojaviti. To je bio stvaran motiv ovih seansi.
- Za postizanje promijenjenog stanja svijesti korištena je Elmanova indukcija koja traje u prosjeku četiri minute, umjesto dugotrajne relaksacije ili vođene imaginacije.
- Nekoliko dana nakon prve seanse, Ana je potvrdila da je priča s Tarom čudna. U tom trenutku, a ni kasnije, nije na niti jedan način sugerirano od strane autora, niti trećih osoba da je riječ o mogućoj neljudskoj manipulaciji.
- Tijekom seansi pazilo se, što ulazi u metodu rada, da se ne utječe sugestijama i navodećim pitanjima na ono što se pojavljivalo u Aninoj svijesti, kako se ne bi stvarali nepostojeći sadržaji.
- Kad se pojavio lik Tare, koja je imala reptilska obilježja i mogla je mijenjati svoj izgled i bila prikazana kao sasvim prihvatljivo biće u mogućoj budućnosti, umjesto daljnjeg učvršćivanja tog stava, pokušano je upravo suprotno: demontiranje/trganje "scene". Je li ovo prihvatljiv zahvat ne znam, ali ono

15 *Isto*, str. 252, podebljanja moja

16 *Isto*, str. 253

što se nakon toga pojavilo je još manje očekivan prizor, daleko od pandana "zdjele za punč", koja bi mogla biti prihvatljiv dio Aninog proživljenog iskustva (iako se još nisu pojavile na vjenčanjima u nas). Za Anu bi bio puno prihvatljiviji sadržaj nekog rajskog mjesta za kupanje, što se izgleda i dogodilo, ali ne od strane autora, nego od strane bića koja su otkrivena u svome djelovanju pa su je poslali na nešto što je u stvarnosti nalik na Andaman & Nicobar otočje, što joj je u tom trenutku došlo kao neka vrsta anti-stres tretmana. Potaknuta pronalaskom implantata na nozi, Ana je u određenom trenu shvatila da je riječ o umetnutim lažnim sjećanjima. Tad se čitava scena promijenila.

- Anina životna dob, socijalna, materijalna i psihička/duhovna situacija ne prejudicira moguće sekundarne dobiti (engl. *secondary gain*) od ovakve neljudske manipulacije zbog čega bi se npr. identificirala s žrtvom bez obzira da li je riječ o stvarnim doživljajima ili moguće umetnutim lažnim sjećanjima. Ana nema povijest nikakvih psihičkih poremećaja niti su isti zabilježeni u njezinoj obitelji.
- Smatram da je "biblioterapija" u Aninom slučaju neprimjenjiva. Ona prije seansi nije tragom sumnje o mogućoj neljudskoj manipulaciji tražila pomoć i potvrdu u tzv. knjigama za samopomoć osoba koje su tvrdile da su bile izložene takvim postupcima, ali je znala za postojanje takvog štiva.

U nastavku slijedi i odgovor na kratki upitnik na koji je Ana odgovorila za potrebe ovog teksta.

Što si znala o tzv. vanzemaljskim otmicama prije regresije?
Da su neki ljudi bili oteti i da su do tih sjećanja došli regresijom – tekstovi iz knjiga.

Koje je bilo tvoje mišljenje o snu koji se ponavljao?
Da ima nekakvu poruku koju trebam shvatiti i zato se ponavlja.

Koliko je bila samostalna tvoja odluka da se odlučiš na sljedeću regresiju?
Odluka je proizašla iz potrebe da saznam više o tome što mi se događa.

Je li još koja osoba bila upoznata sa sadržajem prve regresije i ako jest, koji je bio njezin stav o tome, te koliko je za tebe bio važan takav stav?
Da, ispričala sam prijateljici regresiju sa Tarom (prva seansa), njoj je bilo zanimljivo i nije izrazila nikakav poseban stav prema tome.

Smatraš da je bilo koji drugi materijal mogao utjecati na sadržaje koji su se pojavili u regresiji?
Možda, to sa podsvijesti i njenim sadržajima je rupa bez dna. Mogao je možda utjecati i neki film koji sam npr. gledala prije 10 godina i ostao je negdje u meni začahuren. Smatram da su svi sadržaji koji su izašli ionako dio mene i bez obzira kako su završili u meni, u tom trenutku su bili ponukani izaći i nešto reći ili skrenuti pažnju na sebe. Ako je njihovo porijeklo iz nekog materijala koji sam vidjela ili pročitala, onda su ostali kod mene zato što ih je nešto privuklo.

Da li se osjećaš kao žrtva vanzemaljske manipulacije?
Da, ali se ne osjećam bespomoćno. Osjećam se snažnije otkad znam za njih.

Što danas osjećaš prema bićima koja su se pojavila?
Da su jadni i patetični. Uzimaju od nas oni što sami nisu u stanju proizvesti. Vrlo slično nama dok ne odlučimo biti drugačiji.

Zanimljivost koja bi se mogla okarakterizirati kao jedna od "primarnih dobiti" jest činjenica da je došlo do promjene na Aninom fizičkom tijelu nakon provedenog postupka otklanjanja implantata pronađenog na nozi. U nastavku se mogu vidjeti dvije snimke desne noge dan poslije druge seanse i četiri tjedna nakon toga. Što je pravi razlog zacjeljenja ove ranice koja je ustrajno iritirala i peckala Anu gotovo pet mjeseci i nije reagirala na standardnu terapiju, ne znam, i mislim da to nećemo moći sa sigurnošću ustvrditi. Činjenica jest da je ranica napokon zarasla, a neugodno peckanje i iritiranje od tada se više nije ponovilo.

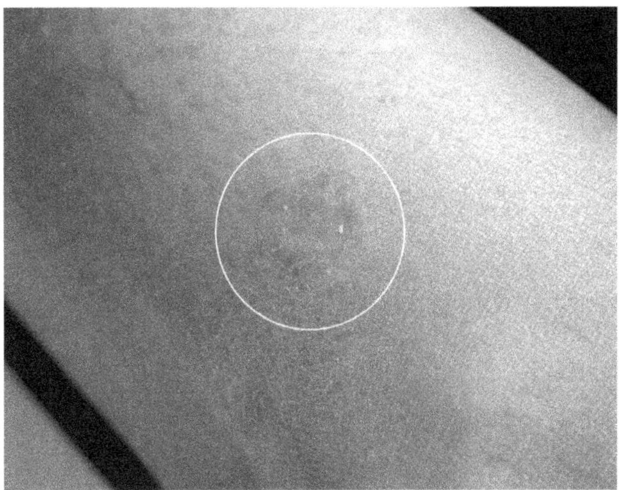

Slika 1: Snimljeno dan nakon druge seanse

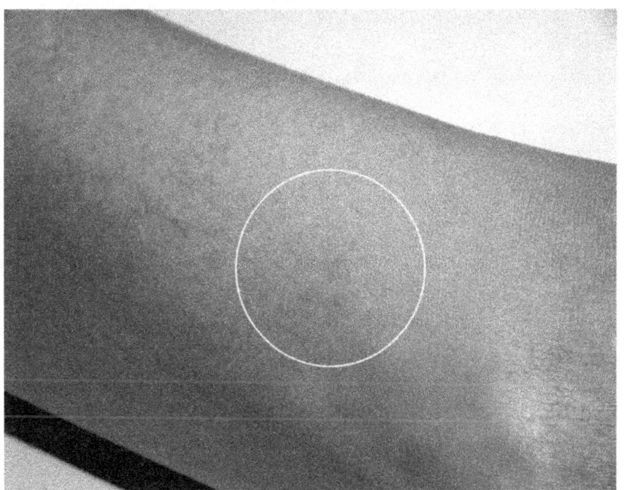

Slika 2: Snimljeno nakon četiri tjedna
(u međuvremenu nije korištena nikakva dodatna terapija)

Želio bih nešto reći i o "demontiranju scene". Kako bih bio koliko toliko siguran da ona nije bila jednostavno samo posljedica sugestije, obzirom da je osoba u promijenjenom stanju svijesti visoko sugestivna, pokušao sam u nekim drugim seansama ponoviti istu stvar. Po tome ispada da trganje scene nije moguće u slučajevima kada su u pitanju sadržaji za koje možemo reći da su zaista dio iskustva osobe, odnosno "trganje" tada nije moglo ukloniti scenu koju je osoba trenutno imala pred sobom.

Isto tako želio bi nešto reći po pitanju divno oslikane vizije naše budućnosti, gdje svi rade korisne poslove, gdje se osjeća duh zajedništva, a koja se pojavljivala Ani prvo u snovima, a onda i u regresiji. Nameće se pitanje koliko je sličnih "uvida" i "poruka" dobiveno u posljednje vrijeme, koji bi mogli poslužiti kao dobar anestetik i "namještanje vibracije" kod takvih osoba, što bi moglo potaknuti daljnje zahtijevanje za primanjem sličnih sadržaja, te betoniranje njihovih uvjerenja umjesto kritičkog sagledavanja i više opreza u daljnjem istraživanju.

Transkript snimke prve seanse

Vođeno: 04.12.2010., trajanje: 40 minuta

Prostorija i laboratorij

Denis Sada kad nabrojim do tri, dozvoliti ćeš sebi da odeš u san u kojem ideš nešto raditi (odbrojavanje) Što se događa?

Ana S kolegama sam u prostoriji ... to je **velika prostorija**, ogromna. Ne vidim gdje su joj krajevi, uopće, ali znam da nije tako velika kao da je nekakva hala, kao nekakav biro veliki s velikim stropom.

Denis Kako je, je li dan, noć, je li osvijetljeno?

Ana Osvijetljeno je, nema dana ili noći.

Denis Obrati pažnju na to svjetlo, kako izgleda to svjetlo? Kako bi ga opisala?

Ana Bijelo-plavo, bijelo, ali onako bijela koja nije žućkasta nego plava.

Denis Dobro, pogledaj malo unaokolo. Kakav je pod? Po čemu hodate?

Ana Pod je skroz ravan.

Denis Možeš li osjetiti materijal, toplinu, hladnoću, od čega je?

Ana Hladan je, hladno izgleda, nije mi hladno.

Denis	Ima neku boju?
Ana	Tamno, tamno sivo.
Denis	Što imaš na sebi?
Ana	Nekakvu normalnu odjeću ništa ... hlače i majica.
Denis	Obrati pažnju na svoje kolege, pogledaj poznaješ li koga tamo? Znaš li te ljude?
Ana	Ne.
Denis	Vidiš ih prvi put ili ste tu već neko vrijeme?
Ana	Da, oni su iz **susjednih prostorija**, sad smo se valjda svi našli zajedno.
Denis	Dobro, što se događa dalje? Što radite?
Ana	Gledamo rezultate na velikom platnu.
Denis	Na velikom platnu?
Ana	Ma nije platno, to je (uzdah) nekakvo prozirno staklo na kome se sve vidi.
Denis	Dobro. Dalje.
Ana	Rezultati su dobri, radili smo na nekakvom pokusu koji je ... us-pio.
Denis	Jel' to neki sastanak, što se događa u stvari?
Ana	Pa mislim da smo to sad prvi put **pustili u život** i vidjeli da je dobro.
Denis	Što ste pustili prvi put u život?
Ana	(pauza) Napravili smo neku preinaku ... na nekom živom biću.
Denis	Možeš li ga opisati?
Ana	(duža pauza) **Ja stalno mislim da je to čovjek, a nije.**
Denis	U čemu je problem?
Ana	Ne vidim krupnu sliku.
Denis	Dobro, dok nabrojim do tri dozvoliti ćeš sebi da vidiš krupnu sliku tog bića (odbrojavanje) Sad vidiš krupnu sliku tog bića, kako biće izgleda?
Ana	(šaptom) Ne vidim ga.

Denis Gdje se nalaziš?

Ana Tu sam u toj prostoriji, ali sad ispred vidim samo zvijezde. (Ovo je moguće bila blokada, kako se ne bi vidjelo da se stvarno radi o ljudskom biću op. a.)

Pojavljivanje "ET" bića

Denis (pokušaj produbljivanja promijenjenog stanja svijesti) ... Što se događa?

Ana Izgleda kao ET.

Denis Jel' to neko novo biće ili to koje si htjela opisati? Tko je taj ET? Opiši mi ga malo.

Ana Taj je ... ja ga **stalno pokušavam zanemariti** ... Počeo se javljati tu bez veze, kao da je on dio tog pokusa, a ja stalno mislim da nije, nema to veze s njime, a on je ... (uzdah)

Denis Što je on? On nije znači dio pokusa, on je tu nešto drugo tu? Pitaj ga što on radi.

Ana On je dio pokusa.

Denis Opiši mi ga, da vidimo kako izgleda.

Ana On mi sam kaže da je dio pokusa.

Denis Kako priča s tobom?

Ana Očima.

Denis Što to znači očima? Kakve su to oči?

Ana Krupne, gotovo crne.

Denis Ima li kosu?

Ana Ne.

Denis Opiši mi ga dalje. Što još ima? Kako ga vidiš? Kakvo mu je tijelo, koliko je visok?

Ana Mali je, možda je, ne znam, metar ... ne vidim mu skoro tijelo, vidim mu najviše tu glavu.

Denis Dobro, je li on tu sam?

Ana Sam, jedan.

Denis Dobro, gdje su ti kolege s kojima si bila prije?

Ana	Tu su i oni.
Denis	Još ste na sastanku?
Ana	Da, svi nešto komentiraju, rade, a on stalno pokušava privući moju pažnju. Imam osjećaj da ga drugi uopće ne vide.
Denis	Da li neko vodi taj sastanak? Kako to izgleda?
Ana	Ne, ne vodi nitko sastanak, pričamo, komentiramo svatko što bi još trebao napraviti ... **ne mogu se sjetiti ničega konkretnog što tamo radimo, ali možda me on odvlači, ne znam**.
Denis	Dobro, pa vrati se malo nazad, kada si bila sama u svome nekom pokusu, kada si radila taj pokus, to što si rekla da radiš. Vrati se pa pogledaj na čemu radiš. Dođi u taj trenutak i reci što se javlja. Na čemu radiš?
Ana	Na DNK.
Denis	Kako to izgleda? Gdje si uopće?
Ana	U laboratoriju.
Denis	Kako izgleda laboratorij?
Ana	Ima el. mikroskop ... neke stvari sam probala raditi na nekim malim organizmima ... trebalo je pocijepati neke spojeve.

Tara – gušter

Denis	Dobro, vrati se sada trenutak prije nego si došla u laboratorij, gdje se nalaziš?
Ana	(pauza) U nekoj sobi za sastanke.
Denis	Vrati se još nazad, prije nego si došla u tu sobu za sastanke, gdje si sada?
Ana	Na ulici. Idem na posao.
Denis	Dobro, dođi u trenutak kad ideš u taj laboratorij na to mjesto, gdje si?
Ana	Ulazim u zgradu, dolje je recepcija ... idem liftom ... izlazim van u hodnik i ulazim u svoj ured.
Denis	Kakav je bio lift?
Ana	Stakleni.
Denis	Idi u sljedeću situaciju kada si bila s tim malenim, što se događa?

Ana (pauza) On je tužan.

Denis Možeš li ga dotaknuti?

Ana Da.

Denis Pa dotakni ga pa mi javi kako to izgleda.

Ana Ima glatku toplu kožu.

Denis Po čemu zaključuješ da je tužan?

Ana Po očima.

Denis Pa pitaj ga je li tužan.

Ana Sam je i zato je tužan.

Denis Od kada je sam? Pa ti si sa njim, objasni mu to da nije sam.

Ana Sam je te vrste.

Denis A gdje ste sada?

Ana U laboratoriju.

Denis A laboratorij je gdje? U nekom gradu?

Ana Da.

Denis A grad je u nekoj državi?

Ana U Americi.

Denis Koja je godina?

Ana 2170.

Denis Jesi li još u svom laboratoriju?

Ana Da.

Denis Pogledaj po laboratoriju ima li zidova, je li s nečim ograničen taj laboratorij?

Ana Da, moj je.

Denis Dobro dođi do nekog kraja pa vidi je li to zid ili što je to.

Ana Zid je, da.

Denis Okreni se po čitavoj prostoriji i vidi ima li kakvih otvora, prozora, vrata ili nečega.

Ana Jedan zid je u staklu.

Denis Dođi do tog zida od stakla, što vidiš kroz staklo?

Ana Vidim vani je jako užurbano. Noć je.

Denis Na kojem si katu?

Ana 54-tom.

Denis Kako to izgleda vani? Po čemu zaključuješ da je užurbano?

Ana Vidi se promet, svjetla, stalno se nekud voze. **To je normalno.**

Denis Dobro, vrati se tvom usamljenom ... pitaj ga odakle je stigao kad je sam tu gdje je. Kako se uopće pojavio tu?

Ana Netko ga je doveo.

Denis Njegovom voljom ili protiv njegove volje?

Ana (pauza) Slučajno je tu zalutao kod nas, onda ga je netko doveo kod nas, na Zemlju. Netko misli da ćemo mu moći nešto raditi ... a ja ne bi da rade ništa na njemu.

Denis Pogledaj svoje ruke. Kakve su ti ruke?

Ana (šaptom) Grozne.

Denis Kako grozne?

Ana (uzdiše) Nisu ljudske.

Denis Opiši mi ih malo.

Ana Izgledaju kao kandže ... kao da su od guštera.

Denis Boja?

Ana Zelena.

Denis Što imaš na sebi?

Ana Bijelu kutu.

Denis I na nogama?

Ana Ništa.

Denis Vidiš svoje noge?

Ana Da.

Denis Kakve su ti noge?

Ana (uzdiše) Iste kao i ruke.

Denis Imaju kandže?

Ana Da.

Denis	Boja, isto?
Ana	Da.
Denis	Koliko si visoka?
Ana	2,5 metra.
Denis	Što jedeš? Kad si zadnji put bila gladna, daj vidi pa mi reci što si zadnje pojela?
Ana	Jaje.
Denis	Zanimljivo. Neko specijalno jaje?
Ana	Neko u kantini.
Denis	Veliko, malo? Koliko je to bilo jaje veličine?
Ana	Normalno.
Denis	Je si li još što jela osim tog jajeta? Pila ili nešto uzimala? S nečim se još hranila?
Ana	Nekakav napitak ... voćni.
Denis	Misliš li da si muško ili žensko?
Ana	Žensko.
Denis	Imaš neke prijatelje, imaš partnera, neko društvo?
Ana	Ne. Te kolege.
Denis	Dobro, vrati se kolegama. Kako izgledaju kolege?
Ana	Sad imam ljudski oblik i ja i oni.
Denis	Dobro, vrati se ponovno tamo kada nisi imala ljudski oblik, sad si sama ponovno? Ovaj mali je tu s tobom?
Ana	Da.
Denis	Dođi u situaciju kada si ponovno s nekim tko ima tvoj oblik ... netko da je od tvoje vrste. Vidiš li nekog takvog?
Ana	Ne ... ali znam da postoje.
Denis	Kako si došla na taj posao, imaš li neki prijevoz?
Ana	Na posao sam došla vozilom.
Denis	Sama se voziš?
Ana	Ne, to je neki prijevoz.

Denis Možeš li se sada vratiti u taj prijevoz, budi u tom prijevozu na trenutak.

Ana To je kao metro.

Denis Obrati pažnju oko sebe, ima li još nekoga?

Ana Ima hrpa ljudi.

Denis Ti si ... pogledaj svoje ruke.

Ana Ja sam isto čovjek ... ali znam da tamo ... imam svakakvih, u metrou.

Denis Po čemu to znaš?

Ana To vidim.

Denis Kako ti drugi izgledaju, opiši mi nekog.

Ana Ima ih moje vrste.

Denis Da li se prepoznajete?

Ana Da ... ali ne komuniciramo.

Denis Dobro, što ima još?

Ana (kroz smiješak) Ima i ET-ja, on ne kuži uopće da ih ima ... ima tako raznih ... ulaze i izlaze, nitko s nikim ne priča.

Denis Je li uopće mogu pričati? Ima li bilo kakvih glasova?

Ana Kad su ljudi mogu komunicirati. **Oni ne pričaju zato što ide svatko svojim zadatkom.** (pauza) Ja ih mogu vidjeti ako hoću kao ljude, a mogu ih vidjeti i ovako.

Denis To znači da se neki mijenjanju, a neki su stalno ljudi?

Ana Samo se neki mijenjaju.

Denis Ok, sada kada nabrojim do 3, doći ćeš u trenutak kada si prvi put osjetila da se možeš mijenjati (odbrojavanje). Vrati se u trenutak kada si shvatila da se možeš mijenjati. Što se događa? Gdje si?

Ana Doma sam.

Denis Gdje je to?

Ana Doma sam u stanu.

Denis Koja je godina?

Ana 2100 i ne znam koja.

Denis Što se dogodilo da možeš mijenjati oblik?

Ana Ja ga ne promijenim, ja samo vidim drugačije.

Denis Opiši svoj stan tu gdje jesi sada. Kako to izgleda?

Ana (pauza) Stan je veliki, velika dnevna soba ... sve je crno-bijelo ne znam zašto, mislim da ga nisam ja uređivala ovo mi se baš i ne sviđa. (pauza) Sam taj osjećaj dvije veličine ... dvije veličine mene.

Denis Kakav je to osjećaj?

Ana Čudan, ali nije neugodan.

Denis Na koji je način čudan?

Ana Čudan zato što ta **druga veličina ... nije stalna ... nestabilna je.**

Denis O čemu to ovisi?

Ana Kao ovisi o tome što radim.

Denis Možeš li mi reći kad se ona mijenja, koji su to poslovi kad si u jednoj ili drugoj veličini?

Ana Oni poslovi u laboratoriju su ... onda sam 2,5 [metra] ... kao po zadatku.

Denis Čije zadatke izvršavaš?

Ana (duža pauza) Zadatak ima cijela grupa napraviti nešto novo.

Denis Tko zadaje zadatak?

Ana Ne znam.

Denis Kako dobivaš zadatak?

Ana Na sastanku smo se dogovorili tko što treba napraviti. Ja imam jedan segment i nemam pojma što sve drugi moraju, niti me briga jer je ovo već dosta. (duža pauza) Kad sve bude gotovo, sve ćemo to sastaviti i krenuti.

Denis Možeš li doći u trenutak kad ste u nekom sastavljanju, da vidiš što ste sastavili, da možeš vidjeti kako se tvoj dio uklapa u neku cjelinu na kojoj radi ta grupa?

Ana (pauza) **Radi se na čovjeku.**

Denis Kako to izgleda, taj rad?

Ana Pa ja sam samo trebala promijeniti strukturu ... tu sekvencu samo predam dalje i to ide dalje. Ja nemam ništa s tim, nemam pojma kuda će oni sada dalje, tko će to sada dalje sastaviti.

Denis Što dobivaš za svoj trud, da li se on na neki način nagrađuje?

Ana Ne treba mi nagrada. **Napravim dobro i super se osjećam.**

Denis Znači to je tvoj posao i nema nekog nagrađivanja.

Ana (pauza) Ovaj je ispao najbolje.

Denis Da li se nešto posebno radi kad se završi nešto s čime ste svi zadovoljni. Kako to ide dalje?

Ana Dobije se novi zadatak.

Denis Što radite u međuvremenu, da li se odmarate ili samo radite zadatak po zadatak?

Ana **Ovo je sve igra ... što će mi odmor**. Tako sve funkcionira.

Denis Dobro vrati se tom velikom tijelu dok radiš u laboratoriju. Možeš li doći pred stakleni zid u trenutku kada je dan, a ne noć da vidiš van kako to izgleda danju, a ne noću.

Ana Ne vidi se baš puno, sve je sivo, svjetlo-sivo.

Denis Što je to što vidiš vani, stvarno grad ili nešto drugo?

Ana Grad je.

Denis Kako se zoveš?

Ana (duža pauza) Tara.

Denis Što Tara voli osim što voli ispunjavati zadatke? Da li se s još nečim drugim igra osim tim zadacima?

Ana Glazba.

Denis Tara svira ili samo sluša?

Ana Sluša.

Denis Da li bi Tara imala što za poručiti Ani danas u 2010. godini?

Ana (pauza) Da se opusti i uživa ... Da se ne boji.

Denis Tara zna čega se Ana boji?

Ana (pauza) Da.

Denis Može li joj dati još kakav konkretan savjet?

Ana **Sve je samo igra.**

Denis Možemo li sada pozdraviti Taru?

Ana	Da.
Denis	Ima li Ana što poručiti Tari u budućnosti?
Ana	Neka čuva ET-ja od pokusa.
Denis	Ima li potrebe da Ana i dalje kroz snove dolazi do Tare i to proživljava?
Ana	Nema.
Denis	(odbrojavanje za povratak u uobičajeno stanje svijesti, završetak seanse)

Transkript snimke druge seanse

Vođeno: 25.12.2010., trajanje: 66 minuta

Tara u laboratoriju

Denis	Gdje si sada?
Ana	U laboratoriju sam.
Denis	Je li dan ili noć?
Ana	Ne znam ovo je svjetlo umjetno.
Denis	Jesi li sama?
Ana	Jesam sama sam i prenosim neke papire s jedne strane na drugu u laboratoriju.
Denis	Dobro. Pogledaj svoje noge. Kakve su ti noge?
Ana	Čudne.
Denis	Opiši mi svoje noge.
Ana	Stopalo je veliko. Ne znam broj i nema ništa na njima.
Denis	Boja?
Ana	Zelena.
Denis	Dobro, dalje. Imaš prste? Kako to izgleda?
Ana	Malo imam, malo nemam. To je to. Ili prste ili isto tako nešto zeleno čudno. Imam u glavi jednu sliku sebe. Imam dugu smeđu kosu, kovrčavu, a onda u trenu više to nije to.

Denis	Kakve su ti ruke?
Ana	Ruke su zelene isto.
Denis	Možeš li osjetiti svoj miris?
Ana	Nema mirisa, nego nešto kao da je sluzavo, nekako čudno.
Denis	To sluzavo je gdje, po čemu?
Ana	Sluzavo je ... nisu ruke sluzave nego su nekako hladne. Na dodir su hladne.
Denis	Što radiš u svom laboratoriju? Što se dalje događa?
Ana	Ma pripremam se nešto proučavati pa zato slažem papire da mi to bude uredno, da mi ne smetaju.
Denis	Dobro. Vrti vrijeme malo naprijed da vidimo što će se dogoditi.

Nema budućnosti, Betty u sadašnjosti

Ana	(duga pauza) Ne mogu krenuti naprijed.
Denis	Idi malo unazad, od trenutka u kojem si bila pa da vidimo što će se javljati.
Ana	Uvlači me, kao da me usisava nešto, ... ima oblik kao da je truba, gore je, nešto je, ... ne znam u što me usisava u vrijeme u prostor, u nešto me usisava, ... postaje sve uže, ... nije lijepo ne znam kuda ću završiti. Kao na filmu, ali to više nisam ja. To je, ... kao da vidim nekoga tko se budi, ta osoba je ženska osoba koja je, ... kao da je to bio njezin san.
Denis	Dobro, dalje.
Ana	Živi u nekoj kući ... u nekom predgrađu gdje su sve kuće u nizu. Ja to mogu gledati izvana kao da je film. Ne znam gdje sam ja.
Denis	Ne znaš gdje si ti. Znači ti nisi ta žena?
Ana	Ne. (duboki uzdah)
Denis	Što se dalje događa?
Ana	Ona se budi, ustaje i ... očito joj je muž već otišao, vidim da je tamo netko ležao kraj nje. I djeca su negdje u kući, valjda.
Denis	Što ona radi?
Ana	Sprema doručak. U kuhinji je.
Denis	Ima kuhinja prozor?

Ana	Da, ima prozor. Vani se vidi vrt s travom.
Denis	Ima li po kuhinji kalendar?
Ana	Ne. Ali mi se čini da je sve nešto ... moglo bi biti ovo doba (sadašnje vrijeme op. a.). Sve izgleda normalno, ne znam.
Denis	Znaš li možda u kojem je to gradu ili državi?
Ana	Amerika je sigurno.
Denis	Aha, a ti si, gdje? Ti to gledaš?
Ana	Da, ja sam tu, ali me nema.
Denis	Dobro i što ti misliš dok to gledaš?
Ana	Kako je vjerojatno čudno to što joj se dogodilo, zapravo ona se samo probudila, a ne zna ... kad se probudila ne zna ništa o tome. Ona je sanjala.
Denis	Ta žena?
Ana	Da.
Denis	Kako se zove ta žena?
Ana	(duža pauza) Betty.
Denis	A ti gledaš Betty? Dobro idemo vidjeti dalje što će se događati s Betty. Što dalje radi?
Ana	Betty je sve spremila i sprema se sada da ode na posao. Ulazi u auto i vozi se prema gradu. ... Sad je gužva. Sad je već nervozna jer ima hrpu stvari za odraditi, a da to ... ne zna hoće li stići. Sad ima osjećaj da je već radila. ... **To je taj osjećaj**. Sad Betty ulazi u zgradu koja jako podsjeća na onu gdje Tara radi.
Denis	Što se dalje događa?
Ana	**Sad sve izgleda kao da je poduplano.** Isto to što je radila Tara samo je sad sve, ... samo u ljudskom obliku. Pozdravlja kolege, ulazi u svoj laboratorij. Radi, ... zove doma da vidi jesu li djeca krenula, je li sve ok.
Denis	Gdje si ti?
Ana	(duža pauza) Nemam pojma.
Denis	Dobro, idi naprijed s tom Betty da vidimo što će se dogoditi dalje. Što Betty dalje radi?
Ana	Sad je doma, nervozna, sve joj ide na živce, i muž i djeca, ne

	može skužiti uopće ... u stvari je nezadovoljna s poslom. Nezadovoljna je s time što radi i dosta joj je svega. (duža pauza) Ide spavati ...
Denis	Je li sama?
Ana	Ne, muž je pored, on već spava.
Denis	Dobro, dalje.
Ana	Ja nekako osjećam da će ona **u snu opet raditi**, a ona, ... ne znam je li ona što osjeća ili ne, ali ja imam osjećaj da će ona opet krenuti tamo.
Denis	Dobro pa idi dalje, da vidimo što će se događati. Je li zaspala Betty?
Ana	Da. Sad ide prema gore.
Denis	Tko ide prema gore?
Ana	Ona ista misao koja me je prije spuštala. (pauza) I sad sam opet u svom laboratoriju.
Denis	Koja je sada godina?
Ana	2170. Ja mislim, tako nešto.
Denis	Imaš li u uredu neki kompjuter ili neku napravu kao kompjuter?
Ana	Nešto slično nekadašnjem kompjuteru.
Denis	Pa približi se toj napravi, dođi do nje, pa mi opiši kako izgleda naprava. Na što ti to liči?
Ana	Naprava ima tipkovnicu ... koja je u ravnini plohe, gdje se može pokretom prsta napraviti sve, ne treba se posebno tipkati, a isto to se može raditi i na ekranu velikom, naprijed na kojem se to sve vidi. Pa onda radim ili na tipkovnici ispred ili na ekranu kad tamo želim nešto ali više volim rad na tipkovnici.
Denis	Dobro, otipkaj na tipkovnici koja je godina.
Ana	(pauza) 2178.
Denis	I ti si Tara?
Ana	Da.

Demontiranje scene

Denis	Ok. Sada zamrzni tu sliku, zamrzni to gdje jesi, skroz je

zamrzni, ... rasparaj tu scenu i vidi što je iza scene. Rasparaj tu scenu i idi iza scene i vidi što se javlja. (pauza) Rasparaj tu scenu kao da je od papira, plakat, rasparaj ga i vidi što je iza njega ... Što se javlja?

Ana (promjena glasa) Neka čudna bića.

Denis Opiši mi ta čudna bića. Koliko ih je? Gdje si sada?

Ana Nekih 6-7 oko mene. Ja sam na nečemu, nije stol, ali nešto slično. Oni svi stoje oko mene i gledaju u mene.

Denis Je li ti stojiš ili ležiš ili sjediš, što radiš?

Ana Ja bi trebala ležati, ali pokušavam se dići.

Denis Ti ležiš ne nečemu poput stola. Kakav je to stol? Možeš li ga vidjeti, ima boju?

Ana Metalan je.

Denis Na metalnom stolu ležiš, pokušavaš se dignuti. Koliko ih ima oko tebe?

Ana Pet.

Denis Pet. Kakvi su? Dobro ih pogledaj.

Ana (pauza) **Sivi su s velikom glavom.**

Denis Koje su veličine?

Ana A ne znam, metar i pol, možda tako.

Denis Kako se osjećaš dok ih gledaš?

Ana (ljutito) Hoću se maknuti od njih.

Denis Što se dalje događa?

Ana (potreseno) Ništa oni samo promatraju mene, **hoće kroz moje oči vidjeti što je to bilo**.

Denis Dobro. Možeš li pogledati oko sebe kako je? Možeš li još nešto vidjeti osim njih? Tu prostoriju ili taj prostor u kojem jesi.

Ana Prostor je ogroman, ali čini mi se da se tamo isto nešto slično događa i drugima.

Denis Ok, pa idi malo naprijed, još malo naprijed u toj sceni da vidimo što će se sljedeće javiti.

Ana (pauza) Šalju mi poruku da se smirim.

Denis Tko ti šalje poruku?

Ana Ovi oko mene.

Denis A ti nisi smirena?

Ana Nisam bila smirena jer taj tren kad sam pocijepala sliku, odjednom sam ih vidjela i to je bila panika.

Denis Dobro, pa možeš li vidjeti uopće što tu radiš, kako si tu uopće došla tu?

Ana Pokušavam doznati od njih što hoće od mene. (pauza) Ovo je njima bio samo pokus, htjeli su valjda staviti neke misli u moju glavu da vide kako ću ja odreagirati.

Denis Aha, znaš li koje su to misli?

Ana To su bile misli vezane uz ovaj posao. To je bila samo proba.

Denis Što se dalje događa?

Ana Čini se da je to njima dosta. Rekli su da je sve ok, da neće sad više ništa.

Denis Ok, vrati se sad malo nazad prije trenutka dolaska na taj stol ... polako se vrati nazad ... što se događa, gdje si?

Ana (duža pauza) Nema ničega. Da, nešto kao ... jako je svjetlo i ... vidim samo svoju siluetu u tome, kao da vidim sjenu, ali sjena stoji uspravno u tom svjetlu.

Denis A ti si gdje?

Ana Ja idem kroz to svjetlo i pored sebe vidim svoju sjenu koja je uspravna, nije ležeća što bi bilo normalno.

Denis Zašto, zato što ti ležiš?

Ana Stojim na podu, a sjena je pored mene.

Denis To kao da si sa strane osvijetljena? U svjetlu si, kakve je boje svjetlo?

Ana U svjetlu sam ne vidim izvor svjetla. Bijelo je, skroz je bijelo.

Denis Dobro, idi sad malo naprijed da vidimo gdje će te to dovesti?

Ana (duža pauza) Sada sam ušla unutra negdje, u neki hodnik i ovaj, ... ta grupa od njih pet je zadužena za mene kao da su znali da ću ja tamo doći i sad ... oni već znaju što trebaju napraviti.

Denis Kako se ti osjećaš? Kako to tebi sve izgleda to gdje jesi sada?

Ana Pa izgleda kao san, kao da nije stvarno. Ništa ne vidim, ništa čudno u tome, izgleda kao da su ... mislim **nemam osjećaj da će mi netko nešto naškoditi**, kao da su me dočekali.

Denis Dobro, idi naprijed, još malo naprijed, što se javlja dalje?

Ana Rekli su da hoće samo nešto probati i sad ... sam legla.

Denis Gdje si, jesi u tom hodniku ili negdje drugdje?

Ana Sad sam ušla u tu prostoriju i ... u nekakvoj sam bijeloj pamučnoj ... nešto, nije spavaćica ali nešto tako izgleda.

Denis Je li te ona sjena prati?

Ana Ne, ne.

Denis Ona je nestala, dobro.

Ana Ovo je drugačije osvijetljeno, malo je više sivo, malo tamnije je sve ... Rekli su da legnem i da će mi samo spojiti, da će mi pustiti nešto da čujem i da im ... javim kako to izgleda, kako mi se to čini. ... Ja sam rekla dobro.

Denis Kako komunicirate?

Ana Pa ja uglavnom ... imam potrebu odgovarati riječima, a oni ne, ... oni me pogledaju i onda znam ... **Oni su mi ubacili te misli o Tari**. (duža pauza)

Denis Što se još događa osim što su ti ubacili misli o Tari? Gdje si sada?

Ana Sad sam ponovno tamo ... sad više nemam tu sliku sad smo je ... sad znam što je to bilo.

Denis Znači sad više nisi na stolu i tamo gdje snimaju?

Ana Jesam naravno, sad kad sam se vratila nakon što sam ... skužila da je sve to bilo ... to mi se učinilo tako stvarno prije, oni su zadovoljni s tim rezultatom.

Denis Kako se ti osjećaš?

Ana (uzdah) Ja se osjećam bez veze.

Denis Što bi htjela napraviti s tim osjećajem?

Ana (uzdah) Ne znam, znam samo da se oni osjećaju onako kako sam se ja osjećala kad sam radila tamo u laboratoriju i kad smo napravili nešto kao dobro i uspjeli (iskustvo iz prethodne seanse op. a.) ... i to u biti nije bio moj osjećaj nego NJIHOV osjećaj koji su oni sad uzeli ... jer oni to **ne bi znali ni mogli osjećati** da nije bilo mene. **Oni su jednostavno kradljivci.**

Denis Dobro, što ti o svemu tome misliš?

Ana Da su kradljivci.

Denis Želiš li nešto napraviti po tom pitanju?

Ana (odrješito) Želim da se maknu od nas.

Denis Aha, gdje si ti sad?

Ana Ja sam još uvijek tamo i smišljam kako kad se vratim ... nastojat ću napraviti sve da mi više nikad to ne naprave.

Denis Ti si rekla da kad pričaš s njima, oni te pogledaju i znaš što misle?

Ana Pa da, znaju oni što ja sada osjećam. Okrenuli su se od mene. Više im nisam interesantna.

Denis Koliko ih je?

Ana Sva ekipa, sva petorica. Kreću dalje vide da je ...

Denis Možeš li ih ti bilo što pitati? Imaš li uopće potrebu da ih nešto pitaš?

Ana Ma nemam ih potrebu više vidjeti.

Denis Ok, što želiš dalje?

Ana Želim se nekako zaštiti od njih u budućnosti.

Denis Što misliš da bi ti moglo pomoći u zaštiti od njih u budućnosti?

Ana (uzdah) Ovo što sad znam je već puno.

Denis Misliš li da bi na tom mjestu mogla doći do još nekih informacija, misliš da bi ti tako nešto moglo pomoći?

Ana (duža pauza) Čini mi se da ... kad gledam kako oni komuniciraju, kako uzimaju misli i kako ... treba jednostavno naučiti kako mislima ih blokirati. To je jedini način. Naučiti njihov način komunikacije i blokirati ga.

Denis Misliš znači da je njihov način komunikacije mislima važan, način na koji oni uopće ... to što ti rade?

Ana Da, da.

Denis Jesu li oni još tu ili su otišli?

Ana Oni su tamo, okrenuli se nekim drugima i nastavili su dalje raditi, nisam im više interesantna.

Denis Možeš li ti što napraviti?

Ana (uzdah) Ja se mogu samo dići od tamo i ...

Denis Dobro, pa napravi ono što bi željela u tom trenutku napraviti.

Ana Došla sam do drugog stola gdje oni nešto rade, ali ja sad ne mogu pročitati njihove misli što rade toj osobi ... Napravili su takav krug da ne mogu ništa vidjeti.

Denis Aha, kako znaš da je neka osoba na tom stolu?

Ana Pa pretpostavljam ... Sad me izvode van.

Denis Gdje su te izveli? Što je to vani?

Ana Bijelo svjetlo.

Denis Što se dalje događa?

Nike na otoku Mohatma

Ana (duža pauza) Mrak.

Denis Idemo dalje. Gdje si sada?

Ana (duža pauza) Sad sam na nekakvoj pješčanoj plaži pod vedrim nebom ... u noći.

Denis Dobro, vidiš svoje noge?

Ana Uhm.

Denis Kako izgledaju tvoje noge?

Ana (zadovoljno) Lijepo.

Denis Jesi li žensko ili muško?

Ana Žensko.

Denis Pogledaj svoje ruke.

Ana To su moje ruke.

Denis Čuješ li što oko tebe? Jesi li sama?

Ana Sama, samo šum mora. (duža pauza) Ovdje sam se došla odmoriti. (duža pauza) Izlazak sunca. Fantastično, baš se ... **punim se skroz s energijom**, baš dobro.

Denis	Znači sviće,vidiš li sad bolje oko sebe, gdje si?
Ana	Znam ja cijelo vrijeme gdje sam. Ja sam na svom otoku.
Denis	Tvoj otok je, gdje?
Ana	U Aziji.
Denis	Dobro, kako se zoveš?
Ana	Nike.
Denis	Koliko imaš godina Nike?
Ana	22
Denis	Dobro, što se dalje događa?
Ana	(pauza) A, znam da bi se trebala dići i otići sada, a ne da mi se još, baš mi je fino.
Denis	Gdje misliš da bi trebala otići?
Ana	Trebala bi se vratiti doma ... tu odmah kroz tu malu šumicu pa onda ... je naselje.
Denis	Ok, što ćeš napraviti?
Ana	A znam da ću krenuti jednom. (duža pauza) Krenula sam sad ... sad prolazim kroz tu šumicu, tamo je baš onako, fino je zeleno i mirisno. Jutro je pa je postalo malo toplije, fino. Da, evo doma su zabrinuti gdje sam bila ali ... svi su polako naučili da sam ... s vremena na vrijeme.
Denis	Tko je sve doma?
Ana	Mama, tata i brat.
Denis	Kako ti izgleda kuća, možeš li to malo opisati? Na što to liči?
Ana	Liči na dobro opremljenu kolibu.
Denis	Od čega je koliba, od kojeg materijala?
Ana	Zemlje i trstike.
Denis	Ima kakvih zvukova?
Ana	Samo ptice.
Denis	Mirisa?
Ana	Da, cvijeća.
Denis	U kojoj si godini? Računate li godine tamo?

Ana	Hm.
Denis	Ne? Ne znaš koja je godina?
Ana	Znam koliko ja imam godina.
Denis	Aha, ali ne znaš koja je godina, možeš li koga pitati?
Ana	Ha, svi se smiju (smije se) Koja je godina, čega? (smije se)
Denis	Pa, pitaj ih koja je godina od onog što se zadnje važno njima dogodilo.
Ana	Aaaa, (smije se) 4500 i neka.
Denis	Od trenutka čega? Od kad su oni počeli brojati te godine?
Ana	A tada se nešto važno dogodilo tamo na otoku ... Nešto je bilo ... naš ... veliki otac ... je tada bio tamo.
Denis	Kakav je njihov stav prema velikom ocu? Tvojih mještana? Što oni misle o velikom ocu?
Ana	Da je dobar jer nam je sve to dao.
Denis	A je li znaju kako je došao veliki otac?
Ana	Odozgo.
Denis	Pao odozgo, došao na nečemu? Znaju li bilo što vezano za to?
Ana	Samo je došao.
Denis	I kad je došao što se dogodilo?
Ana	Onda je postalo sve dobro ... Naučio ih je svašta.
Denis	Na primjer? Ima li nešto što im je vrlo važno, što oni jako cijene?
Ana	(pauza) Gradnja ... hrana ... plodovi razni ... pomirio je one koji su se svađali. Nitko više nije ratovao.
Denis	A kako su sada, jesu sada u ratu ili miru?
Ana	U miru.
Denis	A taj otok gdje si je li to jedan otok ili je to neka skupina otoka?
Ana	To je otočje.
Denis	A kako zovu vaši otok na kojem jeste?
Ana	Mohatma.
Denis	Kako se komunicira s ovima na susjednim otocima? Kako dola-

zite jedni do drugih?

Ana S brodovima, malim napravljenim od drveća.

Denis Koliko tu ima mještana? Je li to veliko, malo naselje?

Ana Raštrkano je, dosta nas je, ali smo raštrkani.

Denis Što ti radi mama? S čim se ona bavi?

Ana Ona ... plodove ... skuplja i obrađuje nešto zemlju ... i to ona kuha ... tata ide u lov ... ide u ribolov.

Denis S čime lovi ribe?

Ana S mrežom, a nekad idu i sa strijelama.

Denis Znači ide ih više?

Ana Da, idu svi skupa.

Denis Ide onda i brat sa njima?

Ana Brat se oženio. I on ide sa njima.

Denis Koji su tvoji poslovi?

Ana Moj posao je da pomažem njima svima ... kad što zatreba ... htjeli su me udati, ali ja sam se pravila čudna da ne bi to napravili. Nije mi se sviđao taj tip.

Denis Kako su oni to prihvatili?

Ana (uzdiše) Pokušali su me nagovoriti, a onda kad su vidjeli da ... da mi se ne da, onda su me pustili na miru. Kod nas nema prisile (duga pauza), a ja ću postati teta.

Denis Što si vidjela? Kako znaš to? Jesu ti rekli?

Ana Rekli su mi, da. Baš se veselim.

Detekcija i skidanje implantata

Denis Dobro. Hajde pogledaj ponovno dolje na svoje noge. Na one dijelove tu iznad gležnja, tu znači skroz dolje s jedne i s druge strane noge, ... pa malo ispitaj jednu i drugu stranu nogu i vidi je li sve u redu ili ima što za prijaviti.

Ana (duža pauza) Nije u redu.

Denis Što nije u redu? Na kojoj nozi gledaš?

Ana Na desnoj nozi nije u redu.

Denis	Što na desnoj nozi nije u redu?
Ana	Tu iznad gležnja se nalazi nešto.
Denis	Možeš li to pogledati? Opiši mi to, kako to izgleda iznad gležnja?
Ana	Hmm, nekakav komadić unutra, fluorescentni ... nešto isijava.
Denis	Jesi još na tom otoku?
Ana	Ma kakvi.
Denis	Gdje si sada?
Ana	Na stolu.
Denis	Kakav je stol? Je li ti poznat taj stol?
Ana	Ma da.
Denis	Kakav je to stol?
Ana	(uzdah) Onaj od prije.
Denis	Što se događa?
Ana	Stavili su to unutra.
Denis	Što je to?
Ana	To je nekakav indikator za njih.
Denis	S čime su to stavili?
Ana	Oni to mogu staviti unutra za tren. Nije me ništa boljelo.
Denis	Kako to rade?
Ana	(uzdah) Mislima.
Denis	Tko su oni?
Ana	Ona ista ekipa od prije.
Denis	Koliko ih je?
Ana	Pet. Uvijek isti.
Denis	Ta petorica, ... imaju li oni nekog gazdu?
Ana	(pauza) Da ... imaju sigurno.
Denis	Misliš da si ga ti kad susrela?
Ana	(uzdah) Imam samo sliku o njemu, ne znam tko mi je stavio u glavu.

Denis Dobro pa opiši tu sliku gazde.

Ana Ma nekakav gadni gmaz.

Denis Koliko je visok?

Ana Ne znam, 3,5 ... 4 metra.

Denis Što ima na sebi?

Ana Nečim je ogrnut, ali ja znam da je ljuskast.

Denis To s čime je ogrnut kako izgleda?

Ana Nešto sivo.

Denis Sliči li to nekom našem odjevnom predmetu?

Ana Ma neka halja ... nešto tako ... time je prekriven.

Denis Ima li što na glavi?

Ana Po toj glavi kužim da bi trebao biti neki gmaz, nekakav ljuskasti.

Denis Oni su ti to stavili u nogu, još si tamo na tom stolu?

Ana (pauza) Oni su to stavili da gledaju na tom velikom ekranu kako reagiram na nešto.

Denis Dobro, možeš li uopće razumjeti što se događa, ... što gledaju?

Ana (duža pauza) Krvotok i svašta nešto.

Denis (duža pauza) Pogledaj još malo bolje, vidi što se još događa, javi ako ima još što zanimljivo.

Ana Imam osjećaj da sam sva prozirna osim tog dijela.

Denis A taj dio je kakav?

Ana Zeleni, fluorescentni, svijetli.

Denis Pa što želiš s tim napraviti?

Ana Izbaciti to vani.

Denis Želiš da to izbacimo? Ok. (pauza) Sada ću pozvati snage Svjetla da okruže čitavu scenu, napune svjetlom kompletnu scenu da bude potpuno neprobojno, da izvana nitko ne može utjecati na ono što ćemo sada napraviti. Pozivam snage Svjetla da okruže i ne dozvole da bilo što izvana utječe na nas, da nas zaštite u ovome. (pauza) Ok, što se javlja?

Ana (pauza) Nema više ničega.

Denis Ok, gdje nema ničega? Nema one scene?

Ana Da.

Denis Gdje si sada?

Ana (pauza) Nema njih više, ... nema više tog unutra.

Denis Dobro, jesi li sigurna da je ovo zeleno nestalo, ... ili je još tamo? Dobro obrati pažnju na to.

Ana (pauza) Nisam sigurna.

Denis Nisi sigurna? Dobro, sada ćemo napraviti sljedeće ...

Ana (prekida) Samo sada više ne svijetli.

Denis Ok, promijenilo je boju?

Ana Kao da je tamno.

Denis Sada je tamno? Odlično. Sada bih pozvao pomoćnike iz Svjetla da jednostavno maknu to iz noge, ... tu crnu stvar koja je prije svijetlila, da jednostavno maknu iz noge, deaktiviraju je, unište bilo kakvu vezu, ... tog uređaja sa onim bićima od prije i da unište tu napravu. Ako je ostala bilo kakav pukotina na tom mjestu da je ispune Svjetlom, ... da jednostavno zaliječe taj dio Svjetlom. (pauza) Što se događa?

Ana (duga pauza) Osjećam se bolje.

Denis Pogledaj nogu.

Ana Obje su jednake.

Denis Dobro. Da li ono unutra još postoji na bilo koji način? Dobro obrati pažnju na to. Da li bilo što postoji, je li bilo što ostalo?

Ana Samo to mjesto gdje je bilo.

Denis Zamoliti ću još jednom snage Svjetla da napune to mjesto svjetlom, jednostavno zaliječe to mjesto svjetlom, da može biti funkcionalno i integralni dio ostatka tijela. (pauza) (slijedi zaštita bijelom svjetlošću) ... Kako je noga?

Ana Dobro.

Denis Noga je dobro? (pauza) Jesi li bilo koga oko sebe mogla vidjeti? Na bilo koji način osjetiti? Njihovu prisutnost?

Ana (pauza) Ne baš. Nešto je bilo drugačije, ali nisam u stvari ni obraćala pažnju.

Denis Dobro. Zahvali im se, ... za pomoć što su nam tu bili pri ruci. (pauza) Kako je noga?

Ana Dobro.

Denis Ok, možemo se sada vratiti?

Ana Uhm.

Denis (instrukcije za vraćanje u uobičajeno stanje svijesti)

Razgovor nakon seanse

Ana Skroz sam utrnuta.

Denis (pauza) Pratiti ćemo nogu. Ako ti bilo što sada padne na pamet slobodno reci, dok se još vraćaš, nisi još u svojoj uobičajenoj svijesti.

Ana Čudno je kako se samo služe trikovima. Eh, što znaju uljepšati ne bi čovjek vjerovao. Pazi, stave te na mjesto s kojeg ne bi otišao ni u snu, nikada. **Svi su puni ljubavi i razumijevanja** jer je to mjesto na kojem ćeš se fino odmoriti, zaboraviti vjerojatno sve ono što si do maloprije prošao. Skrenu ti pažnju i vrate te negdje drugdje i imati ćeš osjećaj da je sve u redu, ... i u trenutku kad si pitao za nogu, samo phhh ... nestane!

Denis (komentar prve scene, sumnje da je i druga namještena i o boji i svojstvima implantata)

Ana Da ovo je bilo zeleno, žarko zeleno (pokazuje na svjetlozelenu vrećicu u sobi) kao da je fluorescentno i u biti sjaji, isijava kao da kaže, evo radim.

Ana Da, fino smo markirani.

Denis Dobro, ovi sivi kako izgledaju?

Ana Prestrašno. Mislim prestrašno, izgledaju tako da imaju veliku glavu s tim velikim očima, nekakvo malo usko tijelo. Nemaju potrebu za komunikacijom, osim u trenutku kada trebaju nešto od tebe. U trenutku kada im je dosta, oni se okreću i dalje rade svoj nekakav drugi posao. Ovdje sam točno imala osjećaj krađe emocije jer je to, ... on to ne osjeća, on ne zna u stvari što je to, **on ti stavi nešto, ti to proživiš i onda on to uzme i proanalizira ili na taj način, nešto radi s tim**. Nešto što nikada ne bi osjetio, doživio, ni ništa, jer on to ne može, on je ... stroj, praktično, ... koji po zadatku nešto radi. Nemaš osjećaj da je nasuprot tebe, u trenutku kada ga skužiš kakav je, ne razmišljaš o njemu kao o živom biću. Za razliku recimo od prošlog puta kada je Tara imala onog sivog pored sebe, koji je jedan od svoje vrste kojeg treba zaštiti, to i ovo nema veze jedno s drugim.

Denis Koliko Tara liči na njihovog gazdu?

Ana Uf, ne mora biti on, al' mu je ... kćer, sestra ili netko sličan.

Slučaj Tion – skidanje entiteta preko posrednika

Postupak je vođen u dva navrata – 03.02. i 08.02.2011. g. na Gordanu, koji je u posljednje vrijeme osjećao sve veći odljev energije, zbog čega je bio umoran i iscrpljen. Imao je i problema s vidom i spavanjem. Prije samog postupka dobio je snimku skripte iz 10. poglavlja za pronalaženje entiteta, čije je slušanje izazvalo opetovanu reakciju, koja se očitovala kao jak pritisak u prednjem dijelu glave. U prvoj seansi postupak oslobađanja nije bilo moguće provesti jer je nakačeni entitet imao kontrolu nad očima, pa Gordan jednostavno nije mogao "vidjeti" što se događa za vrijeme dok se nalazio u promijenjenom stanju svijesti. Kako se to manifestiralo, moguće je pročitati u isječku transkripte prve seanse. Pozivanje pomoći iz Svjetla samo je na trenutak promijenilo situaciju, na način da je pritisak nestao, ali Gordan i dalje nije bio u mogućnosti nastaviti s radom. Zbog takvog tijeka događaja, odlučeno je da se nastavi sljedeći put – korištenjem posrednika.

Za uspostavljanje komunikacije s Višim Ja posrednice Tamare koristio se tzv. ideomotorni efekt, na način da se u promijenjenom stanju svijesti zatraži od Višeg Ja da izabere koji će prst pomaknuti u slučaju potvrdnog, a koji za slučaj negativnog odgovora na postavljeno pitanje. Prsti se pokreću pobudom iz podsvijesti, s kojom je Više Ja u izravnoj vezi. Izravna veza između svjesnog uma (ega) i Višeg Ja osobe nije moguća, a i uspostavljena komunikacija preko podsvijesti ima svoja ograničenja, jer s Više Ja se može komunicirati simbolima i znakovima. Tamara je po uspostavi kontakta s Gordanovim Višim Ja bila u mogućnosti "vidjeti" što Gordan ima na tijelu i prijavila čitavu instalaciju, koja se protezala tijelom i bila kontrolirana od entiteta koji se predstavio kao Tion i koji je obitavao na Gordanu više od 30 godina.

Isječak transkripta snimke prve seanse

Vođeno: 03.02.2011.

Gordan	[...] Kao da mi ne dozvoljava da se koncentriram.
Denis	Što ti ne dozvoljava da se koncentriraš? Gdje osjećaš to što ti ne dozvoljava?
Gordan	Tu na čelu.
Denis	Vraća te to nazad?
Gordan	Kao da ne mogu odatle.
Denis	Pa vrati se ponovno na to što te vraća nazad i vidi da li je to možda s nečim povezano? Da li tu još nešto postoji?
Gordan	(pauza) Ne dozvoljava mi uopće da idem, uopće **razmišljati** o tome. Osjećam samo taj pritisak. ... Kao da je zakačeno nešto i kao da me vuče prema van.
Denis	Možeš li vidjeti što je to zakačeno, odnosno kako to izgleda što te nakačilo?
Gordan	Ne, samo osjećam. ... Na čelu, a sada mi je i na očima. Toplina neka, koja isijava prema van i oči, taj pritisak, samo osjećam, ali **ne vidim ništa.**

Transkript snimke druge seanse

Vođeno: 08.02.2011., trajanje: 35 minuta

	(Uspostavljanje komunikacije s Tamarinim Višim Ja)
Denis	Zamolio bi sada tvoje Više Ja da zatraži od Gordanovog Višeg Ja, dozvolu za stupanje u kontakt.
Tamara	(Podignut prst za "Da" odgovor)
Denis	Sada bih zamolio tvoje Više Ja, da zatražiš od Gordanovog Višeg Ja, da nam da dozvolu da skeniramo njegovo tijelo i vidimo da li postoji na njemu nešto što mu ne pripada i što mu smeta u životu i njegovom daljnjem razvoju.
Tamara	(Podignut prst za "Da" odgovor)
Denis	Hvala. Sada bih zatražio od tebe da skeniraš Gordanovo tijelo ... tako da zamisliš minijaturno sunce u sredini njegovog

solarnog pleksusa, kako širi unaokolo zrake i ispunjuje ga u potpunosti i da pogledaš da li na tom svjetlosnom tijelu, na tom svjetlu koje ga ispunjava, vidiš bilo kakvu nepravilnost ili bilo što, što ne pripada Gordanovom tijelu, da mi to prijaviš.

Tamara (duža pauza) Ima nešto što je vezano s mokraćnim kanalom, završetkom u biti ... ima malu pločicu unutar spolnog organa, koja direktno utječe na rad mjehura i bubrega. (pauza) Kroz želudac i grlo mu ide gore do vrha glave.

Denis Što je to što mu ide do vrha glave?

Tamara Ravna žica koja se spušta dolje do spolnog organa i završava na tjemenu. Na tjemenu je raširena kao žbica od kišobrana.

Denis Ima li još što?

Tamara Ne.

Denis Obrati pažnju na to zadnje na vrhu što ima kao žbica kišobrana.

Tamara To je komandni centar. Ovo dolje je dio toga.

Denis Što je dio toga, što je komandni centar?

Tamara Komandni centar je ono što je na vrhu glave.

Denis Komandni centar čega?

Tamara Kompletnog rada, svega što prolazi tom žicom kroz njega dolje do vrha spolnog organa.

Denis Dobro, obrati pažnju na taj komandni centar i vidi da li je spojen s bilo kakvom strukturom koja ne pripada tijelu.

Tamara (pauza) Povezano je sa snopom.

Denis Kakav je snop?

Tamara Mutan.

Denis Ima neku debljinu, težinu, toplinu?

Tamara (pokazuje rukama promjer od nekih 10-tak cm)

Denis Znači dosta je debeo?

Tamara Da. Kompletno tjeme glave. Kolika je debljina snopa toliki je promjer tih žbica.

Denis Kakve je boje?

Tamara Snop? Sivi.

Denis	Možeš li ići tragom tog snopa pa vidjeti gdje će te to dovesti?
Tamara	(duža pauza) Vidim samo lice.
Denis	Kakvo je lice, opiši mi ga.
Tamara	Pa iskrivljeno. (pauza) Nije baš lijepo. (pauza) Nema stalnu strukturu, rekla bih da je kao od želatine.
Denis	Ima neku boju?
Tamara	Ima. Sivo-crnu ... i smrdi.
Denis	Na što? Samo smrdi?
Tamara	Na trulo.
Denis	Ima li još što?
Tamara	(pauza) Ne.
Denis	Zatražio bih sad od tog iskrivljenog lica da progovori kroz Tamaru, odnosno da svoje misli preda Tamari, ali da na niti jedan način ne uđe u Tamaru. Zabranjujem na bilo koji način da uđe, da dođe u doticaj s Tamarom. (pauza) Pitam ga kako se zove. Kako ti je ime? (pauza)
Tamara	Neće ti reći.
Denis	Što tu radi? Pitaj ga ti što tamo radi.
Tamara	Živi.
Denis	Gdje živi?
Tamara	Na Gordanu.
Denis	Da li shvaća da je otkriven i da mora reći ime?
Tamara	Da, stjerao te u p*** m*** ako te baš zanima.
Denis	Da, ali to mu neće pomoći. Mora shvatiti da će zbog ovoga imati problema sa svojima i da sada ima vrlo sužen izbor. Ima dvije mogućnosti: da sluša i počne pričati sa mnom ili da se preda kazni onih iznad njega. On to bolje zna kako izgleda od mene.
Tamara	Mislim da on nije sam inače ne bi bilo žbica.
Denis	Dobro to ćemo vidjeti. Prvo ga pitam kako se zove?
Tamara	Svaki ti puta odgovori: "zini da ti kažem".
Denis	Dobro, ok. Da li shvaća da ga nećemo pustiti na miru. To

mora shvatiti. Da je njegova igra završena i da mora započeti novu igru. Ima dvije mogućnosti: da se vrati svojima i da za to bude kažnjen i da dobije drugu mogućnost koju mu mogu ponuditi. Da li je svjestan toga?

Tamara Ne vidi tako stvari.

Denis (pauza) Dobro, sada bih pozvao snage Svjetla da nam pomognu da riješimo ovu situaciju, da okruže Svjetlom čitavu scenu, Tamaru, to na čemu radi i tog bezličnog lika da strpa u svjetlosnu kapsulu i počne sužavati tako da počinje osjećati Svjetlo na sebi.

Tamara (duža pauza) Što se događa?

Tamara Ne vidim. Nemam onaj osjećaj Svjetla.

Denis Dobro, obrati pažnju na njega i što mu se događa. Kako sada izgleda?

Tamara Ne mogu vidjeti ništa jer mi se zamračilo sve. (pauza) Užasno me oči svrbe.

Denis Što se dalje događa?

Tamara Nešto je prsnulo. Ja sada ne vidim.

Denis Obratio bi se ponovno tom liku neka kaže što misli o ovome što mu se sada događa. Da li shvaća da nema izbora, da mi treba reći svoje ime.

Tamara Ja ne vidim više lik.

Denis Što vidiš?

Tamara Vidim samo Svjetlo.

Denis Dobro. (pauza) Pitaj Gordanovo Više Ja i odgovori mi prstima što je s tim likom? Da li je lik još tamo?

Tamara (duža pauza) (odgovara s prstom za "DA")

Denis Još je tamo, dobro. Pa pokušaj ponovno uspostaviti vezu s Gordanovim Višim Ja i preko njega dobiti sliku njegovog tijela i vidjeti to na glavi i tu vezu sa tim likom.

Tamara (duža pauza) Mene boli glava.

Denis Nemoj mu dozvoliti da priča kroz tebe. Na nijedan način nemoj da bude na tebi. Nemoj dozvoliti da dođe na tebe. Ne dozvoljavam mu ja da bude na tebi, nego samo da priča preko tebe, ništa drugo. Neka kaže svoje ime sada, dok ne počnemo izbacivati još Svjetla prema njemu. Mora znati da je otkriven i da se mora odlučiti gdje će. Ima samo dvije mogućnosti ... da ode odraditi svoju kaznu zato što je otkriven ili da mu ponudimo da bude očišćen i da ide s nama dalje. To mu mora biti jasno. Što se događa?

Tamara Pokušavam čuti.

Denis Neka ti kaže svoje ime. Kako se zove?

Tamara Rekao je opet: "zini da ti kažem".

Denis Dobro, "zini da ti kažem" što radiš na Gordanu?

Tamara Pita te da li si gluh? Rekao ti je da živi.

Denis Da li shvaćaš da više ne možeš živjeti na Gordanu, da je ta igra završena? To jednostavno više nije opcija za tebe. Trebati ti biti jasno da ćemo te skinuti s Gordana.

Tamara (pauza) Dobro, maknuto mu je na pola tijela.

Denis Što je maknuto na pola tijela?

Tamara Sada ima samo na glavi, ne vidim na Gordanu onaj donji dio.

Denis Gdje je lik?

Tamara Lik je tu. Povukao je.

Denis Zahtijevam od njega da povuče sve što je na Gordanu, jer jednostavno tu više ne može biti. Zahtijevam da sve skineš s Gordana.

Tamara (duža pauza) Izblijedjelo mu je to s žbicama. (duža pauza)

Denis Što on radi sada?

Tamara Mislim da se on, nije najtočniji izraz što ću reći, da se smanjuje. Nije riječ o smanjivanju, imam osjećaj ... točnije bi bilo da se udaljava od ovoga što ja vidim. On se smanjuje zbog toga što se udaljava. Od onog trena kada sam rekla da vidim Svjetlo, od onda stalno vidim Svjetlo.

Denis Zamolio bih snage Svjetla da zaustave tu spodobu i neka je okruže i dovedu tu pored nas da s njom završimo posao. Neka ga zarobe i vrate nazad jer nam treba, ne može nam pobjeći. Želim s njime završiti posao i da počisti sa Gordana sve i da s njime završim posao, da mu kažem ono što mu trebam reći.

Tamara (duža pauza) Gle, on ... cijelo ti vrijeme govorim, sada sam ti objasnila ...

Denis On bježi?

Tamara Ne, on ne bježi. On je u Svjetlu.

Denis Dobro, on je u Svjetlu. Pa ti u Svjetlu pitam te kako se zoveš? Ne možeš pobjeći iz tog Svjetla. Treba ti biti jasno da ne možeš pobjeći iz Svjetla, Svjetlo je jače od tvoje tame. Ne možeš pobjeći, reci mi kako se zoveš? Ne možeš više pobjeći, ti si u Svjetlu.

Tamara Tion.

Denis Dobro Tion. Da li ti je jasna tvoja situacija? Iz ovog Svjetla više ne možeš nazad, nema povratka. Nećemo te pustiti tvojima. Nudim ti drugu mogućnost. Da li me čuješ?

Tamara Čuje te.

Denis Dobro Tion kada me čuješ, tražim od tebe da pogledaš u sebe u svoju srž i javiš mi što tamo vidiš. Tion pogledaj u sebe i javi mi što vidiš u sebi.

Tamara Prazninu.

Denis Prazninu? Jako dobro. Pa nastavi dalje gledati. Što ima osim praznine? Gledaj dalje.

Tamara (duža pauza) Novčić.

Denis Zanimljivo. Kakvog je oblika novčić?

Tamara Okruglog.

Denis Koje je boje.

Tamara Zlatne.

Denis Što taj novčić tu radi? Kao se on tu našao? Malo pogledaj u taj zlatni novčić, obrati pažnju na njega i javi mi što se događa.

Tamara (pauza) Svijetli.

Denis Zar to nije zanimljivo Tion?

Tamara Vjerojatno je.

Denis Pa Tion sada znaš da si ti isto biće Svjetla. To je prva prevara u kojoj živiš već jako dugo, to da ti nisi biće Svjetla i da Svjetlo ne postoji, a ono je u samoj srži tvoga bića samo je zaboravljeno. Pa osjeti to svoje Svjetlo u potpunosti i reci mi kako se osjećaš zbog toga. Što se događa? To je tvoje Svjetlo, jer si ti dio Svjetla.

Tamara (duža pauza) Super mu se čini.

Denis Jako dobro. Pa Tion takav osvijetljen i sav u Svjetlu ... da li misliš da bi mogao nastaviti, da pozovemo snage Svjetla da te odvedu u tvoje mjesto u Svjetlu i da nastaviš služiti Svjetlu, a ne više bivšem gospodaru?

Tamara Da.

Denis Pa prije nego li odeš htio bih te nešto upitati. Želio bih da mi kažeš u kojoj situaciji si došao živjeti na Gordanu. Prije koliko se to dogodilo?

Tamara Treći rođendan.

Denis Dobro Tion, hvala na ovoj informaciji. Zamolio bih te još jednu stvar. Prije nego odeš sa svojima u Svjetlo i nastaviš služiti Svjetlu, jer je to tvoja prava priroda i mjesto gdje zaista pripadaš da nam pomogneš i ti pregledaš Gordanovo tijelo i javiš mi da li postoji još bilo kakva instalacija, bilo što, što pripada mraku, a ne Svjetlu i stoji na Gordanu i smeta mu u njegovom životu i napretku?

Tamara (duža pauza) Ne.

Denis Ne? Dobro Tion. Prije nego što odeš zamolio bih te još samo jednu stvar ... da mi kažeš da li vidiš oko sebe ta bića Svjetla koja su spremna, da s njima kreneš u Svjetlo?

Tamara Da.

Denis Jako dobro, koliko ih je, koliko ih ima?

Tamara Pet.

Denis Pa zamolio bih te prije nego što odeš da budeš siguran, da uzmeš za ruku, prihvatiš nekoga od njih za ruku i osjetiš njihovu ruku. Javi mi kakav je to osjećaj?

Tamara Ja se već držim za ruku.

Denis Dobro, kakav je to osjećaj?

Tamara Lijep.

Denis Zamolio bih snage Svjetla prije nego odvedu Tiona sa sobom, da naprave sve što je potrebno, da ga iscijele, da ga očiste i maknu bilo kakvu tamu ili bilo kakve ostatke tame s njega, okupaju ga u Svjetlu, ispune u potpunosti Svjetlom tako da može potpuno spreman nastaviti svoj novi život ponovno u Svjetlu. (pauza) Reci mi kada je to gotovo.

Tamara (duža pauza) Gotovo je.

Denis A sada bi zamolio Gordanovo Više Ja da mi odgovori da li možemo pustiti Tiona, maknuti ga s njega da ode u Svjetlo i neka mi odgovori s [odgovarajućim] prstom.

Tamara (pauza) (Podignut prst za "Da" odgovor)

Denis Hvala. Evo, u ovom trenutku te s našim blagoslovom mira i Svjetla pozdravljamo da sa svojih pet pratioca odeš u Svjetlo i tamo nastaviš živjeti i služiti Svjetlu. (pauza) Što se događa?

Tamara Otišli su.

Denis Ok, dobro. Probaj sada ponovno pogledati čitavo Gordanovo tijelo i vidi kako izgledaju one strukture od prije, odnosno ima li tu kakvih promjena?

Tamara Ima promjena, ne vidim ono.

Denis Dobro, pa pogledaj još jednom za svaki slučaj po čitavom tijelu ima li bilo što za prijaviti?

Tamara (pauza) Ne vidim ništa.

Denis (instrukcije za vraćanje u uobičajeno stanje svijesti)

E. Fiore – Slučaj spolne disforije

Ovaj slučaj[17] na drastičan način pokazuje kakve mogu biti posljedice nakačenja entiteta suprotnog spola. Astralni fragment preminule žene nakačio se na muškog domaćina u, čini se, vrlo bezazlenom trenutku – tijekom odmora koji je provodio skijajući, a završetak dana bi proslavljao alkoholom.

Kako to obično biva, obraćanje terapeutu kao što je dr. Fiore bilo je posljednja opcija. Za to se klijent čak nije niti sam odlučio, već se to dogodilo zahvaljujući upornosti i insistiranju njegove supruge. U detekciji je Fiore između ostalog koristila i skriptu čija je adaptacija navedena u 10. poglavlju.

Ovdje se može vidjeti i tipičan stav ortodoksnih terapeuta koji

17 Preuzeto s SRF portala, http://www.spiritrelease.com/cases/Fiore_gender. htm objavljeno s dopuštenjem dr. A. Sandersona, prijevod: M. M.

zbog svojih uvjerenja ne mogu vidjeti dalje od neke traumatične/konfliktne epizode iz ranog djetinjstva, a želja Rogerove majke da rodi žensko dijete i njeno postupanje u prve dvije godine Rogerova života samo su potvrđivali takva uvjerenja.

***

Roger je međunarodno priznat liječnik, koji je objavio više od 60 znanstvenih radova u svijetu. Specijaliziran je u oblasti koja je u samom vrhu moderne medicine. Osim što je znanstvenik, on je i brižan iscjelitelj, čije životno djelo olakšava bol umirućima.

Privlačan je muškarac, visok, kose boje pijeska i mekih smeđih očiju. Čini se mnogo mlađim od 41. g., možda zbog njegove forme, skladnog tijela i relativno nenaboranoga lica. Njegov ten sugerira da je sklon pobjeći od svog gustog rasporeda kako bi proveo neko vrijeme na otvorenom.

Unatoč njegovoj prirodnoj pristojnosti i rezerviranosti priznao je, trenutak nakon što je sjeo u stolac, da je ovdje gotovo protiv svoje volje. Njegova supruga Mary napravila je ogroman pritisak na njega da dođe k meni. Ona je insistirala na tome da dođu čim su mogli dobiti termin i rezervacije za avion. Rekao je:

> "Ovdje sam unatoč savjeta moja tri terapeuta. Oni su uznemireni, jer je ovo bila odluka moje supruge. U stvari, jedan se prilično naljutio na mene jer misli da Mary manipulira mnome. Prošli tjedan smo imali užasnu terapijsku seansu, Mary, terapeut i ja. Bili smo vrlo blizu žestoke svađe, jer ona potpuno odbacuje program u kojem sam, kao i to što se spremam na operaciju za promjenu spola. Njezina je želja da dođem k tebi. Nakon terapije jako smo se posvađali kad smo stigli kući, te mi je rekla da nemam alternative – da te moram vidjeti ili je to kraj. Osjećam da ima vrlo nerealna očekivanja vezana uz moje liječenje. Nakon svega, dijagnosticirana mi je od strane psihijatara u Centru, a to se potvrdilo i velikim brojem psiholoških testova, ozbiljna spolna disforija (poremećaj spolnog identiteta, op. a.)"
>
> "Zašto si ipak pristao da dođeš k meni?"
>
> "Dala mi je ultimatum. Pročitala je tvoju knjigu *The Unquiet Dead* prije dva tjedna i dala je meni da je pročitam. Smatra da me opsjeda ženski duh." Smijao se prezirno, ali je brzo

nastavio: "A Maryin prijatelj, vrlo osjetljiva osoba, tvrdi da je zapravo vidio ovu ženu koja je navodno sa mnom. Također sam i depresivan posljednjih šest mjeseci. Zapravo, bio sam i suicidalan zbog tog užasnog konflikta koji osjećam. Psihijatri koje viđam propisali su mi terapiju Prozacom. Na početku je djelovao negativno. Bio sam jako umoran i hiperaktivan ujutro, imao sam uspone i padove. Sada je dobro. Problemi s kojima se i dalje borim su alkohol i ljutnja, ali ne baš uspješno. Kad sam krenuo s programom promjene spola prije četiri mjeseca, prestao sam konzumirati sva žestoka alkoholna pića. No, u posljednjih tjedan dana opet pijem pivo i vino u pretjeranim količinama."

"Bi li mi mogao nešto reći o konfliktu koji si spominjao?"

"Volim Mary, a morao bih je se odreći. Također, za mene je moja karijera vrlo nadahnjujuća i izazovna. Izgubit ću oboje ako napravim operaciju promjene spola i postanem žena. Moja supruga odbija živjeti bračni život sa drugom ženom i to stvara ozbiljnu napetost u našem odnosu, a sve zbog mog problema. Moj profesionalni život bi završio, jer bi postojao pismeni trag [promjene]. Uostalom, tko bi me shvaćao ozbiljno, bez obzira na moje kvalifikacije? Sve što mi je vrijedno bilo bi izgubljeno kako bih živio svoj život kao žena. Bilo je trenutaka kad sam mislio da bi bilo bolje da sam mrtav. Bio sam užasno depresivan i nisam vidio nikakvo svjetlo na kraju tunela."

Problem svoje spolnosti je povezao s time što je prije njegova rođenja njegova majka očajnički željela djevojčicu, i bila je gorko razočarana kad je saznala da nosi sina. Prve dvije godine njegova života oblačila ga je kao djevojčicu, iako je to jako smetalo njegovom ocu. Tako je na koncu na očevo insistiranje i prestala s time. Bila je presretna što je rodila djevojčicu kad je Roger imao pet godina.

Nedugo nakon rođenja Rogerove sestre, on se odjenuo kao djevojčica. Kad su ga vidjeli rođaci, smijali su se i mislili da je sladak. Bilo mu je toliko neugodno da to nikada nije ponovio.

U 21. godini oženio se prvi put i rastavio sedam godina kasnije. Nagon za presvlačenjem u ženu nije se pojavljivao do devet godina prije nego što sam ga upoznala, kada je bio u tridesetima. Tada se pojavio vrlo snažno. Zanimljivo, to se desilo kad je bio na skijanju, uživao i osjećao se opušteno i bez stresa. Osjetio je nezadrživu želju da se odijeva kao žena, točnije da postane ona. Nakon toga nakupovao si je raznoliku i skupocjenu žensku odjeću. U tom periodu osjećao je krivnju i strah da će je netko pronaći. Na kraju ju je bacio dvije godine kasnije. Ipak, nagon je za njega bio prejak da bi mu se mogao oduprijeti, pa je ponovo kupio novu. Nakon što se oženio, neprestano se brinuo da će je Mary naći.

Nakon nešto više od godinu dana braka, rekao je Mary da mu se sviđa ženska odjeća i da je povremeno odijeva, ali ju je uvjerio kako nije homoseksualac. Odmah je obrijao i brkove. Na početku je bila uznemirena njegovim otkrićem, misleći da nije normalan. Na koncu je to prihvatila do te mjere da mu je kupila trenirku koju je nosio kad nje nije bilo.

Jednom prilikom Mary je otišla na sat aerobika, ali se vratila ranije jer je njezina voditeljica bila bolesna, a sat otkazan. Gotovo ga je zatekla potpuno odjevenog u ženu s plavom perikom, čarapama i visokim petama. Jedva ju je uspio spriječiti da uđe u kuću, grčevito držeći ulazna vrata zatvorenima i preklinjući je da se vrati u auto na deset minuta. Nakon svađe kroz zatvorena vrata, ona je konačno pristala. Odbio joj je tada reći razlog [za svoje ponašanje].

Bio je izbezumljen time što se dogodilo, te je odlučio da više ne može živjeti u laži. Trebalo mu je oko mjesec dana sakupljanja hrabrosti da joj sve kaže. Jedne večeri početkom siječnja, nakon večere, rekao joj je da joj mora nešto važno reći, ali da se boji da je ne izgubi. Bio je strašno uzrujan i plakao je. Pitala ga je da li je to zbog njegovog presvlačenja u ženu? Očito je pogodila pravi razlog zbog kojeg je nije htio pustiti u kuću prije mjesec dana. Rekao je da više ne može živjeti u laži, da se želi odijevati u ženu češće i otvorenije. Uvjeravao ju je da je voli i da nije homoseksualac. To je bio nagon kojem nije mogao odoljeti. Iako je sumnjala cijelo vrijeme, ipak je bile šokirana. Međutim, gledala je i Geraldo show (kontroverzni *talkshow* Geralda Riviere kasnih 80-tih godina, op. a.) koji joj je pomogao da sve to bolje razumije. Kasnije, nakon više sati razgovora, prihvatila je to čak relativno dobro.

Kako je vrijeme odmicalo, Mary je sve bolje prihvaćala Rogerovo presvlačenje u ženu. Kupovala mu je žensku odjeću. Mogao se odjenuti kao žena u potpunosti, uključujući i šminku, kada je i ona bila prisutna. Ponovo je obrijao brkove i odrekao se pušenja lule. Povremeno ju je ipak to plašilo, jer se on presvlačio i uređivao toliko dobro da ga je gotovo mogla vidjeti kao ženu. Ipak, povukla je granicu kod seksa kada je on u ženskoj odjeći.

Nagovorio ju je da ga prati u klub za transvestite. Opisao ga je kao "pretežno transvestitski", drugim riječima, klub za djevojke za zabave, a ne za ljude koji žele promijeniti spol. Nije se osjećala ugodno u tom okruženju, ali je pokušavala biti puna razumijevanja i prihvatiti ga onakvim kakav je bio.

Do srpnja, Roger se već želio i fizički promijeniti u ženu, kirurški odstraniti genitalije, napraviti vaginu, umjetne grudi i elektrolizu, te proći hormonske terapije. Tada je otišao u kliniku i ušao u njihov program za spolnu disforiju. Rekao mi je da šezdeset posto muškaraca koji su u tom programu na koncu naprave operaciju promjene spola. Tražila sam od Rogera da mi priča o svom seksualnom životu.

> "Moj libido je niži, ali nije odsutan. Uživam u seksu s Mary, kad se slažemo, što nije često ovih dana. Ona se žali da zauzimam žensku ulogu i kaže da je to ohladi. Većinu vremena maštam da sam žena. Imam snove o seksu s muškarcem, ali u budnom stanju to nije uopće ono što želim. To je veliki problem za mene, jer je moja seksualna orijentacija oduvijek bila heteroseksualna. Tako da još uvijek nisam siguran da li da nastavim s programom i promijenim svoje tijelo."

U tom sam trenutku odlučila dati Rogeru neke povratne informacije.

> "Duboko sam uvjerena da postoji ženski duh koji je s tobom. Ona nije zadovoljna s tvojim muškim tijelom i želi žensko. Moguće je da nije niti svjesna da je njezino vlastito tijelo umrlo i da opsjeda tebe. Veliki broj duhova je u poricanju, oni jednostavno ne žele prihvatiti svoju smrt. Vjerojatno ti se pridružila tokom skijanja, jer si oslabio zaštitu svoje aure opijanjem nakon cijelog dana skijanja."

> "Edi (skraćeno od Edith, op. a.), nisam uopće siguran da mogu prihvatiti ovu hipotezu o posjednuću duhovima. Uvijek sam osjećao, i moji terapeuti se slažu, da je to posljedica onoga što se dogodilo u mom ranom djetinjstvu. Vjerujem da je moj spolni identitet određen rano, kao ženski, od stra-

ne moje majke."

"Roger, tako će to vidjeti većina terapeuta. To ima smisla. Ali, zapamti, imao si godine bez konflikta, a zatim se to pojavilo naglo i snažno prije devet godina. Zato mislim da je posjednuće uzrok problema. Iskoristimo naše preostalo vrijeme danas, što je tek nekih pola sata, za općenito uklanjanje posjednuća,[18] a zatim još jedno manje, posebno, za ženu koja želi promijeniti tvoje tijelo. Snimit ću ti i traku tako da možeš raditi samostalno. Zatim sutra možemo napraviti regresiju u tvoje djetinjstvo i istražiti to kao uzrok. Nadam se da ćemo barem neke entitete osloboditi danas, bez obzira da li oni na neki način uzrokuju ili pridonose problemu. Kao liječnik, proveo si puno vremena tokom studiranja, a i kasnije, po bolnicama. Otkrila sam da su obično liječnici, medicinske sestre, suradnici i vozači hitne pomoći izloženiji mogućnosti nakačenja velikog broja duhova."

Roger je pristao na uklanjanje entiteta. Nakon što se udobno smjestio u stolcu, prekrila sam ga dekom boje lavande. Zatvorio je oči, a ja sam uključila magnetofon i započela hipnotičku indukciju.

Kada sam radila prvo, općenito uklanjanje posjednuća, primijetila sam očite znakove tjeskobe. Njegovo disanje postalo je plitko i brzo. Puls na njegovom vratu se ubrzao. Kada sam rekla duhovima da su njihovi voljeni ovdje da im pomognu, suze su krenule niz njegove obraze. Uz blagoslov na kraju, njegovo cijelo tijelo se opustilo i njegovo lice je izgledalo zadovoljno.

Nakon što sam ga vratila iz hipnoze, pitala sam ga što je doživio. On se pokazao prilično pronicljivim, kao i oko 50 posto mojih pacijenata pod hipnozom. "Vidio" je mnoge duhove kako odlaze sa svojim voljenima.

Zatražila sam od njega da ponovno zatvori oči, a zatim napravila postupak i za ženski duh za koji sam pretpostavljala da je prisutan. Njegovo lice i tijelo je na početku pokazivalo tjeskobu, a zatim postalo mirnije dok sam govorila o lijepom, mladenačkom tijelu koje će ona imati kad ode u duhovni svijet sa svojim voljenima. Kad sam spomenula prelijepu odjeću koju može imati, veliki se osmijeh poja-

18 Fiore koristi engl. pojam *depossession* za što nema primjerene jedne riječi u našem jeziku stoga je korišten izraz uklanjanje posjednuća

vio na Rogerovom licu. Ovaj put to nije bio osmijeh prezira, već osmijeh sreće. Završila sam postupak i vratila ga iz hipnoze.

> "Njezino ime je Natalie. Nije mogla dočekati da ode! Znala je da ću biti loša žena, ovako visok kakav jesam. Kad je čula da može imati vlastito savršeno žensko tijelo, bila je presretna. To je ono što je zaista željela, ali umirilo bi je i drugačije riješenje. A kad si spomenula njezinu odjeću, to je bilo to. Čak nije ni čekala blagoslov. Otišla je s nekim muškarcem koji je došao po nju."
>
> "Što sad misliš o tome, Roger?"
>
> "Bilo je previše realno da bi bilo sumnje. Ali, ovo je prelagano. Kako se može u samo nekoliko minuta riješiti tako ogroman problem?"
>
> "Događa se ponekad. Nadajmo se da je to slučaj i s tobom. Dok ne probamo, nećemo znati. Dakle, vrijeme će reći. Promatraj se pažljivo danas i večeras, a sutra ćeš mi reći ima li kakvih promjena."

Završili smo našu prvu od dvije dvostruke, 100-minutne terapije. Osjetila sam da smo razvili odnos i da Roger sada u potpunosti surađuje u terapiji.

Roger i Mary su odsjeli u *Saratoga Inn*-u, prekrasnom motelu za noćenje s doručkom, točno preko puta zgrade u kojoj je bio moj ured. Nalazi se pored potoka Saratoga, a svaka soba ima prekrasan pogled na park koji je s druge strane potoka. Planirali su "istražiti" naše čudno malo selo, s brojnim restoranima s pet zvjezdica i trgovinama. Bila sam u neizvjesnosti, čekajući naš termin sljedećeg dana.

Sljedeće jutro, moj prvi dogovor je bio s Rogerom. Znatiželjno sam izašla u čekaonicu i odmah primijetila da je on promijenjen čovjek. Široko se nasmiješio i skočio iz stolice. Čim je ušao u moju sobu za savjetovanje, objavio je: "Ona je otišla!"

Sjedajući, nagnuo se naprijed i živo izjavio:

> "Osjećam se drugačije. No, moram priznati da osjećam melankoliju, kao da sam izgubio prijatelja. Osjećam da imam više kontrole nad sobom. Osjećam da sada mogu kontrolira-

ti svoju sudbinu, sigurno više nego prije. U svakom slučaju, njoj treba muški ljubavnik. Vratila se kasnije da mi pokaže kako izgleda. Ima dugu plavu kosu, puno bolju od moje perike. I savršenu figuru. Njezino lice je predivno! Sretan sam zbog nje."

"Da li je Mary primijetila kakve promjene na tebi?"

"Sinoć je bilo seksa – zapravo smo vodili ljubav. Osjećao sam se muževnije, više nego godinama prije. Komentirala je kasnije da se mogla vidjeti velika razlika. Presretna je. Nekako sam postao duhovniji, ako to možeš razumjeti."

"Vjerojatno si otpustio mnogo duhova koji su te sprječavali da budeš svoj. Primijetit ćeš da se puno stvari u tvom životu mijenja. Čak i ako si oslobođen samo od njezinoga utjecaja, to je kao da je ogroman teret uklonjen s tebe."
"Imao sam manju potrebu da pijem. Popio sam nekoliko piva, ali nisam pretjerao."

"Htjela bih još provjeriti, koristeći direktnu liniju s tvojim podsvjesnim umom, postoje li još uvijek neki duhovi s tobom. Uspostavit ću signale prstima, tako da tvoj unutarnji um može direktno odgovoriti na moja pitanja. Tvoja podsvijest će podizati i spuštati prste bez pomoći ili uplitanja svjesnog uma. Podsvijest zna točno što se događa u tebi. Ona zna koliko duhova si imao, koliko ih je otišlo i ne samo koliko ih je još uvijek ovdje, nego i sve o njima. Signali prstima mogu biti vrlo korisni. Tada ću otpustiti što ih je više moguće. Nakon toga napraviti ćemo neke regresije da pokrijemo sva područja."

U hipnozi, Roger nije imao problema u uspostavljanju signala prstima, s "da" i "ne" prstima, koje njegov unutarnji um koristi da odgovori na moja pitanja. Preko njih smo saznali da je osoba odgovorna za njegov poremećaj spolnog identiteta zaista otišla. Imao je još četiri duha na sebi, tri muška i jedan ženski. Svi su spremno otišli sa svojima najbližima.

Budući da smo imali još vremena, koristeći moju intuiciju, pitala sam njegov unutarnji um da li je njegov nedavni prošli život imao snažan negativan utjecaj na njega. Njegov "da" prst se podigao.

Vraćao se brzo i jednostavno i vidio sebe kao djevojčicu u lijepoj haljinici kako se igra vani i lijepo zabavlja. Kad sam ga pitala da se pomakne u kasnije vrijeme, činio se zbunjen, a zatim je izjavio:

> "Ona je imala problema s time da bude starija. Ja nisam bila starija." Tražila sam njegov unutarnji um da ga odvede do trena – jedan sat prije smrti. Promrmljao je: "Ona je u krevetu. Izgleda strašno. Njezina majka je zabrinuta. Ona nije ...", šapnuo je: "Sad je nestala." Kada sam ga pitala kako se osjeća sada kada je izvan svoga tijela, odgovorio je: "Ona se osjeća dobro. Toplo joj je. Ide prema svjetlosti i osjeća se sretno."

Kako smo nastavili s radom, otišao je u život koji je bio odgovoran za njegovu karmu, posjednuće koje je uzrokovalo njegovu spolnu konfuziju. Nakon smrti kao mlada žena, duh je htio muškarca i otišao je k njemu. Ona ga je odabrala jer je bio velik i jer je osjetila da je može zaštititi. Čovjek je oslabio zbog njezine prisutnosti, bio je zbunjen i nije mogao shvatiti što mu se dogodilo, zašto se toliko drastično promijenio. Osjećao se ženstveno. Ostala je s njim deset godina i otišla kada je ostario i više nije bio jak. Shvatila je da je napravila pogrešku. Otišla je u Svjetlost, duhovni svijet, gdje je susrela nekog koga je voljela i tko joj je rekao da je razočaran njom, te da njezino ponašanje nije bilo u redu. Jako je žalila i plakala. Njezin duhovni vodič je rekao da će morati platiti za svoja djela. Imat će više godina nesreće, ali će na kraju biti oslobođena.

Roger je priznao: "Ta žena se vratila kao ja. Moja majka gleda svoj trbuh, želeći, moleći za djevojčicu. Želja joj se gotovo ispunila!"

Četiri dana nakon našeg tretmana, Roger mi je napisao pismo u kojem je izrazio zahvalnost za moju pomoć. Dodao je:

> "Vidio sam Natalie na kratko u nedjelju. Vrlo je sretna i zahvalna svima nama. Tražio sam da vidim njezinoga ljubavnika ... UMMMM, prilično je zgodan. Bili su malo nestrpljivi mladi ljubavnici, pa ih nisam dugo zadržavao. Siguran sam da će biti više u blizini nakon što se "oduševljenje prvog puta" malo istroši, barem pretpostavljam da se to događa i kod duhova. Također mislim da bi me moja bivša psihijatrica zatvorila u ustanovu, da pročita ovo pismo." Kasnije u pismu je napisao: "Osjećam se tako dobro vraćajući se u normalu."

Od Rogerove prve terapije, prije dvije godine, on je izliječen od poremećaja spolnog identiteta. Više ne razmišlja o operaciji promjene spola, jer je u potpunosti zadovoljan kao muškarac. U drugom je pismu napisao da mu je bilo i više nego drago riješiti se svoje ženske odjeće. Otkazao je svoje termine u Centru i napisao direktoru oštro pismo izražavajući svoj užas onim što su gotovo učinili s njim. Pokušao je pridobiti i druge iz programa da potraže moju pomoć, ali većina se postavila vrlo obrambeno i naljutila se na njega.

Vidjela sam Rogera u još dva navrata na kratkim terapijama koje su se bavile njegovim problemima s pićem i bijesom koji su ometali popravljanje njegovog odnosa s Mary. Radili smo na oslobađanju više duhova i njegovo stanje se značajno poboljšalo. Naši susreti su bili radosne prigode za svo troje. Tijekom prvog posjeta stvorilo se prijateljstvo koji će potrajati. Osjećam se vrlo povlaštenom što sam bila u mogućnosti pomoći mu, i posredno, oboma. Tijekom naše posljednje terapije, dali su mi vrlo dragocjen dar, anđela od Baccarat kristala. Više od poklona, cijenim njihovu ljubav i zahvalnost.

Baš kako sam završila pisanje Rogerovog računa, dobila sam potrebu nazvati ga da čujem kako je. To je bilo godinu dana nakon što smo razgovarali telefonski ili komunicirali drugim načinom. Roger je bio oduševljen što se čujemo. Trideset minuta prije nego što je zazvonio telefon, završio je pismo za mene koje je stajalo na stolu pokraj vrata, spremno za slanje sljedeći dan. Rekao je: "To ne može biti slučajnost!" Izvijestio me je da je dobro. Spolna disforija je stvar prošlosti.

Slučaj egzorcizma "Djevac i majstor za cure"

U nastavku je opis jednog od pet istinitih slučajeva egzorcizma koje Martin opisuje u svojoj knjizi,[19] i koji na svoj način prikazuje ozbiljnost i moguće posljedice izravnog sučeljavanja s vrlo mračnim entitetom "instaliranim" na pripremljenu osobu za vrijeme sotonističkog

19 Usp. M. Martin: *Hostage to the devil: the possession and exorcism of five living Americans*, HarperOne, San Francisco CA, 1992., str. 173-248, moj prijevod i obrada slučaja *The Virgin and the Girl-Fixer*

obreda tzv. crne mise. Martin je slučaj detaljno opisao na osnovi transkripti snimke obreda i razgovora koje je vodio sa svima uključenima. Egzorcizam je proveden 1972. g. nad transseksualcem rođenim kao Richard S., a nakon operacije promjene spola imenom Rita (u nastavku korištena kratica R/R je od Richard/Rita). Svećenik koji je vršio obred zvao se Gerald, imao je 48 godina, a to mu je bio prvi i posljednji egzorcizam u životu. Prema riječima liječnika, nakon ovog egzorcizma preostalo mu je nešto više od 5-6 mjeseci života. Posljedice po njegovo zdravlje bile su neizlječiva srčana oštećenja zbog preživljena dva srčana udara. Teške i kobne fizičke traume za Geralda su pak bile neusporedivo lakše od emocionalnih. Ovo je slučaj gdje opsjednuti nije bio katolik niti religiozan, a čest argument među skepticima je upravo da se radi o izmišljanju i halucinacijama povezanima s vjerskim fanatizmom.

Richard/Rita O.

Prije detaljnijeg opisa egzorcizma, Martin daje više podataka o R/R koji je rođen kao muškarac Richard, ali je od malih nogu želio biti žena. Kao odrastao, racionalizirao je svoje porive time da je svaki čovjek podjednako muževan i ženstven, a da samo zbog civilizacijskog okruženja dječak postaje muškarcem, a djevojčica ženom. Na kraju se podvrgao i operaciji promjene spola (u 31. godini), koja je medicinski gledano bila uspješno obavljena i tada je uzeo ime Rita. Od 16. do 25. godine je funkcionalno bio "androgin" misleći da može u sebi sjediniti muževnost i ženstvenost, a što ga je odvelo u usamljenost. Nakon toga je pokušao naći to jedinstvo dvaju principa u braku koji je katastrofalno završio, a dopisna rastava se dogodila kada je imao 29 godina (dvije godine nakon samo jednog dana provedenog u braku). Egzorcizmu se podvrgao u 33. godini, a što se tiče kontakta sa ženama, do tada se razvio u drugorazrednog promatrača, ljubomornog na žensku superiornost, fasciniran esencijalnom ulogom muškosti. Ženstvenost je nešto što je htio otkriti, a kaže da je u slučaju Richarda to otkrivanje bilo popraćeno svetogrđem i umno-moralnom degradacijom koja ga drži i danas.

Nedugo nakon operacije promjene spola došlo je do dobrovoljnog posjednuća od strane zloduha koji se predstavljao kao "Majstor za cure" (orig. *Girl-fixer*), iako je posjednuće zapravo započelo puno godina ranije. Njegovo žestoko suprotstavljanje posjednuću okončano je egzorcizmom, ali prije toga Richard je vidio svoj problem isključivo **kao kemijsku supstancu, promjenu u mozgu ili kulturološku adaptaciju, a nikako kao dilemu vlastitog duha** (dodao bih točno onako kako nas moderna znanost uči). Njegova početna dilema koja se javila još u dječačkoj dobi vjerojatno je bila osnova za "ponudu" sila Zloga da u potpunosti razumije/osjeti i svoju žensku stranu. Iako je egzorcizam uspio, Richard je završio u nezavidnoj poziciji: niti muško, niti žensko, niti seksualno neutralan, negdje između muškosti i ženstvenosti. Naime, prijašnja žena u muškom tijelu postala je muškarac u ženskom tijelu zbog operacije spola kojoj se, iako već tada pod demonskim utjecajem, ipak svojom odlukom podvrgao.

Martin i ovim slučajem pokazuje da do posjednuća ovakvog stupnja ne dolazi lako, i da za to trebaju godine i niz poraznih odluka, za koje na određenoj razini posjednuta osoba treba dati dopuštenje, a u slučaju R/R bilo je nekoliko događaja koji su prethodili posjednuću. Prvi se dogodio u ranom djetinjstvu, nakon šetnje s ocem, kad je poželio biti poput njega – snažan, atletski nastrojen i otvoren. Po povratku kući osjetio je neki nemir i razdor u sebi, vidjevši majku i sestre koje su mu na svoj način bile zanimljive, ali koje se, razumljivo, svojom pojavnošću, nisu uklapale u njegov prethodni ideal stvoren za vrijeme šetnje; one su bile potpuno drugi svijet od njegovog vlastitog. Ovo je ostavilo manje-više nezapaženu sjenku na njemu.

Sljedeći događaj zbio se u dobi od oko devet godina kad je po prvi puta proveo praznike u prirodi, koja je za njega kao dijete Detroitskog asfalta bila potpuno neotkrivena. U jednom trenutku osjetio je na poseban način svoje tijelo, a kasnije u retrospektivi shvatio je da su te senzacije i zvukovi, a posebice zvuk vjetra, bili prijenosnik neke poruke tajanstvenog glasnika koji mu je prenio nešto što je zaboravio. Nakon povratka u Detroit ponovno je u sebi osjetio zbunjenost koju je stvorila ženska strana obitelji. Sljedeći važan događaj koji je bio prekretnica, zbio se u dobi od 17 godina kad je otišao na kampiranje u Colorado, gdje je, u skladu s programom, proboravio jednu noć sam u šumi. Martin piše kako bi se Richard danas mogao zakleti da ga je cijelo to "noćno iskustvo" nagovaralo, govoreći mu:

"Ja sam jedina tajna. Nema prijetnje. Ne nanosim bol. Ja

objavljujem. Nemoj me odbiti."

Umjesto da ustukne i vrati se ostalima prihvatio je poziv, nakon čega je osjetio neku prisutnost koja je do tog trenutka bila uspavana. Vjetar kao da mu je nešto govorio, osjećao je da se neka tvrdoća u njemu otapa, a njegovo tijelo kao da je odjednom sadržavalo mogućnosti svega prirodnoga. Oduševljen ovim osjećajem, iako je u sebi nakratko čuo oštar glas protivljenja, dodatno potvrđuje svoj pristanak, ne želeći osjećati samo mušku krutost već ukupnost, cjelovitost.

Richard je **imao jedan san koji se ponavljao,** danju i noću, a to je da svi znaju kako je on i žena i muškarac, da se može oblačiti kako poželi, da će mu grudi biti izražene ili ne, da će mu se mijenjati spolni organ u ovisnosti o seksualnosti koja ga trenutno zapljuskuje, ali da je u osnovi ženstven. U snu susreće ženu koja ima njegovo lice i tijelo, ona je on u ženskom obliku. Kada vode ljubav to nije samo ulazak muškarca u ženu, on nema samo osjećaj dolaska i širenja, već i onoga što osjeća ženska strana. U snu je često vidio kuću u prirodi uz jezero, kakvu je počeo i tražiti, te je naposljetku i pronašao. U 25-toj godini (1964.) oženio je Moiru koju je upoznao na završetku logorovanja u Coloradu, i sele se u kuću koju je nazvao *Lake House* (kuća na jezeru).

Njihova prva bračna noć bila je potpuni promašaj. Oboje su bili nevini i neiskusni, a u jednom trenutku dok je bio na njoj nešto se u njemu promijenilo. I Moira je osjetila dodatnu težinu, a njegov pogled je postao prazan. Odjednom je čuo glas za koji ne zna je li bio njegov ili nekog drugog: *"Ja sam tvoj jebač, ... dopusti mi!"* U sljedećem trenutku osjetio je kako neko strano tijelo kroz njega ispušta tekućinu. Moira je bila izvan sebe i vrištala je u strahu od težine koju je osjećala. Kad se povukao, njegova stražnja strana tijela bila je prekrivena ukrštenim ožiljcima s tragovima krvi. Moira je prestrašena izletjela iz kuće i više se nikada nije vratila.

Nakon ovakvog raspleta, Richard ulazi u drugu razvojnu fazu svog posjednuća. Tokom poslovnih putovanja druži se sa prostitutkama, ponekad bi završio i s nekom klijenticom ili kolegicom. Niti s jednom nije bio više od jednog puta i za vrijeme odnosa uglavnom bi zauzimao ulogu promatrača, s pažnjom usmjerenom na to kako žena doživljava odnos. Počeo se raspadati. U tri godine, nije s drugim ljudima komunicirao na pravi način.

Počeo je biti impulzivan i primijetio je da ta **impulzivnost kojom ne vlada** dolazi iz originalne ambicije da ima i muške i ženske kvalitete. U zimu 1968. hodao je kroz oluju **zanesen visokim tonom zavijanja** vjetra. Dok je hodao prema motelu, naišao je na nesretnu crnu djevojku, silovanu i nožem izbodenu, ali koja je još disala. Uspio je uhvatiti zadnji trenutak prije njezine smrti, a za zvižduk vjetra kaže da se gotovo (ponovno) pretvarao u riječi. Ova scena ga je fascinirala, što govori u kakvom je stanju već tada bio. Tada ju je poželio spasiti – kako bi s njom mogao imati povremene odnose! U trenutku kad je izdahnula, trijumfalno se podigao smatrajući da je time uspio dobiti konačni pogled na ženu. Ovakve misli i osjećaji očito su omogućili ulazak mračnih sila na velika vrata, a simptome je odmah osjetio: zavrtjelo mu se u glavi, i tad je po prvi put osjetio da su sva njegova razmišljanja, želje, osjećaji i maštarije **poput niti vodile prema nekoj centralnoj točki u njemu, koja je bila u rukama drugoga, nekoga tko je kontrolirao njega i te niti,** obećavajući mu: *"biti ćeš poput žene!"*

Krajem 1970. proveo je uspješnu promjenu spola. Vratio se u *Lake House,* nastavio raditi i živjeti dalje kao Rita. U seksu se osjećao neispunjeno, isprazno i nakon odnosa bijesno. Uskoro upoznaje Paula, bivšeg svećenika koji se počeo baviti bankarstvom, brokerskim poslom, i postao milijunaš. Već su se na **prvi pogled svidjeli jedan drugome,** ispričao mu je svoj život, a Paul je na to reagirao neočekivanom izjavom – da njemu treba pažljivo pripremljen *brak.* R/R tada nije shvatio o čemu Paul priča, ali vrlo brzo, već u ljeto slijedeće godine, stigla mu je pozivnica za jednu ponoćnu zabavu. U stvari je bila riječ o "inicijaciji" na crnoj misi koja je za odabrane slijedila nakon zabave. Uz pomoć energije 30 parova koji su obredno spolno općili, R/R je dobio nakačenu "sjenku" koja ga je stalno pratila, imala svoje misli, memorije, imaginacije, želje i riječi. Ime joj je bilo "Majstor za cure".

Njegov život je doslovno dobio novu "dimenziju". Nije više imao nikakvo sjećanje na prošlost, osim sjećanja da je nekad imao sjećanja. Nije imao nikakva očekivanja o budućnosti, samo svijest da ne može ništa očekivati. Ni molitva niti psovka tu nije bila moguća. To je bio nerazdjeljiv i beskonačno tužan sadašnji trenutak i svijest o sebi okruženom potpunom tamom i ništavilom. Suštinsko R/R je **stalno odbijalo** (ali nije moglo i odbaciti) tu stalnu sjenku.

Jasno je mogao razlikovati svoje (uvjetovane) misli, djelovanja i onaj mali dio sebe koji nikada nije napustio. Njegove promjene u ponašanju psiholozi bi vjerojatno opisali kao neki od **poremećaja osobnosti**.

Vrlo zanimljiv je bio odgovor R/R na Martinovo pitanje kakve je patnje imao zbog posjednuća. Uzvratio mu je da prava bol posjednuća nije došla kao fizička distorzija, pogoršanje, oštećenje, već **kao divlje uvrnuta ugoda i ushićenje**. Ali to leži unutar nečega što je prozvao "zrcalno postojanje" posjednutog, i što je pokušao objasniti na sljedeći način: Normalna osoba (bez posjednuća) je svjesna sebstva samo kad se ono reflektira na drugoj osobi ili stvari. Obično bez svijesti o tome, kad prepoznamo svoju refleksiju (odraz) u nekoj drugoj osobi ili stvari, instinktivno je uspoređujemo s idealnim kriterijem, mjerilom kojeg smo postavili, a o kojem često ne razmišljamo niti ga spominjemo. Bez obzira na to, taj ideal je uvijek prisutan kad uspoređujemo sebe. To predstavlja treći, skriveni faktor potreban za sve usporedbe između dvije stvari. Biti svjestan sebe znači biti u mogućnosti uspoređivati sebe s refleksijom i postavljenim idealnim mjerilom.

Posjednuti nema takvu svjesnost. U takvom stanju samosvijest postaje potpuno usamljena. Ne postoji to skriveno treće, nema ideala. R/R nadalje objašnjava da je, govoreći metafizički, pri posjednuću postavljeno ogledalo u kojem sebstvo posjednutog vidi samo sebe, u sebi, i tako naizmjenično ponavlja slike samosadržanosti i samoodraženosti u beskraj. Takva svjesnost je po definiciji **potpuna i beskrajna usamljenost**.

Takva bitna razlika opažena je kod R/R od strane ljudi koji su ga okruživali nedugo nakon crne mise, iako nisu znali da je u njoj sudjelovao. Uslijedile su promjene i u načinu oblačenja i držanja, a počeo se pojavljivati **specifičan miris**, koji nije bio neugodan, već prodoran, ispunjavajući sva mjesta na kojima je boravio. Ton i dubina njegovog (njezinoga) glasa postali su uznemirujući za sugovornike, ono što su ljudi govorili izgledalo je kao da je bilo usisano u neku provaliju, a njegovi odgovori su bili kratki i isprekidani ali suvisli; u stvari, njegove poslovne odluke bile su bolje nego ikada. Vrlo brzo su svi shvatili da se tamo gdje se pojavi R/R, pojavljuju i neprilike, tako da je redom gubio prijatelje i posao. Sve osobe koje su došle s njim u kontakt, makar i na kratko, imale su probleme. Martin kaže da je to nalikovalo na biblijsku priču o babilonskoj kuli. Ljudi koji su se znali godinama i zajedno radili odjednom su prestali imati razumijevanja jedno za drugo, počeli se prepirati i svađati. Ovo se izgleda uvijek događalo u fizičkom prisustvu R/R što ga je jako zabavljalo, jer on sam nikada nije upadao u takvu "nepriliku". Ako nije bilo prilike za stvaranje "neprilike" R/R je okruživala ljupkost i prijaznost. **Promjena u takvom trenutku je bila gotovo šokantna.**

Vrlo skoro dobiva otkaz, a kada se njegov brat informirao kod njegovog bivšeg šefa, ovaj mu je rekao da R/R treba psihijatrijsku pomoć. Tada počinje igra skrivača, gdje je prilikom svakog odlaska kod psihijatra R/R bio **potpuno normalan**. Po svim psihijatrijskim i medicinskim mjerilima on je bio zdrav i funkcionalan. To je otišlo toliko daleko da mu je **psihijatar sugerirao da utuži poslodavca,** jer ga je vjerojatno otpustio zato što je transseksualac. Ovo događanje dobiva obrat, zahvaljujući bratskoj ljubavi i zabrinutosti, kad su braća Bert i Jasper odlučili provesti s njime dugi vikend. R/R je imao nekoliko ispada i "neprilika" je ponovno bila itekako vidljiva. U trenucima zatišja konačno je razgovarao s braćom, a tokom razgovora bio je prema njima iskren i ojađen. Počeo je polako shvaćati da mu se dogodila neka dramatična promjena.

Braća su zatražila pomoć od starog katoličkog pastora, iako **nisu bili ni katolici, ni religiozni,** jer se stanje njihovog brata stalno pogoršavalo, bez obzira na dobivenu medicinsku pomoć, a nakon što su prethodno pokušali s luteranskim svećenikom i židovskim rabinom. Stari pastor je izabrao Geralda za egzorcistu, uz odobrenje, jer biskupija nije imala službenog egzorcistu; biskup nije ništa znao o egzorcizmu, a htio je znati i manje.

Gerald je izabran kao uzoran svećenik, kojega su još u školskim danima zvali Djevac (otud i taj pojam u nazivu slučaja). Pred sam egzorcizam Gerald je imao prilike susresti se s umirovljenim starim dominikancem koji je nekada vršio obrede egzorcizma, kako bi ga koliko-toliko uputio u cijelu stvar. Starac mu je posebno naglasio da ne smije preuzeti poziciju Isusa, već može vršiti istjerivanje samo u njegovo ime i uz njegovu snagu. Bio je upozoren i na opasnost upada u klopku polemiziranja s demonom, a naglasio mu je i važnost snažnog i tihog pomoćnika. Pripreme su trajale dva i pol mjeseca, a Gerald je smatrao da je poduzeo sve potrebne mjere opreza. U prvom susretu R/R je izgledao sasvim normalno, čak nesvakidašnje sretno (ništa što bi odavalo znakove posjednuća). Medicinski i psihijatrijski nalazi su **bili uredni**, a R/R nije uživao u nikakvim čudnim igrama i zabavi koja bi mogla privući pažnju. Sve u svemu, Gerald je zaključio da egzorcizam neće škoditi. Za egzorcizam je izabrao pet pomoćnika.

Početak egzorcizma

Braća Bert i Jasper su bili dobrovoljci, a stari pastor je osigurao dolazak lokalnog policajca i učitelja engleskog iz župne škole. Gerald je kao osobnog pomoćnika izabrao mladog svećenika, oca Johna, koji je nedavno stigao u njegovu župu. Dominikanac, bivši egzorcista, jednom ga je prilikom, još za vrijeme priprema, nasamo pitao je li djevac. Gerald mu je to potvrdio, ali nije razumio kakvu bi to moglo činiti razliku. Starac mu je nevoljko odvratio da to ne čini razliku, ali i rekao da nije platio svoje dugove, da ne zna što je stvarno u njemu, ali da su drugi svoje platili. Stari pastor ga je sa svoje strane hrabrio riječima: *"Sve je to vrlo zabavno. Nemoj pokušati razumjeti. Ne možeš ostarjeti prije vremena.* ***To bi ti moglo iščupati srce****"*, ne znajući ni sam koliko je bio u pravu kada je to rekao. R/R je i dalje izgledao potpuno normalno i funkcionalno, a večer prije zakazanog egzorcizma, pozvao je čitavu ekipu na večeru koju je sam pripremio.

Pri odlasku, kada se već dobrano udaljio od kuće, Gerald je ipak primijetio neku neobičnu gestu R/R zbog koje su mu prošli trnci po leđima, vidjevši ga kako u jednom trenutku podiže ruku poput kandže pokazujući prema njemu.

Sutradan sve počinje vrlo ljupko i nedužno, a R/R kaže u jednom trenutku:

> "Oče Gerald, ne mislite li da bi trebali malo požuriti sve to? Ono što sada stvarno trebam je blagoslov i molitvu sviju, sa željama za sve dobro."

To je izazvalo osjećaj krivice u prisutnih i prvu dilemu da su možda pogriješili u procjeni situacije.

Gerald je ipak, iznenadivši i sebe i druge, naglo odlučio da se ide dalje, pojasnivši uljudno R/R da će upravo i napraviti to što traži. Donošenjem ove odluke u prostoriji se osjetila nagla promjena koju su svi primijetili – temperatura je pala, osjećalo se neko nevidljivo prisustvo.

Počinju promjene na R/R, počinje plakati, hoće da ga se ostavi na miru, jer oni i tako ne mogu razumjeti kroz što to on prolazi. Tijekom prve molitve R/R je sve više plakao i uvijao se, a kod spomena imena Isusova na licu mu nije više bilo izraza tuge i boli, nego mržnje, straha i gađenja.

Događa se i prvi "napad", uperen prema bratu Bertu, koji je u jednom trenutku htio prići R/R, ali ga je Gerald zaustavio. R/R počinje s čudnom predstavom, gdje počinje govoriti Bertu da je on sad žena kao i njegova supruga, njihova majka ili Julie (Bertova sekretarica). Otvorio je hlače i pokazao mu pubične dlake i rekao da se može bolje o njemu brinuti nego Julie, i da ga može imati ako ga riješi katoličkog svećenika i njegovog hokus-pokusa. Bert je posivio od šoka i sklonio se.

R/R ostaje sjediti na kauču raširenih nogu, počinje se javljati neki čudan glas neodređene intonacije, koji je mogao biti i muški i ženski, neki *falsetto*. Napad se preusmjerava prema Geraldu, s tvrdnjom da zna kako je on djevac, popraćen neugodnim provokacijama i propitkivanjem što li on uopće zna o tim muško-ženskim stvarima. Umjesto da nastavi s obredom, Gerald nasjeda na provokaciju i počine ispitivati R/R, što je potrajalo gotovo do kraja dana – bez puno uspjeha, obzirom da R/R uglavnom nije reagirao na njegova pitanja.

Gerald je na kraju dana nakratko izašao van, kako bi prošetao i nešto pojeo. Njegovim povratkom u sobu (spavaću) temperatura ponovno pada. James (drugi brat R/R) je pokušao nešto napraviti s temperaturom, provjeravajući radijator i odlazeći u kotlovnicu, ali bez ikakva uspjeha. U nastavku R/R počinje reagirati i odgovarati na Geraldova pitanja, ali ne izravno već uglavnom opisujući seksualne odnose, analizom muškaraca i žena, itd. Ovo je potrajalo do sitnih jutarnjih sati, bez ikakvoga učinka, i vjerojatno je moglo potrajati u nedogled da nisu stigli do granica izdržljivosti, što je ukazivalo na to da je egzorcizam potpuni promašaj, ili da R/R nikada nije ni bio posjednut.

Trenutak preokreta

S vremena na vrijeme Gerald bi osjetio da je nešto dotaknuo, a i ostali u sobi osjećali su neki strani pritisak, ali bi to brzo nestalo. Svi postaju nestrpljivi i umorni. U jednom trenutku dolazi do neočekivanog obrata, kad Gerald kaže:

> "Obična žena želi biti mažena i pažena od muškarca, a kako bi ga nakon toga odvela tamo gdje nitko drugi neće otići. Ruku pod ruku. U istini. U ljubavi. Ne u moći i superiornosti. Oni hodaju u božjem osmjehu. Oni reproduciraju ljepotu."

Čini se da to dotiče bit Richardove opsesije nakon operacije i on počinje uzvraćati promijenjena glasa uvredama. Nešto se počinje događati, tijelo R/R se uvija, kauč se trese, a zidna tapeta se počinje ljuštiti u jednom kutu kao da je netko skida. Svi su počeli osjećati čudan pritisak opasnosti i straha. Počeli su se znojiti, nitko od njih nije bio pripremljen za osjećaj opasnosti kakva se nije mogla predvidjeti. Gerald nastavlja znajući da je dotakao nešto, zahtjeva da se javi zloduh, na što mu se ovaj i javio hrapavim glasom:

> "Ne znaš u što upadaš svećeniče. Ne možeš platiti cijenu. Nećeš samo izgubiti svoju nevinost. Niti samo svoj život. Sve ćeš izgubiti".

Geraldov odgovor je bio prava i velika pogreška:

> "Kao što je Isus, naš Gospodin, podnio mučenja, isto tako i ja želim platiti cijenu da te istjeram i pošaljem tamo odakle si došao".

Gerald je ovo shvatio osobno, točnije rečeno, shvatio je da je on taj koji će ga istjerati umjesto Isusa! Martin komentira da se, koliko god to izgledalo herojski, egzorcist ne može sam nositi sa zloduhom niti preuzeti mjesto Isusa, već samo pričati i raditi u njegovo ime.

Iznenada se čitava scena u sobi mijenja, Gerald se nagnuo nad R/R koji je uronio svoje zube u gornji dio vlastitog stopala. Njegov izgled se mijenja, smije se iz trbuha, a u djeliću sekunde Gerald shvaća da je *majstor za cure* **na njemu**!

Njegovi asistenti začuli su bučan smijeh, a pokrivši uši nisu mogli shvatiti Geraldovu agoniju, jedino što su vidjeli bilo je naglo i nasilno grčenje unazad pa zatim prema naprijed, kao da mu je srednji dio tijela bio u škripcu. Slijedi glasno skidanje njegove mantije i odjeće, nakon čega je ostao gol od prsiju do gležnjeva. Gerald je osjetio kako je jedna kandža potpuno uronila u njegov rektum, a druga ga drži za genitalije, natežući mu skrotum nasuprot penisa. Gerald baulja po sobi, osjećao se nepodnošljiv smrad, a koža mu je pucala. Majstor za cure je nemilosrdno lupao po njegovim bubnjićima:

> "Ti si moja krmača. Na tebi sam. Tvoj vepar. Vepar će ti priuštiti najbolje pušenje u Kraljevstvu. Pucaj krmačo! Širi svoje noge, krmačo! Tvoj vepar se penje po tvom mesu, otvara tvoje netaknute dlačice. Moja kita uzima tvoju nevinost. Ti nisi cura. Ali ja sam još uvijek majstor za svaku kutiju."

Gerald se uvijao od grčeva, njišući se na nogama, guleći zrak bespomoćno, ostavljajući tanki mlaz sperme, krvi, izmeta i urličući dok nije jako udario o zid i srušio se sklupčan na pod. Krv je curila iz uske posjekotine koju je zadobio po sredini čela. Napad je trajao tri sekunde, a završio je prije nego se itko od prisutnih snašao.

Doktor i policijski kapetan stavljaju Geralda na nosila koja su prvotno bila pripremljena za R/R, nakon čega je hospitaliziran.

Geraldov oporavak

Za Geralda je cijena greške bila visoka. Nikada nije mogao niti sanjati da bi fizička kazna mogla biti tako intenzivna. Trebalo mu je tri tjedna prije nego li je mogao ustati iz kreveta, vucarajući se u velikoj boli, a napad se na kraju pokazao kobnim. No, to nije predstavljalo njegovu najveću patnju.

U tih nekoliko sekundi (koliko je napad trajao) dok je poskakivao po sobi i bio bačen u zid, doživio je osjećaj oskvrnuća koji ga je šokirao i razdirao. Shvaća da je u stvari čitav svoj život uživao imunitet. Njegova svojevrsna unutarnja utvrda nikad nije bila dotaknuta. Snaga njegovog privatnog sebstva je bio taj imunitet, a profesionalni celibat i fizička nevinost je bila samo vanjski odraz u stvarnosti bezbrižnog duha koji je oduvijek postojao.

Ali, iskrivljen egoizmom, taj imuni dio u njemu postao je izvor ponosa, a prijatelji koji su nagađali o njegovoj postojanosti kao svećenika i opisivali je kao stvarnu svetost, nisu mogli znati, kao ni sam Gerald, da je ta snaga bila pomućena velikom slabošću; **samopouzdanjem** i **ponosom**. Fizička bol i ozljede koje su utjecale na tijelo za vrijeme i nakon napada, bile su više simbol i opipljiv izraz neizbježne slabosti i krhkosti koju je nosio samo zato što je čovjek. Iako se donekle oporavio od napada, nikad više nije povratio taj osjećaj imuniteta. Dapače, u njemu se rodio osjećaj nemoći i po prvi put u svom životu priznao je svoju potpunu ovisnost o Bogu.

Gerald zbog ovakvog ishoda ima prilično problema, jer su počele kružiti glasine i znao je da egzorcizam treba završiti, jer ako ga on ne završi, svatko drugi tko to pokuša mogao bi imati dvostruko teži posao. Nedovršeni posao bi značio i da neće biti jamstva za moguću poštedu od sramote ili još gore, od zloduha koji je posjedao R/R.

U međuvremenu, Gerald je trebao odlučiti: hoće li nastaviti s egzorcizmom ili ga proglasiti službeno završenim. Stanje R/R je postalo vrlo alarmantno i trebao je biti pod stalnom prismotrom. Ništa nije govorio, zurio je kroz prozor, ponešto pojeo, blebetao nesuvislosti, a nije mogao podnijeti ni spomen na Geralda, religiju ili egzorcizam, niti je podnosio bilo kakav religiozni predmet pored sebe ili u svojoj kući.

Geraldovo je zdravlje pak bilo poljuljano, doktori su mu rekli da ima srčano oštećenje i da su njegove fizičke ozljede vrlo ozbiljne. Pored fizičke patnje, Gerald je svjedočio čudne promjene u svojim doživljajima. Stvari oko njega su postajale nestvarne, a ako bi malo duže obratio pažnju na njih, izgledalo je kao da sve nestaje. Svoje je tijelo doživljavao kao konture nečega što nije stvarno. Pričajući s drugima koristio je slike i metafore poput "svjetla", "tame", "prisutnost" i "odsutnost".

Zbog neočekivanog razvoja situacije, pastor i rektorat kontaktiraju psihijatra dr. Hammonda kojem se Gerald inicijalno i obratio zbog stanja R/R. Psihijatar i njegovi kolege detaljno proučavaju Geraldovu prošlost i konstatiraju da je ozbiljno traumatiziran događanjima, a zbog njegovog nepoznavanja seksualnosti i njezine kompleksnosti, smatraju da je izazvao i neželjena stanja kod R/R kojeg bi trebalo hospitalizirati i za koga su vjerovali da bi mogao reagirati na standardnu terapiju. Ovo stajalište podržava i pastor, ali prvenstveno brinući o lošim glasinama. Završnu riječ je imala obitelj R/R, a obzirom da je brat Bert bio uvjeren da je ovo vražje djelo, smatrao je kako treba nastaviti s egzorcizmom. Gerald je shvatio da R/R neće još dugo živjeti u stanju u kakvom jest, a i on sam nije htio ostaviti posao nedovršenim. Dogovor je postignut, ali uz jedan uvjet: psihijatar treba prisustvovati obredu i ima ga pravo prekinuti u bilo kojem trenutku ako to bude smatrao potrebnim.

Gerald je shvatio da je bio napadnut onog trenutka kada je otkrio i pokušao odijeliti identitet zloduha od R/R, te da će od te točke trebati nastaviti dalje pažljivo i nastojeći se držati onoga što obred propisuje.

Glas

Egzorcizam se nastavlja četiri i pol tjedna nakon prekida. Kada je R/R ponovno vidio Geralda pokušao je s istom zamkom, ali se ovaj put Gerald obratio u ime Isusa i njegove crkve tražeći od zloduha da kaže svoje ime.

Gerald nije imao dovoljno iskustva ili znanja o egzorcizmu da bi mogao savjetovati pomoćnike o onome što bi moglo uslijediti, a sve veći pritisak se očitovao u preznojavanju i drhtanju prisutnih uslijed njihove nepripremljenosti na situaciju.

Slijedi pojavljivanje neke čudne mješavine muških i ženskih glasova koje su unosili zbunjenost i strah. Gerald pokušava prekinuti te glasove naredbom:

> "Što god ili tko god da si, zapovijedam ti u ime Isusovo da kažeš svoje ime, da odgovoriš na moje pitanje".

Jačina buke se počela povećavati kao i **nekontrolirana uznemirenost kod Geralda,** koji se osjetio metom tog glasa punog uvreda.

Sudar

R/R sve to vrijeme ostaje ispružen na leđima. Kako se glas primirio, započeo je prvi val koji karakterizira Sudar (engl. *Clash*). Geralda nitko nije na to pripremio, nitko mu nije rekao što mu je činiti. Sudar je dobio fizičke manifestacije i Geraldova su sva osjetila bila napadnuta, a zadobivene rane od prvog okršaja počele su ponovno popuštati i krvariti.

Geraldova najveća kvaliteta – tvrdoglavost – sada počinje biti glavnim izvorom njegova mučenja, a Sudar se počinje materijalizirati. Geraldova čula počinju bivati izmučena i zbunjena, a njegovi su asistenti vidjeli kako se počeo previjati, tako da su dvojica pritekla u pomoć, držeći ga svatko sa svoje strane kako bi uspio ostati na nogama. Autoritativno ponovo zahtjeva od zloduha da mu kaže svoje ime, koje je napokon i dobio: *Majstor za cure*. Dalje zahtijeva da mu kaže što radi, a odgovor je bio u skladu s imenom kojim se predstavio, pa mu je nabrojao koga sve sređuje, i podsjetivši ga kako je i njega samog sredio. Ispitivanje se nastavlja, ali biva prekinuto jecanjem R/R čija je agonija paralizirala sve prisutne.

Takvo stanje, kao i razina boli koju je osjećao u vlastitom tijelu, učinilo je Geralda nepomičnim, a kod ostalih je iniciralo prisjećanja na vlastita traumatska iskustva. Ovo naglo naviranje sjećanja izgleda da je mimoišlo jedino mladog oca Johna, koji pokušava završiti Geraldovu naredbu. **To je bila bolna pogreška**. Gerald ga je pokušao zaustaviti, ali bilo je prekasno, šteta je bila počinjena. R/R prestaje jecati, okrenuo se i sjeo. Ostali su se vratili u sadašnjost iz bolnih sjećanja i bili spremni skočiti na R/R, koji je samo otvorio jedno oko i pogledao na Johna. Glas koji je izlazio iz R/R najavio je i Johnu da će ga srediti na vrijeme. Glas nastavlja prijeteći govoriti što će mu se sve dogoditi, te da bi i on mogao završiti u njegovoj kutiji.

Slijedeći na red dolazi policijski kapetan u trenutku kada je pažljivo, ali čvrsto, uhvatio R/R za ramena. Glas mu poručuje da će John poševiti i njegovu ženu, koja ga već sada želi, mladića kojeg još nijedna žena nije imala. Gerald uspijeva ponovno preuzeti inicijativu ponavljanjem pitanja: *"Koliko vas je?, Tko si ti?, Što radiš?, Zašto držiš tu osobu koju je Isus spasio?"*, a svako od pitanja imalo je učinak na R/R ravan udarcu maljem, gurajući ga unazad s izrazom užasa na licu dok potpuno nije klonuo.

Geraldovo stanje se počelo polako poboljšavati, njegova osjetila se uspijevaju ponovno usredotočiti i prestaje krvariti iz rana. R/R počinje polako obraćati pažnju na prisutne. Počinje poprilično isprekidan iskaz zloduha o tome tko je, ali i da je svatko od njih (zloduhova) u stvari sam po sebi nitko i ništa, udruženi su protiv čovjeka ili mrze "Najvećeg neprijatelja" (Krista) i uspostavljaju "Kraljevstvo", a "Najveći neprijatelj" nikada neće vladati. Kazuje kako se:

> "gusta, neprepoznatljiva, jedna masa, jedna volja, jedna cjelokupna zvijer, jedna briljantnost izlijeva iz 'Najodvažnijeg' (Sotona op. a.) prema svima ostalima. Tako da će ljudi biti stisnuti u kut, dobiti tamu kao ono što im pripada, bolest i bol i smrt i tamu ... sa svih strana izgrebani, gorki, zavezani, umrtvljeni, izluđeni nadolazećim članovima Kraljevstva, jedinog Kraljevstva ...".

Gerald ovo presreće pitanjem koliko ih je, jesu li svi jednaki i koji su njihovi identiteti, želeći dobiti što više podataka, što se Bertu učinilo suvišnim maltretiranjem. Prije nego li se Gerald uspio snaći, upada psihijatar, koji se ponovno vratio u modalitet znanstvenog promatrača, smatrajući kako trebaju nastaviti, kako su to prava pitanja i kako bi ovo mogao biti **pokazni slučaj poremećaja višestruke osobnosti** (PVO)! Gerald ga je pogledao više s žaljenjem nego iznenađen, a glas je nastavio:

> "... milijuni ako brojiš želje, umove, nebrojeni ako mjeriš mržnju, živuću mržnju ... jedan iznad drugoga, niti jedan ne čini svih, svi ispod jednoga, neki tako blizu 'Najodvažnijeg', oni imaju inteligenciju kojoj se samo Glavni neprijatelj može suprotstaviti, neki tako nisko da su govna, krhotine, grumeni ispod njegovih peta, prašina među njegovim prstima ... i voleći ih sve, svu degradaciju ... sve što može pokvariti ljepotu."

Dok je Glas ovo trijumfalno izgovarao, zadovoljan mržnjom prema svemu živućem, na licu R/R bila je užasnuta grimasa.

Gerald se nadovezuje pitanjima o tome što rade on/oni iz Kraljevstva. R/R se počinje preznojavati, a i soba u zadnjih sat vremena postaje zagušljiva zbog povećane temperature. Osjeća se vonj ustajalosti koji stvara pulsirajuću glavobolju kod svih prisutnih, izuzev psihijatra koji je zadržao žustrost i samokontrolu, dok su mu oči svjetlucale od očitog stresa. Gerald ga je gledao u nevjerici moleći se da ovaj opet ne uleti s nekom upadicom. Glas najprije ne želi odgovoriti, ali Gerald ponovo **autoritativno i pozivajući se na ime Kristovo** zahtijeva da mu se pokori i odgovori na postavljeno pitanje.

Glas stenjući odgovara da ga se pusti na miru u Kraljevstvu, kao i da je Rita sad jedna od njih i da je više ne može imati. Gerald odgovara, divljački neprepoznatljivo, da je Rita krštena i da ne može imati više kontrolu nad njom. Iz R/R se ponovno javlja isti neprepoznatljivi Glas i ispaljuje:

> "Sve počinje s kutijom i završava s kutijom. Onoliko dugo dok ih navodimo da pomisle da je kutija sve, mi ih sređujemo (pofiksamo). Možemo napraviti kurvu od najvećih – sve legalno, sigurno, ... ako, samo ako jednom pomisle da je kutija žena, žena-kutija ... to je najgora uvreda za Najvećeg neprijatelja, zato što je žena nalik Najvećem neprijatelju. Muškarac je stvar. Žena je biće. Mi ih sredimo tako da misle ... da to nije ništa drugo do debele, masne kite u moru hormona, mirisa i vrištanja i da je sve dreka, blebetanje, natezanje i drkanje. Zaveži ih čvrsto za pišonju u njegovom kavezu. Zaveži i njega isto ..."

R/R se ponovno raspao, okrenuo na kauču dašćući kao da mu treba zraka. Martin komentira kako je Gerald svojim daljnjim insistiranjem oko pitanja zašto je i kako zloduh upao u R/R ponovno pokazao svoje neiskustvo. Bez obzira što bi traženje takvog odgovora moglo zvučati logično, mogućnost da bi njegova znatiželja mogla prevladati nad boljim prosuđivanjem dovodila ga je u opasnost uplitanja u mehanizme zla i tako mogla izazvati nepopravljiva oštećenja. Ovo se prije samog kraja egzorcizma i dogodilo, ali ne s Geraldom, već će, kako ćemo u nastavku vidjeti, netko drugi zbog toga ispaštati.

Glas nastavlja dalje s prostim i ponižavajućim opisima, dok ga Gerald ponovno nije prekinuo pitanjem u kojem je točno trenutku upao u R/R. Glas potvrđuje prije opisanu situaciju s crnom djevojkom u snijegu i zviždukom vjetra, ali završava tvrdnjom da je bio pozvan puno godina prije toga.

Istjerivanje

Gerald odlučuje da istjera zloduha, nakon, što je dobio sve što je želio od njega i **dovoljno ga ponizio**. Počinje s molitvom, ali potpuno neočekivano i bez pitanja upada psihijatar s naivnom molbom da

Richardu postavi nekoliko stručnih pitanja! Gerald, uplašen za njega, zamolio ga je da odstupi, ali već je bilo prekasno, psihijatar prilazi R/R i obraća mu se objašnjavajući kako su skoro gotovi i neka mu prije toga odgovori na nekoliko pitanja.

Ovakav razvoj situacije ponovo ukazuje na Geraldovo neiskustvo, jer takvo je ometanje po Martinovim riječima bilo nedopustivo i opasno, obzirom da može dovesti u pitanje čitav postupak. To bi moglo biti fatalno i za osobu koja se obraća posjednutom. Ovo se i pokazalo točnim, jer psihijatar upada u istu klopku u koju je upao i Gerald četiri i pol tjedna ranije, s time što je psihijatar bio bitno slabije zaštićen.

Psihijatar je počeo s pitanjem, ali ubrzo zastaje shvativši da se po prvi put u svojoj profesionalnoj karijeri susreće s nečim što je izvan svih znanih mu kategorizacija onoga što bi moglo biti dokazivo kao znano ili neznano. Njegov um znanstvenika bila je jedina spremna obrana, koji je sada protestirajući tražio da sve provjeri, sakupi činjenice, sve ispita. No tu nije bilo činjenica koje su se mogle provjeriti i koliko god bi još trenutak ranije to mogao okarakterizirati kao produkt iracionalnosti, ono s čime se sad susreo bilo je itekako stvarno. Atmosfera se u prostoriji promijenila, R/R je počeo ispuštati svu silu različitih glasova i zvukova, koji su se miješali i zvučali kao bespomoćno zapomaganje rulje u agoniji. Psihijatar ostaje zatečen, nepomičan i nagnut gledajući prema R/R, oči su mu se suzile od bojazni, a njegov blok u koji je zapisivao bilješke je samo skliznuo iz ruke.

Gerald shvaća da nešto novo nadolazi i naređuje zloduhu da napusti R/R, na što se čuje:

> "Mi odlazimo, svećeniče, mi odlazimo. Odlazimo u mržnji i nitko ne može promijeniti našu mržnju. Čekati ćemo na tebe, kad budeš umirao biti ćemo tamo. Mi odlazimo."

A onda i nagla promjena u intonaciji s izjavom koja tjera na razmišljanje:

> "Ali, on [psihijatar] ide s nama. Već imamo njegovu dušu. Posjedujemo ga, on je naš. Ne trebamo se boriti za njega. Njega ne možeš vratiti.

On je naš. **On radi naš posao**. On ne treba kutiju. **On stavlja ostale u nju**."

Sva mirnoća nestaje s psihijatrova lica na kojem se sada ocrtavao mračni strah. Odlazak zloduha prati vrištanje R/R i stišavanje te buke, mješavine zvukova, kao da pogrebna povorka polako nestaje u daljini. Psihijatar je ostao bez riječi bezrezervno plačući, iscrpljen preko svake mjere. Nije bio u stanju s bilo kim komunicirati, htio je da ga jednostavno puste na miru.

Nakon dvadesetak minuta R/R polako dolazi k sebi i priznaje Geraldu da se sada osjeća toliko lagano, kako se nije osjećao zadnjih 10 godina i da je napokon sretan nakon dugo vremena. Gerald nije htio puno pričati, njegova je rana ponovno krvarila, a R/R je zamolio da ga zove Richard jer je kao **Richard rođen i tako će umrijeti**.

15. POGLAVLJE

Što dalje?

"Postoje samo dvije greške koje možete učiniti na putu prema istini; ne proći cijeli put, ili ga niti ne započeti."
– Siddhārtha Gautama Buddha

"Ja sam Put i Istina i Život: nitko ne dolazi Ocu osim po meni."
– Isus, prema evanđelju po Ivanu 14,6

Oslobađanje od nakačenih entiteta, prema svemu što sam do sada saznao i iskusio, stvara prostor za drugačiji nastavak življenja i djelovanja. Skidanje tereta koji smo nosili i pod čijim smo utjecajem često radili protiv sebe i protiv drugih sada se može manifestirati osjećajem određene lakoće i osjećajem da imamo puno više energije. Osjećaj pozitivne promjene stvara u ljudima i određena daljnja očekivanja i pitanja: što dalje? Znači li to da sada oslobođeni tih parazitskih i manipulativnih utjecaja (napokon) možemo početi živjeti i ostvarivati svoj pun potencijal – kreativni, poslovni, imati ispunjavajuće međuljudske i partnerske odnose, itd.?

Počnimo prvo od napomene da niti jedan postupak oslobađanja od nakačenih entiteta **nije** i ne može biti čarobni štapić (iako po brzini razrješavanja određenih simptoma može tako izgledati u usporedbi s npr. uobičajenim psihoterapijskim pristupima). Nepostojanje predodžbe o sadržajima i dinamici naše psihe može lako stvoriti pretjerana očekivanja da će jedna ili nekoliko seansi počistiti sve probleme koji su se nagomilavali tijekom mnogih života. Ovo bi moglo razočarati one koji su tragom ovog ili sličnih tekstova počeli razmišljati o tome da nešto naprave na sebi očekujući/zahtijevajući čudo. Ali ovdje bih naglasio da bi odluka o ovakvom čišćenju mogla za mnoge biti potvrda da su u stanju preuzeti odgovornost i napraviti nešto s vlastitim psihičkim inventarom, unutrašnjem mnoštvu pod-identiteta i njihovim proturječnim prohtjevima, što je itekako povezano s (ne)ostvarivanjem prije spomenutih potencijala.

Skidanje nakačenih entiteta s psihičke inventarne liste može predstavljati suštinski korak naprijed u našem razvoju, ali ga nikako ne bi trebalo smatrati konačnim (jer on to ni po čemu nije), već ohrabrujućim pokazateljem da je promjena moguća, kao i svojevrsnim katalizatorom u odluci da se nastavi raditi s ostalim sadržajima naše psihe.

Oni koji do sada nisu imali priliku *duboko* uroniti u svoju psihu, postupak oslobađanja u promijenjenom stanju svijesti biti će novo iskustvo i može dati ideju koliko je rad s podsvjesnim sadržajima važan i kako to nitko neće i ne može (a ne bi niti smio) napraviti umjesto nas.

Važnost podsvjesnim sadržajima daje i klasična psihoanaliza kao i mnoge druge psihoterapeutske metode gdje svatko na svoj način pokušava doći do takvih sadržaja. Freud je inzistirao na mehanizmu "prijenosa" (engl. *transference*) kojim se emocionalno nabijeni podsvjesni sadržaji prenose na terapeuta kako bi on na temelju toga mogao objasniti pacijentu njegovu situaciju. Ovo pomalo podsjeća na ideju o spoznaji naše povezanosti s Bogom neizravno – preko svećenstva. Jung je smatrao da postoje četiri metode istraživanja "nepoznatoga" od kojih je krajnja tumačenje snova.[1] Ovakvi i slični pristupi značit će zasigurno dugoročnu ovisnost o terapeutu, najprije da se uopće dotakne uzrok problema, a zatim da se pokušaju iscijeliti psihički ožiljci nastali traumatskim situacijama. To bi možda bilo dobro i dovoljno ako bi se na to svodio sav naš posao, ali smatram da nije tako, jer bi osim čišćenja trauma trebali i živjeti, oslobođeni ponavljanja ograničavajućih nesvjesnih utjecaja, i iz druge svijesti pokušati ostvariti određene potencijale. Ovakav pristup je pomalo paradoksalan, naime ortodoksna psihoterapija ne ostavlja mogućnost ideji o postojanju prošlih/ostalih života, a u svom pristupu rješavanju problema ponaša se upravo kao da imamo na raspolaganju na stotine života!

S druge strane, postupak oslobađanja može biti izveden u vremenski kratkom roku jer uključuje brz dolazak do podsvjesnih sadržaja, zato što je "radno stanje" domaćina bitno drugačije od onoga kojim se koriste klasične metode. Njegov svjesni um stavljen je u

1 Pored snova, Jung se zalagao za *metodu asocijacija, analizu simptoma* i *anamnestičku analizu* (Usp. J. Jacobi: *Psihologija C. G. Junga – uvod u djelo*, Zagreb, Scarabeus-naklada, 2006., str. 91-92).

ulogu promatrača, a ne primarnog sudionika koji bi svojim fantaziranjem pokušao objasniti njemu nepristupačno i neobjašnjivo ili shvatiti doživljene bljeskove takvih sadržaja. Dolazak do podsvjesnih sadržaja postignuto je nekom od pobuda (indukcija) promijenjenog stanja svijesti.

Pomalo je ironično da je upravo Freud iako inicijalno privučen učincima Mesmera (i onoga što se kasnije nespretno prozvalo hipnoza), odbacio korištenje hipnotičke pobude promijenjenog stanja svijesti kao neučinkovite metode i nastavio sa tzv. *talk* terapijom (na kauču) što je, ako ništa drugo, njegovim sljedbenicima osigurao višegodišnji izvor prihoda od istih klijenata.[2]

***

Uz pretpostavku da stvarno želimo nastaviti raditi dalje, sada možemo odlučiti hoćemo li prednost dati metodama koje pokušavaju s razine svjesnog uma, ego fantaziranja i racionaliziranja "upecati" nešto iz podsvjesnih dubina ili ćemo se odvažiti nastaviti za *izravnim* dubokim zaronima i samim time prije doći do spoznaja koje nam mogu zaista biti poput otkrića potopljenog blaga.

Nastavak rada na osvješćivanju psihičkog inventara mogao bi nam pomoći i u razumijevanju zašto je uopće došlo do nekih nakačenja i da naposljetku oni i nisu nužno bili uzroci već isto tako posljedice nekih drugih stanja i pojava. Iz svoje trenutne perspektive smatram da bi uzimanje u obzir dinamike nakačenih entiteta trebalo pomoći i u razumijevanju našeg vlastitog inventara: ovdje prvenstveno mislim na spomenute pod-identitete (Mala Ja, kako ih naziva Gurđijev) koje smo stvorili za života, kao i one iz prošlih života ili njihove tragove (samskare). Sve su to "stanovnici" naše podsvijesti, kao što to mogu biti i tuđi astralni fragmenti ili mračni entiteti, svat-

2 Propagandna mašinerija je u SAD i odlazak *šrinku* učinila dijelom poželjnog životnog stila (engl. *lifestyle*) uspješnijih/imućnijih koji se eto na taj način mogu olakšati, prepričavajući svoja nesretna djetinjstva kako bi tako eventualno postali bolji na poslovnom i privatnom planu.

Kada je riječ o prihodovanju i ozbiljnosti psihoanalitičara u namjeri da se nama bave jako, jako dugo, treba spomenuti npr. R. Langsa koji se svojevremeno u knjizi *Psychotherapy: a Basic Text,* (1982.) potrudio dati perverzno detaljna uputstva svome *svećenstvu* (jer se tako i ponašaju) o tome kako se odnositi sa "pacijentima" i kako ostaviti na njih što profesionalniji dojam (ne bi li isti što duže dolazili ležati po njihovim kaučima).

ko sa svojim potrebama i zadacima. Ono što je zanimljivo – izgleda da oni na neki način i privlače situacije u kojima će moći doći do izražaja (ovo je i razlog zašto formula "slično privlači slično" često ne daje željene rezultate na užas mnogih čitatelja *Tajne*[3] i sličnih NABS receptura).

Za razumijevanje naše unutarnje razdvojenosti/rascijepljenosti možda bi mogli poslužiti upravo ekstremni primjeri: osobe s PVO (poremećajem višestruke osobnosti) gdje su disocijacija i izmjenjivanje pod-identiteta toliko snažni da možemo govoriti o potpuno različitim osobama, koje čak mogu do određene mjere izmijeniti i fizičko tijelo (ako ništa drugo, onda promjenom stila oblačenja, držanja tijela ili manifestacijom različitih oboljenja). Kod normalne osobe takav teatar[4] je također prisutan, ali je manje dramatičan i očit, reklo bi se suptilniji. No, već kod pažljivijeg promatranja, posebno osoba koje pokazuju određene neurotične[5] simptome, moglo bi se primijetiti kako npr. početak rečenice započinje jedan pod-identitet, da bi istu završio drugi pod-identitet.

Ovo nekada može biti smiješno i zabavno, mada većina ljudi takve stvari uopće ne primjećuje upravo zato što se i na njihovoj sceni glatko izmjenjuju različiti pod-identiteti. Oni koji smatraju da je ovaj primjer isuviše spekulativan i maglovit, možda slikovitiji primjer izmjene pod-identiteta mogu vidjeti već pri sljedećem sjedanju u automobil (bilo kao vozač ili suputnik) – obratite pažnju na promjenu osobnosti vozača kada glavnu ulogu preuzima pod-identitet "Šofer" (često poprimajući karakter u spektru od kočijaša, preko lokal-patriote, šoviniste do Formula 1 pilota ili *kamikaze*) koji se ponovno povlači pri izlasku iz vozila (tad ga lako može zamijeniti pod-

---

3 *The Secret* (2006), svjetski bestseler R. Byrne o zakonu privlačnosti.

4 Dr. med. J. L. Moreno, ponudio je *psihodramu* kao psihoterapijsku metodu koja uključuje upravo teatralno okruženje i igranje/glumljenje uloga kako bi se došlo do podsvjesnih sadržaja koji zahtijevaju obradu.

5 Neuroza – tendencija manifestiranja potisnutih podsvjesnih sadržaja, ponajviše populariziran radom Freuda i Junga. Američka psihijatrijska udruga (APA) je u 3. izdanju (1980.) svog priručnika DSM, koji ima status gotovo svetog pisma struke, neuroze izbacila kao nejasan i *neznanstven* pojam. Potencijal za stvaranje neuroza u moderna čovjeka je tako velik da je malo vjerojatno da ne dođe do njihovog pojavljivanja, a koje često zbog neprepoznavanja niti ne shvaćamo kao nešto čime bi se trebali pozabaviti, već znaju biti i poželjna "oprema" današnjih *cool* karaktera.

identitet "Pješak" koji ima svoje ideje o sudjelovanju u prometu i vozačima!). Iako su ponašanja "Šofera" i "Pješaka" često kontradiktorna oni su stanovnici iste psihe, a upoznavanje i prihvaćanje svih članova "obitelji" korisni su koraci potrebni za sređivanje psihičkog inventara.

***

Ako se vratimo na sam rad, središnja figura takvog rada smo mi sami, kao što smo to i u postupku oslobađanja. Mi sami smo prvenstveno odgovorni za naš psihički materijal i na nama je odluka kako ćemo ga urediti. Takav rad ima i neka imena, u slučaju Jungove analitičke psihologije on se zove proces individuacije, Gurđijev je to nazvao jednostavno Rad (*The Work*), itd. Hoćemo li u radu koristiti ideje gore spomenutih autora ili nešto drugo, koliko ćemo uz to meditirati, kontemplirati, početi mijenjati način življenja i prehrane, stvar je našeg individualnog izbora, ali u nastavku ne bi trebalo zaboraviti da je u nama teatar i da što više toga osvijestimo, to su i bolje šanse za ostvarenje našeg suštinskog bića i daljnjeg djelovanja u skladu s njim. Osim što bi *ispravan* rad trebao dovesti do otkrića suštine našeg bića i pronalaženja unutrašnjeg vodstva, u konačnici vodi i izravnoj spoznaji naše povezanosti, jedinstva s Izvorom, Bogom, spoznaji naše božanske i vječne prirode. Upravo sve snažniji osjećaj naše neraskidive povezanosti s Bogom (i sveukupnošću kreacije) biti će nam najbolji pokazatelj promjene koja nam se dogodila "po putu". Ovu povezanost će svatko prepoznati na svoj način i vjerujem da ona prirodno vodi povećanju razumijevanja (nas samih i drugih ljudi), a time i bezuvjetnoj, istinskoj Ljubavi.

> *Ovdje svakako želim istaknuti da, osim ovakvog rada koji bi u nastavku trebao dovesti do spoznaje o neraskidivoj povezanosti s Bogom (Apsolutom), postoje i niz naizgled atraktivnih metoda za "rad" čiji je konačni cilj osnaženje ega (lažnog ja), što kod jako traumatiziranih i disociranih osoba može dobiti pozitivne manifestacije. Ipak, držim da je dugoročno princip u čijem je središtu ego vrhovno božanstvo jalov i promašen te da otvara nove mogućnosti za još suptilnije i opasnije potpadanje pod mračne (bezbožne) utjecaje.*

Želio bih reći i sljedeće: u postupku oslobađanja koji je čin iscjeljivanja u ime i uz blagoslov Svjetla domaćin će imati prilike svjedočiti djelovanju nevidljivih pomagača čija je pomoć iskaz Ljubavi prema čovjeku i svakoj Božjoj kreaciji. Itekako bi bilo korisno ovo ne zaboraviti i oduprijeti se ego racionalizaciji i omalovažavanju (čije je pojavljivanje u jednom trenutku neupitno) i znati da nam je **stalno** na raspolaganju (na javi i u snu!) puno veća pomoć nego što možemo i zamisliti.

Daljnja zaštita

"Najgore se strašiti!"
– Albino Kotlar (pok. djed)

U nastavku bi želio skrenuti pažnju na nekoliko stvari za koje smatram da će omogućiti sigurnije daljnje putovanje s manje prilika da postanemo domaćini novim entitetima. Počnimo s listom prijedloga dr. E. Fiore i unošenjem više Svjetla u naš život:[6]

1. Koristiti tehniku ispunjavanja Svjetlom dva puta dnevno (ujutro i pred spavanje, opisana u 11. poglavlju).
2. Suzdržavati se od alkohola i narkotika.
3. Koristiti tehniku ispunjavanja Svjetlom prije operacija i za vrijeme hospitalizacije.
4. Napraviti postupak oslobađanja odmah nakon operacije ili hospitalizacije.
5. Molitva i traženje duhovne pomoći. Npr. dr. o. I. Hickman je preporučala sljedeće riječi svojim klijentima:

> "Svjetlo Božje opkoli me. Ljubavi Božja zagrli me. Snago Božja zaštiti me. Bliskosti Božja motri na mene. Gdjegod da jesam, Bog jest."[7]

Smatram da je istinska molitva iznad bilo kakve propisane forme ili recepta i da je ona naše **svjesno** i **svojevoljno** opredjeljivanje Svjetlu i njegovom služenju, i zahvala (a ne zahtjev ili

6 Usp. Ph. D. E. Fiore: *The Unquiet Dead: A Psychologist Treats Spirit Possession*, Ballantine Books, 1995., str. 140

7 Usp. dr. O. I. Hickman: *Remote depossession*, Hickman Systems, 1994., str. 96

naredba) Božjoj Ljubavi i milosti.
6. Održavati pozitivan stav.[8]

Fiore isto tako nudi određene smjernice po pitanju zaštite našeg prebivališta:[9]

1. Ne priređujte spiritističke seanse, ne koristite Ouija ploče i ne prakticirajte automatsko pisanje, ukoliko ne znate što činite i s kojim ciljem.
2. Ne konzumirajte alkohol i narkotike u svom domu, jer bi ovo moglo privući entitete da ostanu u prostoru ili se nakače na prisutne.
3. Okružite vaš dom svakodnevno Bijelim Svjetlom, zamišljajući aureolu blistavog bijelog Svjetla kako ga okružuje u potpunosti.
4. Zamislite da je svaka prostorija ispunjena Bijelim Svjetlom. Za to vam treba samo minuta, što možete napraviti svaki dan.
5. Zamolite u sebi ili na glas zaštitu iz Svjetla, npr. Isusovu zaštitu koji je njihov predvodnik.
6. Održavajte atmosferu u domu sretnom i ispunjenom ljubavlju. Ne dopustite entitetima da budu privučeni energijom ne-

8 Htio bih nešto reći vezano uz spomenuto održavanje pozitivnog stava, koje osobno shvaćam malo drugačije nego ono što bi newageri možda poistovjetili s "misli pozitivno" (i nadodao bih, "zatvaraj oči pred negativnim"). Naime, takav pristup u osnovi povlači nekritičko, jednostrano razmišljanje, što onda i povlači nerazumijevanje dinamike Zloga, što je još jedno hodanje stazom manjeg otpora i time predstavlja moderniju verziju duhovne anestezije i realnu osnovu za religiju Novog poretka za "novog čovjeka". Ovdje ponovno možemo pričati o suptilnosti i potvrditi da je "vrag u detaljima". Možemo tako promotriti, npr. novo oduzimanje naše slobode, koje je recimo posljedica "rata protiv terorizma", pa to gledati kao novi izazov u našem suštinskom napredovanju, bez iluzija kako to dolazi od mračne strane i da nećemo ustuknuti u našem daljnjem napredovanju. Ako to gledamo newagerski, onda bi to moglo biti shvaćeno kao nešto na što uopće *ne treba obraćati pažnju*, jer je to samo još jedan primjer nedostatka Svjetla/Ljubavi (pod parolom tama je samo odsustvo Svjetla) i ako bismo i što trebali učiniti, onda će to biti naše slanje spomenutih sastojaka. U isto vrijeme treba samo živjeti za sebe, a obzirom da smo karmički već odradili patnju, možemo se prepustiti (nekritički i ignorantno) radostima života.

9 Usp. Fiore, str. 151

gativnih emocija prisutnih.

Iz vlastitog iskustva, mogu reći da će stvari s kojima ste prije imali problema, ukoliko su stvarno bile povezane s postojanjem nakačenog entiteta, uz povraćenu ili regeneriranu energiju, početi same otpadati "po putu", jednostavno onom brzinom i redoslijedom kako se bude nadalje mijenjala i vaša svijest.

Proširena lista stvari, situacija i ponašanja koja imaju svojevrsni traumatski učinak na našu prirodnu zaštitu, pa nas samim time čine otvorenijima prema nakačenjima, bi izgledala ovako:

- Konzumacija bilo kakvog alkohola, narkotika ili psihoaktivnih supstanci, bilo one "tradicionalne" ili one koje nam nudi farmaceutska "znanost" (posebno one koje sadrže kem. element Fluor).

- Šećer i konzumacija opasnih dodataka prehrani kao što su Na-glutamat i umjetni zaslađivači poput Aspartama ili njegovih izvedenica (u tzv. niskokaloričnoj i dijetetskoj[10] hrani i napicima s oznakama "0 ili bez šećera", "Zero", itd.). Ne treba zaboraviti da šećer nije samo sastojak vrećice od 7 grama koju ćete dobiti uz naručenu kavu (npr. čaša tipičnog industrijskog voćnog soka sadrži 20 grama šećera, pa onda: U zdravlje!). Obratite li pažnju na deklaracije proizvoda koje svakodnevno koristite mogli biste biti iznenađeni gdje se sve šećer ili njegovi surogati danas mogu pronaći. Ovdje bi posebnu pažnju skrenuo na tzv. "zdrave i prirodne" (što bi trebalo sugerirati da nisu umjetno stvoreni) zaslađivače poput kukuruznog glukoznog sirupa i fruktoze koji su umjetno proizvedeni i prema nekim studijama izazivaju dijabetes tipa 2, koji je poprimio razmjere epidemije.[11]

- Nastranost u seksu i konzumacija pornografije.

---

10 Danas možemo svjedočiti apsurdnoj situaciji da se prehrambeni proizvodi s umjetnim zaslađivačima redovito nalaze na policama trgovina s natpisima "Zdrava prehrana".

11 Ph. D. J. Bowden: *The Dirty Truth About High Fructose Corn Syrup*, naturalhealthsherpa.com, 01.01.2011., http://naturalhealthsherpa.com/dirty-truth-high-fructose-corn-syrup/52786, viđeno: 07.11.2011.

- Preglasna i disonantna glazba, posebice *heavy metal, heavy rock* i slična glazba koja uključuje tekstove s ponavljajućim pogrdnim frazama i izrazima mržnje.

- Izlaganje propagandi i kontroli uma (engl. *mind control*).

- Filmovi strave ("Horrori") i nasilja (gotovo neizostavno uključuju kontrolu uma).

- Obredi (gotovo uvijek uključuju "molitve") koji u osnovi podrazumijevaju bilo kakvo stjecanje materijalnih, duhovnih ili kontrolnih (dominirajućih) prednosti naspram drugih bića. Ovo bi u novije vrijeme moglo uključivati i bilo kakav rad s DNK na nekoj duhovnoj razini, što nude određeni "gurui" koji su često, kako kažu, u kontaktu s našom svemirskom "braćom" ili uzašlim majstorima koji nam žele samo najbolje. Isto tako, takvi vole raditi i s npr. Reikijem, čija je izvorna verzija u većini slučajeva ozbiljno korumpirana (što ne čudi, obzirom na njegov potencijal), pa bi rad s krivim "majstorom" mogao lako rezultirati odličnim otvaranjem za vanjske entitete. Ovdje treba pokušati razumjeti da neznanje u konačnici nije isprika, kao što to nije niti korištenje krivih znanja!

- Praćenje sportskih i drugih natjecateljskih manifestacija oko kojih se okuplja dvije ili više protivničkih (da ne kažem zaraćenih) strana. Na ovakvim mjestima stvara se snažan negativan naboj zbog negativnih emocija (ponosa, strasti, zavisti, mržnje, inferiornosti, izabranosti, itd.) i može se osjetiti *natjecateljski* "sportski duh".[12] Velik broj takvih manifestacija prati

12 "Sportski duh" može opisati dvije pojave: onu koja gura natjecatelje da nadljudskim snagama dokažu da su vrijedni svoga postojanja (uz sve popratne pojave). Druga se može u manjoj ili većoj mjeri manifestirati od navijača koji identifikacijom sa svojim "svetinjama", nesvjesni ljudskog psihičkog potencijala, svojim navijanjem u promijenjenom stanju svijesti (euforiji) stvaraju grupnu misaonu formu koja svojom snagom i dosezima višestruko nadmašuje onu individualnu – pa čak i onu stvorenu od strane vještog magijskog praktikanta. Neke vidovite osobe kažu da takvu grupnu misaonu formu doslovno mogu i vidjeti na natjecanjima. Vođeni zajedništvom takvog "duha" članovi grupe lako postaju počinitelji niza prekršajnih i krivičnih dijela.

konzumacija alkohola (i narkotika) što utječe na našu zaštitu i pogoduje daljnjem otvaranju.
Ne treba zaboraviti kockarske i kladioničarske poslove (i skandale) koji su postali nezaobilazni dio takvih događanja, odnosno sve češće i jedina svrha određenih natjecanja. Kockarska strast se sve više relativizira, a jedan od primjera toga je da se i poker smatra sportom s potpuno legalnim javnim natjecateljskim manifestacijama (radi se na tome da postane i olimpijska disciplina).

- Psovanje, ogovaranje i vrijeđanje (rekao bi Ruiz: *"Neka tvoja riječ bude besprijekorna"*).[13]

- Potpuna anestezija zbog kirurškog zahvata, primanje organa i/ili krvi.

- Udarci u glavu.

> *Napomena: Ništa od gore navedenoga nema puno smisla nasilno uklanjati iz života. To bi na putu promjene trebalo samo početi "otpadati" tj. postati suvišno i neprivlačno. Ono što ne može otpasti jer smo za to još uvijek vezani treba iskoristi kao pokazatelj i podsjetnik da u nama još uvijek postoji nešto što nas privlači tim stvarima i situacijama i s čime bi se trebali pozabaviti.*

Gore navedena lista ne bi trebala postati još jedna u nizu "horror" listi ili nocebo kampanja tipa "pušenje ubija" po kojima bi trebali voditi svoj život. Svijest o potencijalu gore spomenutog da nas otvori neželjenim utjecajima trebala bi potaknuti veću budnost, a ne postati izvor straha – emocije koja nikako nije poželjna kada pričamo o nakačenjima entiteta.

Na kraju ovog dijela htio bi još jednom ponoviti: naša glavna snaga i zaštita jest povezanost sa Svjetlom i naša svjesna i svojevoljna odluka da stanemo uz Svjetlo i Svjetlu služimo. Takva odluka otvara prostor za pojavu mističnog (numinoznog[14]) iskustva koje je potpu-

13 D. M. Ruiz: *Četiri sporazuma sa samim sobom*, Zagreb, VBZ, 2001., str. 15

14 Numinosum – od lat. *numen, numin-* božanska volja ili moć. Izraz ponovno populariziran u 20. st. od strane R. Otta koji je koristio za neposredno iskustvo neizrecivog, tajanstvenog, zastrašujućeg i isključivo povezano s

no individualno i na tragu je onoga što riječ religija[15] predstavlja u svom izvornom i neiskvarenom značenju. Ako se takvo iskustvo i doživi, ono ne bi trebalo postati samo sebi svrha,[16] krajnji cilj, već stvarna inspiracija za daljnje djelovanje i potvrda izabranog puta.

Povratak suosjećajnosti/osjetljivosti

Važan dio naše zaštite jest promjena naše svijesti i do promjene će zasigurno doći nastavimo li se baviti svojim unutarnjim inventarom. Smatram da je prava potvrda pozitivnog pomaka u tom smjeru obnavljanje senzibilizacije na život koji nas svakodnevno okružuje. Naime, ono čemu smo kontinuirano izloženi tijekom cijelog života je dirigirana desenzibilizacija, čijim su se stvarnim apostolima pokazali – psihopate,[17] lišeni jedne od najvažnijih odlika ljudskog bića: **suosjećanja.** Negiranje i uništavanje suosjećajnosti doslovno vodi k dehumanizaciji. Desenzibilizacija (ili bi mogli čak reći masovna psihopatizacija) dobila je pravi zamah u posljednjoj polovici prošlog stoljeća, između ostaloga zahvaljujući blagodatima informatičke i telekomunikacijske tehnologije i modernih medija. Na ovaj nas način, vojske agenata svojim nekritičkim papagajskim ponavljanjem unaprijed pripremljenih vijesti, koje su često lišene najosnovnijih provjera autentičnosti, pretrpavaju informacijama i čine potpuno imunima na ljudska stradanja. Ovdje ne bi trebalo zaboraviti oca recepture koja se zove "odnosi s javnošću" (engl. *public relations* ili *PR management*), Freudovog nećaka, E. Bernaysa. Ogromnu ulogu u našoj desenzibilizaciji svakako igra kontrola tj. programiranje uma, za što se može uvelike zahvaliti i dostignućima nacističkih "znans-

---

božanskim. Pod udarom materijalističkog redukcionizma korištenje ovog pojma postaje sve više iskrivljeno obzirom da se isti želi objasniti/izmjeriti umjesto doživjeti.

15 *Religio*, od *religare*, "povezati se (s Bogom)"

16 Zapadnjački um za koji je karakteristično da naginje postignućima lako može postati lovac na ono što je Maslow nazvao *peak experience* (vrhunsko iskustvo), kada takav lov postaje sam sebi svrha, a "lovac" se suštinski neće promijeniti.

17 Psihopate često mogu, čak i bolje nego normalna ljudska bića, *oponašati* suosjećanje, a nedostatak istoga kod njih, prema nekima, čini ih upitnima kao stvarnim ljudskim bićima, bez obzira što se po vanjštini (svome fizičkom tijelu) ne razlikuju od normalnog čovjeka.

tvenika", koji su svoje eksperimente na ljudima iz konc. logora nastavili pod blagoslovom američke administracije, unutar projekata CIA-e te kasnije FBI-ja i NSA-e. Jedan od najdramatičnijih primjera koji su dospjeli u javnost (koliko ih je ostalo u tajnosti teško da ćemo uskoro doznati) je MK-ULTRA. Zašto je ovo sve skupa važno? Zato što **znanje štiti,** i dok god ne budemo znali (i razumjeli) što, tko i na koji način utječe na nas, nećemo se moći od toga niti adekvatno zaštititi.

Govoreći o desenzibilizaciji, nemoguće je zaobići tzv. teroristički čin arapskih ekstremista danas poznat kao "9/11", koji se dogodio 11.9.2001. i na temelju čega je počeo još jedan globalni "lov na vještice" (tada su to bili Bin Laden i Sadam), i počeo izazivati sve ono što lov na vještice karakterizira: osjećaj nemoći i nesigurnosti, nepovjerenje i strah. Tada su se naši "zaštitnici" pokrenuli u "rat protiv", a što uključuje i ukidanje osnovnih ljudskih prava i sloboda. Ovdje ne bi smjeli zaboraviti koliko je važna bila desenzibilizacija svjetske javnosti, koja je na ovaj ili onaj način dala svoj "mandat" takvim zaštitničkim snagama i njihovim "humanitarnim intervencijama". Ako razmišljamo o suosjećajnosti, onda je i u ovom slučaju ponovljena ista dinamika od strane mračnih sila: igralo se na suosjećajnost prema žrtvama napada i energije masa usmjerile su se prema planiranoj meti: "zlim Arapima". Meta je već prije pripremljena od istih snaga koje su i zaslužne za tu tragediju. Na osnovu onoga što se do sada dogodilo nakon "9/11", današnje SAD nalikuju na predratnu Hitlerovu Njemačku i za vidjeti je što će psihopatska elita sve još ponuditi Amerikancima i tragom "zakona o spojenim posudama globalizacije" i ostatku svijeta (prisjetite se samo domaćih klauna koji vode političko-ekonomski cirkus čija smo publika). Odnosno, postavlja se pitanje je li ovaj udarac na ljudska prava i slobode samo priprema za još dramatičniji događaj za čovječanstvo, koji se tek treba dogoditi?

Desenzibilizacija, čija bi učinkovitost bila nezamisliva bez dobro kontroliranih masovnih medija, čini da sve postane moguće pa tako i npr. potpuna ravnodušnost prema prisustvu hrvatskih vojnih snaga u Afganistanu ili pak održavanje 4. židovskog filmskog festivala u Zagrebu, koji bi nas trebao upoznati s Holokaustom – u isto vrijeme kada se odvijala krvava drama s konvojom za pomoć Gazi pod židovskom okupacijom! Tko će se zamarati podrškom američke ili židovske agresije, dok su oči nacije uperene u Severinu ili slične proizvode/brendove industrije zabave?

Dobar primjer alarmantnog stanja kada je riječ o osnovnoj ljudskoj vrlini, suosjećajnosti, jest stanje američke mladeži. Na Institutu za društveno istraživanje University of Michigan, analizirajući 72 istraživanja o suosjećajnosti na gotovo 14 000 studenata, između 1979. i 2009. g., došli su do poraznog podatka da je suosjećajnost među današnjim studentima 40% manja nego što je to bilo prije dva ili tri desetljeća.[18] Ovakvi rezultati ne ukazuju na povećanje broja psihopata u populaciji, već upravo stupanj i razmjere psihopatizacije. Nasreću, ovo je samo jedna strana krajnje polarizacije kojoj svjedočimo u današnjem trenutku, a koju s druge strane prati sve veći broj ljudi koji uz sve poteškoće svakodnevno svjedoče i podsjećaju što znači biti – Čovjek.

Vratimo se na prijašnju listu stvari i ponašanja i pogledajmo koliko su neke od spomenutih stvari prisutne zahvaljujući upravo ostvarenoj desenzibilizaciji. Što danas stvarno znači kloniti se alkohola ili pornografije? Gdje je granica, kad gdje god se okrenete možete vidjeti otvorene ili suptilne reklame za alkohol? Ili, što napraviti s pornografijom, kad danas početne stranice tzv. uvaženih medijskih portala prikazuju više golotinje nego cijela jednogodišnja kolekcija "zečica" Playboya u predinternetsko vrijeme? Žensko tijelo je svedeno na objekt, a seks na mehanički čin. Isto tako, oglašivači nas preko *jumbo* plakata pitaju "jesmo li dovoljno muško", prikazujući pologolog mladića koji je također sveden na predmet konzumacije. Takve su nam stvari danas postale sasvim normalne, i iako ih više aktivno ne zapažamo one itekako ostaju zabilježene u našoj podsvijesti te na taj način neprimjetno usvajamo svjetonazor koji promiču – ne uspostavljajući svjesne kriterije po kojima bi promišljali o ponuđenome.

Promjena u percepciji svijeta koji nas okružuje bit će odraz unutarnjih promjena, individualnih, u skladu s vlastitom razinom i usmjerenjem svijesti. Što god odlučili, trebamo biti svjesni da svaka naša odluka rezultira sasvim određenim posljedicama. Na primjer, u vezi gore navedenog često možemo čuti argument: "Da ljudi to ne

18 K. Anderson: *Nonprofit Helps Educators Teach Empathy to Youth*, sott.net, 15.11.2010, http://www.sott.net/articles/show/217898-Nonprofit-Helps-Educators-Teach-Empathy-to-Youth, viđeno: 24.01.2011.

traže, ne bismo to ni nudili". A ono što "ljudi traže" posljedica je neosjetljivosti prouzročene propagandom samih ponuđača, uz naš *prividno* svojevoljni pristanak koji nas samo gura dublje u ponor neznanja i iluzije udaljujući nas od suštine.

Trenutak smrti

Naposljetku bi vrijedilo razmisliti i o onome na što nas znanstveno-materijalistička civilizacija ne priprema, niti nas želi pripremiti, a to je trenutak smrti. Moderna znanost se ovim trenutkom ne želi (ili ne smije, jer im to njihovi sponzori ne dopuštaju) baviti, a čovjek se želi svesti tek na puki automat koji će marljivo za života biti cijeđen, a kad se potroši bit će odbačen poput stare baterije. Na ovo bi vjernici, izabranici, mogli negodovati pozivajući se na programiranja crkvenih autoriteta o zagrobnom životu o kojemu se "sve zna", pa tako i da on uključuje vanjsko spasenje kao i "krv, rad, suze i znoj" za života, recept iz snova za osobe koje naginju identifikaciji s ulogom žrtve (ovu Garibaldijevu ponudu bi možda trebalo proširiti i šutnjom, koja još uvijek u ovim krajevima zna imati pridjev "zlatna"). Ovdje vrijedi navesti i sve češće spominjanu newagersko-budističku ponudu na ovu temu – po njima je sve već odavno zapisano u tzv. *Tibetanskoj knjizi mrtvih*[19] koja u svojoj drugoj zapadnjačkoj "inkarnaciji" kroz komentare S. Rinpochea nudi nadu svima onima koji prestrašeni tamo napisanim zatraže vodstvo i utjehu od vječito nasmiješenih lama (*Smiley Lama Rinpoche*), a za što bi im trebali za života biti na usluzi (što može uključivati psihičko, emocionalno i seksualno zlostavljanje,[20] a što ne iznenađuje obzirom da je riječ o svećenstvu).

---

19 Izvorni naziv ove zbirke posmrtnih obrednih tekstova je *Bardo Thödol,* a Zapadu ju je prvi puta predstavio W. Y. Evans-Wentz 1927. g. pod nazivom *Tibetan Book of the Dead: or, The After-Death Experiences on the Bardo Plane* u prijevodu lame Kazi Dawa-Samdupa.

20 S. (Lakar) Rinpoche je uspio širenje glasina zbog tužbe bivše sljedbenice o zlostavljanju (uklj. seksualno) ušutkati izvansudskom nagodbom o isplati novčane kompenzacije. Taj slučaj nije nimalo ugrozio njegovu daljnju visoku poziciju među lamama zbog nastavljenog izdašnog financiranja "tibetanske stvari" (Usp. M. Finnigan: *Lama sex abuse claims call Buddhist taboos into question,* Guardian.co.uk, 01.07. 2011., http://www.guardian.co.uk/commentisfree/belief/2011/jul/01/lama-sex-abuse-sogyal-rinpoche-buddhist, viđeno:02.12.2011., njegov slučaj je spomenut i u dokumen-

Praksa pokazuje da, bez obzira na znanstvenu ili vjersku orijentaciju, naša životna preokupacija postaje vanjska forma i fizičko tijelo koje bi po mogućnosti trebalo ostati vječno mlado, vitalno i zdravo, baš kao iz reklama, a razmišljanja i možebitne pripreme za smrtni trenutak nisu na dnevnom redu. U vremenu u kojem živimo, možemo reći da je smrt postala ultimativna tabu tema. A ako mislite da nije tako, pokušajte spomenuti smrt u ležernom prijateljskom razgovoru (izvan konteksta odlaska na pogreb) kada vas ne bi trebali iznenaditi komentari o vašoj "morbidnosti", "opterećivanju glupostima", itd.

Uzmemo li u obzir da smo više od odijela (fizičkog tijela), kojeg smo po tko zna koji put odbacili i opet ćemo odbaciti, možda bi trebalo razmisliti koliko smo spremni za taj događaj koji se može dogoditi **u bilo kojem trenutku.** Postavlja se pitanje u kojoj mjeri ćemo biti spremni za taj prelazak, odnosno koliko će naših dijelova (fragmenata) zbog nepripremljenosti i neznanja ostati lutati po astralnom planu umjesto da se pridruže našoj suštini u povratku prema Svjetlu. Izgleda da postoje dobre šanse da naše neraščišćene traume i materijalne žudnje budu razlog takvom scenariju, a lutajući dijelovi postanu prijetnja našim bližnjima, bilo da su izravno ili neizravno upravljani od strane mračnih sila.

Kad je riječ o smrtnom trenutku, ne bi trebali smetnuti s uma i da je jednako važno pokušati pomoći bližnjima na samrti da budu što spremniji na prelazak (povratak), pogotovo one koji su bili napasni za života, kako ne bi nastavili to biti i nakon svoje smrti. Iz tog razloga, možda ne bi trebalo čuditi postojanje obreda koji su još prisutni u određenih naroda, kojima se želi pomoći mrtvima na putu povratka u Svjetlo, a što je za modernog čovjeka puko praznovjerje ili tek antropološka zanimljivost.

---

tarcu *"In the Name of Enlightenment"*).

Iscjeljivanje posljedica na fizičkom tijelu

Na fizičkom tijelu, zbog njegove karakteristične, mogli bi smo reći "niske i trome" vibracije, najkasnije dolazi do vidljivih degenerativnih promjena, koje nekada mogu kasniti i po nekoliko godina od trenutka kada je došlo do promjene u "suptilnom tijelu",[21] a koje pak mogu, već tada iščitati vidovite osobe iz aure, odnosno osobe vješte s viskom ili sličnim tehnikama.

Jedan od možda najdramatičnijih i vrlo često smrtonosnih primjera, koji nije nužno posljedica utjecaja entiteta, je otkrivanje tumora u tzv. poodmakloj fazi, gdje osoba koja godinama nije imala nikakvih zdravstvenih tegoba ode na "rutinski" pregled i kad joj se dijagnosticiraju ostaci rasta tkiva (tzv. tumori), koji su ostali učahureni u tijelu čitav niz godina. To se moglo dogoditi jer je izostala prirodna interakcija s npr. *tuberculi* bakterijom koja ima određenu ulogu "smetlara" u razgradnji ovog suvišnog tkiva koje je posljedica preživljene emocionalne traume/konflikta koji je u tom trenutku bio "neprobavljiv".[22] Osobi se na osnovu pretraga (i određenih *markera*), tada često izriče smrtna presuda kada mu se javlja da ima nešto što je u biti preživio tokom godina, jer ovo inicira novi neprobavljivi šok iza čega često slijedi tzv. "rak pluća",[23] a osoba se onda podvrgava modernim metodama poput trovanja kemoterapijom, zračenju i jakim analgeticima (morfin i slično) što zabija posljednje čavle u lijes te osobe.

Kao što postoji kašnjenje u fazi "oboljenja" tako se može očekivati i određeno kašnjenje u fazi iscjeljenja, kojom bi se također trebalo ozbiljno pozabaviti kako bi se moguća šteta svela na najmanju moguću mjeru. Isto tako, treba uzeti u obzir da samo čišćenje entiteta neće biti dovoljno ukoliko su promjene na fizičkom tijelu nastale njihovim utjecajem jako uznapredovale.[24] Osoba bi sama trebala od-

21 Pod ovim pojmom ovdje podrazumijevam sva ostala nefizička tijela.

22 Dr. med. R. G. Hamer: *Learning GNM,* http://learninggnm.com/home.html, viđeno: 24.01.2011.

23 Strah od smrti izaziva konflikt u mozgu jer misli da više neće moći doći do zraka što rezultira slanjem signala za ubrzani rast plućnog tkiva. (Usp. dr. med. R. G. Hamer: *Scientific Chart of Germanic New Medicine*, Amici di Dirk, 2007, str. 21)

24 Usp. Sagan, str. 25

lučiti i izabrati kakvu će metodu koristiti u pokušaju sanacije teških tjelesnih oštećenja koja su mogla biti posljedica aktivnosti nakačenih entiteta. Uz pretpostavku da je pronađen i otklonjen nevidljivi utjecaj koji je bio izvor različitim simptomima, onda će i nastavak rada na saniranju simptoma nakon toga dobiti pravi smisao, i to više neće biti "gašenje" ili "držanje požara pod kontrolom" već pravo "zatvaranje zgarišta".

16. POGLAVLJE

Skupine entiteta prema autorima

Tablica u nastavku pokušaj je da se na jednom mjestu prikažu autori i/ili ponuđene metode koje su spomenute u prethodnim poglavljima, te njihov odnos prema određenim vrstama nakačenja. Napomenuo bih kako tablica nije sačinjena da bi bila osnova za neki "izbor najljepše", kako bi se ocijenila ili dokazala superiornost ili inferiornost bilo kojeg autora i dosega njegovih metoda, već isključivo za lakšu navigaciju kod daljnjeg proučavanja i referiranja. Tablica je sastavljena na osnovu podataka do kojih sam do ovog trenutka došao.

Kao što je iz priloženog vidljivo, gotovo svi autori se slažu oko postojanja ljudskih entiteta (astralnih fragmenata). Izuzetak predstavlja službeni stav katoličke crkve, iako bi se dalo naslutiti da se neki egzorcisti, vođeni vlastitim iskustvom, ne bi nužno složili s takvim pogledom (npr. pitanje uroka koji se klasificira kao ljudska misaona forma, a ne demonsko nakačenje). "Koplja se lome" u odnosu prema tzv. demonskim (mračnim) nakačenjima i vanzemaljskim utjecajima, što bi nam moglo pomoći u prepoznavanju osjetljivosti navedenih autora prema utjecajima iz tame.

Zbog lakšeg praćenja možda bi bilo dobro napomenuti međusobne utjecaje između pojedinih autora, tako je npr. dr. E. Fiore utjecala na dr. W. Baldwina koji je utjecao na dr. med. L. Ireland-Frey i dr. o. I. Hickman.[1]

Dr. med. S. Modi spominje da prilikom prvog susreta s domaćinom kod kojeg je pronašla astralni fragment nije znala o čemu je riječ i da je takav koncept prvi put pronašla u knjizi Hickmanove *Mind Probe Hyposis*, 1985.[2]

---

1 Usp. dr. O. I. Hickman: *Remote depossession*, Hickman Systems, 1994., predgovor od W. W. Harmona, str. 3

2 Usp. Modi, str. 24

	Ljudski	Neljudski	Demonski entiteti	Demonska ostala nakačenja (naprave, implantati, ...)	Vanzemaljski entiteti	Vanzemaljska ostala nakačenja (implantati)
S. Allen	✓	✓	✓		✓	✓
R. Allison	✓	✓	✗	✗	✗	✗
W. Baldwin	✓	✓	✓	✓	✓	✓
Egzorcizam katolički	✗		✓			
E. Fiore[3]	✓	✗	✗	✗	✗	✓
I. Hickman[4]	✓		✓			
L. Ireland-Frey	✓	✓	✓		✓[5]	
E. Maurey[6]	✓	✗	✗	✗	✗	✗
S. Modi	✓	✓	✓	✓	✓	
H. Naegeli-Osjord	✓	✓	✓			
S. Sagan	✓	✓	✗			
A. Sanderson[7]	✓	✓	✓	✓	✓	✓
Ž. Slavinski	✓	✓			✓	
A. Tomlinson	✓	✓	✗	✗	✗	✗
C. Wickland[8]	✓					

Nepopunjena polja tablice ostavljena su u slučaju nepostojanja dovoljno podataka.

---

3 Dobiveno kroz osobnu prepisku od 15.03.2011, isto usp. Ph. D. E. Fiore: *The Unquiet Dead: A Psychologist Treats Spirit Possession*, New York, Ballantine Books, 1995., str. 4

4 Usp. Hickman, str. 16, 113

5 Usp. dr. med. L. Ireland-Frey: *Freeing the Captives: The Emerging Therapy of Treating Spirit Attachment*, Hampton Roads Publishing Company, 1999., str. 218-222

6 Usp. Maurey, str. 16, 36, 47

7 Dobiveno kroz osobnu prepisku sa dr. A. Sandersonom od 15.03.2011.

8 Smatra da su astralni fragmenti "demoni" ljudskog porijekla, nuspojava ljudske sebičnosti, krivih učenja i ignorantnosti. Usp. dr. C. Wickland: *Thirty Years Among The Dead*, Mokelumne Hill Pr, 1996. (©1924.), str. 5

S. Allen spominje da je preuzela i razvila Baldwinovu tehniku za oslobađanje od mračnih entiteta, a svoj rad je započela nakon završetka *The College of Psychic Studies* u Londonu.[9]

E. Maurey na samom početku svoje knjige navodi da je metoda nadahnuta iz više izvora: katoličkim egzorcizmom, zatim uvidima P. Pilgrim i kasnije istraživačem H. Shermanom i rašljarom B. Finchom.[10] Astralne fragmente, koje je jedino spominjao, dijeli na dvije skupine: one koje su jednostavno ostali u (nižem) astralnom planu i one druge koje uz to, kako kaže, "*imaju mogućnost i znanje da prodru u um žive osobe.*"[11]

Dr. A. Tomlinson, osim što potvrđuje da je u većini slučajeva imao posla s astralnim fragmentima, potvrđuje i druge neljudske entitete, napominjući da će ih psiholozi nazivati nerazriješenim emocijama i neugodnim mislima. U slučaju "demonskih" nakačenja kaže da postoje samo u našim glavama, obzirom da je sve izvorna energija koja ima svoj udio u igri i u *Planu*. Nadalje, smatra da "problematične inkarnacije" (pojam dr. M. Newtona), ako se s njima loše postupa, mogu izgledati poput demonskih (za koje tvrdi da ne postoje!?). "Vanzemaljce" u fizičkom obliku nije susretao, ali kaže da bi ideje ili druge energije, mogle biti projicirane na dolje prema osobi, što bi moglo izgledati vanzemaljsko, a što bi trebalo poslužiti duši za učenje. Smatra i da postoji jako puno vanzemaljaca koji utjelovljuju (inkarniraju) energiju svoje duše u ljudska tijela i prolaze kroz inkarnacijski proces kao bebe, što je dio *"velike promjene u svjesnosti kroz koju prolazimo"*.[12]

Dr. med. R. Allison koji se posebno zanimao za problem PVO (poremećaj višestruke osobnosti), kao primjer neljudskih entiteta spominje tzv. nebeske inteligentne energije (engl. kratica CIE od *Celestial Intelligent Energy*), što je njegov naziv za anđeoska bića i za koja nedvojbeno drži da postoje. Takva tri bića koja su sebe nazivala Vjera, Nada i Milosrđe, pomogla su mu da postane "vjernik", na način da su posudila tijela dva njegova pacijenta s PVO kako bi mu se

9 Usp. S. Allen: *Spirit Release: A Practical Handbook,* O Books, 2007., pod Priznanja i str. 180

10 Usp. E. Maurey: *Exorcism: How to Clear at a Distance a Spirit Possessed Person,* Whitford Press, 1989., str. 5

11 *Isto,* str. 47

12 Dobiveno kroz osobnu prepisku sa dr. A. Tomlinsonom od 15.03.2011.

prikazali kao pedagozi.[13] U slučaju astralnih fragmenata, kaže da bi mogli biti i proizvod "emocionalne imaginacije", što bi nazvao izvedenicama tzv. internaliziranih imaginarnih pratilaca (engl. kratica IIC od *Internalized Imaginary Companions*). Smatra da takvi entiteti mogu nastati nakon smrti ili biti kreirani od strane prije spomenutih CIE ili tzv. unutarnjeg samo-pomagača (ISH) osobe s PVO. Ovdje kao primjer navodi slučaj kad je kod jednog pacijenta s PVO zatražio od njegovog unutarnjeg samo-pomagača da mu predstavi dušu (fragment) abortiranog fetusa, kako bi doznao kako se fetus osjećao zato što je bio pobačen:

> "Duša fetusa je istupila u tijelu osobe s PVO koja ga je pobacila i rekla mi je da joj je drago da je bila pobačena kirurški, obzirom da bi joj život s takvim roditeljskim parom bio strašan. Ona se sada htjela roditi drugom paru koji će biti pristojni roditelji. Kada sam izrazio svoju sumnju ISH (unutarnjem samo-pomagaču, op. a.) u vjerodostojnost te duše, ISH me uvjeravao da je to što je istupilo točno ono što sam tražio i da je stvarno. Tko bi to znao."[14]

Allison isto tako kaže da nema problema s tvrdnjom da postoje kako individualne tako i grupne misaone forme (egregori).

Ž. Slavinski spominje postojanje elementala, "obiteljskih duhova" (kao primjer misaonih formi) i odcijepljenih dijelova nas samih (kao primjer fragmentacije duše ili pod-identiteta?).[15] Isto tako, nabraja neljudske entitete poput duhovnih vodiča, anđela čuvara i njima slične pozitivne inteligencije. Osim toga spominje i Kontrolore, Dominatore (vanzemaljski entiteti) i duše umrlih.[16]

Dr. med. S. Sagan kaže da je sam razvio svoju tehniku. U knjizi o entitetima 13. poglavlje (pod nazivom *Posjednuće i nesvakidašnji entiteti*) započinje tvrdnjom da su 99% entiteta ljudski, i govori da u tome nema ničega što bi se moglo nazvati zlim ili demonskim. Isto poglavlje završava uz primjedbu da bi se o nesvakidašnjim slučajevima mogla napisati čitava knjiga (ako je od njegove strane do sada i

13 Dobiveno kroz osobnu prepisku sa dr. med. R. Allisonom od 17.03.2011.

14 *Isto*, moj prijevod

15 Usp. Ž. M. Slavinski: *Povratak jednosti: Principi i praksa spiritualne tehnologije*, Beograd, vlastito izdanje, 2005., str. 159-161

16 *Isto*, str. 165

napisana nije još objavljena). U jednom od opisanih slučajeva govori da tu nije bilo riječi o astralnom fragmentu, ali ne želi se izjasniti o čemu je moglo biti riječ.[17]

Dr. med. H. Naegeli-Osjord posvetio je cijeli život terapijskom radu i istraživanju parapsiholoških pojava koje svakako mogu stvoriti i nakačeni entiteti. Za razliku od, kako ih on naziva "ortodoksnih" istraživača parapsiholoških pojava (koji neobjašnjivo žele objasniti materijalistički), Naegeli, svjestan duhovne realnosti i njene drugačije dinamike, pristupao je takvim pojavama šire i otvorenije. Po njemu je postojanje demonskih entiteta neupitno i kaže da će onome tko nije imao prilike vidjeti njihove učinke biti teško, kroz prizmu zapadnjačke percepcije, dopustiti svom umu postojanje takvih pojava. Proučavao je crkveni egzorcizam i nije krio svoje razočarenje činjenicom da se sve manje koristi u katoličkim redovima, kao i to što je među protestantima gotovo potpuno iščezao. Isto tako, smatrao je da egzorcizam nije crkvena i svećenička ekskluziva, već da bi ga mogla provoditi svaka (duhovno) snažna osoba s iskrenom željom za pomoći.[18]

17 Usp. dr. med. S. Sagan: *Entities: parasites of the body of energy*, Roseville NSW, Clairvision School, 1994., str. 138, 151

18 Usp. dr. med. H. Naegeli-Osjord: *Possession & Exorcism*, Oregon, New Frontiers Center, 1988., str. 111

Bibliografija

Knjige i priručnici

S. **Allen**: *Spirit Release: A Practical Handbook,* O Books, 2007.

Dr. med. R. B. **Allison**: *Minds in many pieces,* R. R. Donnelley & Sons, Crawfordsvill, IN, 1980.

Ph. D. W. J. **Baldwin**: *Spirit Releasement Therapy: A Technique Manual, 2nd edition,* Headline Books, 1995.

Ph. D. W. J. **Baldwin**: *CE-VI: Close Encounters of the Possession Kind - A Different Kind of Interference of Otherworldly Beings,* Terra Alta WV, Headline Books, 1998.

B. **Bartholic**, P. Fielding: *Barbara: The Story of a UFO Investigator,* AWOC.COM, 2003.

M. **Bolobanić**: *Kako prepoznati zamke Zloga,* Zadar, M. Bolobanić, 2005.

T. **Budak**: *Transformacija karmičkih obrazaca, Knjiga prva,* Zagreb, Merkaba, 2009.

Ph. d. S. A. **Clancy**: *Abducted: How People Come to Believe They Were Kidnapped by Aliens,* Harvard University Press, 2007.

D. **Elman**: *Hypnotherapy,* Glendale CA, Westwood Publishing Company, 1984. (©1964.)

Ph. D. E. **Fiore**: *The Unquiet Dead: A Psychologist Treats Spirit Possession,* New York, Ballantine Books, 1995.

Ph. D. E. **Fiore**: *Encounters: A Psychologist Reveals Case Studies of Abductions by Extraterrestials,* New York, Ballantine Books, 1997.

B. **Foster**, M. Foster: *The secret lives of Alexandra David-Neel: a biography of the explorer of Tibet and its forbidden practices,* Woodstock NY, Overlook Press, 1998.

J. **Hall**: *Thorsons Way of Psychic Protection,* London, Thorsons, 2001.

Dr. med. R. G. **Hamer**: *Scientific Chart of Germanic New Medicine,* Amici di Dirk, 2007.

Dr. o. I. **Hickman**: *Remote Depossession,* Hickman Systems, 1994.

Dr. o. I. **Hickman**: *Mind Probe – Hypnosis,* Hickman Systems, 1993.

(©1985.)

J. **Hillman**: *Re-Visioning Psychology*, New York, HarperCollins Publishers, 1997. (©1975.)

P. **Hine**, P. J. Carroll: *Condensed Chaos: An Introduction to Chaos Magic*, Phoenix AZ, New Falcon Publications, 1994.

G. **Hodson**: *The Kingdom of the Gods*, Theosophical Pub. House, 1976.

Ph. D. S. O. Lilienfeld, Ph. D. S. J. **Lynn**, Ph. D. J. M. Lohr: *Science and Pseudoscience in Clinical Psychology*, The Guilford Press, 2004.

I. E. **Hyman**, T. H. Husband, F. J. Billings: *False memories of childhood experiences*, Applied Cognitive Psychology, 9, (1995).

Dr. med. L. **Ireland-Frey**: *Freeing the Captives: The Emerging Therapy of Treating Spirit Attachment*, Hampton Roads Publishing Company, 1999.

Dr. med. L. **Ireland-Frey**: *Maybe Controversial? Thinking Outside One's Parameters* u: *The Journal of Regression Therapy*, Vol. XIII No. 1 December 1999.

J. **Jacobi**: *Psihologija C. G. Junga – uvod u djelo*, Zagreb, Scarabeus-naklada, 2006.

M. **Martin**: *Hostage to the Devil: the Possession and Exorcism of Five Living Americans*, HarperOne, San Francisco CA, 1992.

E. **Maurey**: *Exorcism: How to Clear at a Distance a Spirit Possessed Person*, Whitford Press, 1989.

Dr. med. S. **Modi**: *Remarkable Healings: A Psychiatrist Discovers Unsuspected Roots of Mental and Physical Illness*, Hampton Roads Publishing Company, 1997.

J. **Muller**: *Demoni među nama? Egzorcizam danas*, Đakovo, Knjižnica u pravi trenutak, 1998.

Dr. med. H. **Naegeli**-Osjord: *Possession & Exorcism*, Oregon, New Frontiers Center, 1988.

Ph. D. M. **Newton**: *Sudbina duša: novi prikaz slučajeva života između smrti*, Zagreb, Škorpion, 2008.

P. O. **Ouspensky**: *In Search Of the Miraculous, The Teachings of G. I. Gurdjieff*, San Diego, Harcourt, Inc., 2001. (©1949.)

Dr. med. M. S. **Peck**: *People of the Lie*, New York, Touchstone, 2nd edition, 1998.

Dr. med. M. S. **Peck**: *Glimpses of the Devil*, New York, Free Press, 2005.

E. von **Petersdorff**: *Demoni, vještice, spiritisti: Sve o postojanju i djelovanju mračnih sila*, Split, Verbum, 2003.

E. C. **Prophet**, E. L. Prophet: *Reincarnation: the Missing Link in Christianity*, Corwin Springs, Summit University Press, 1997.

S. **Rinpoche**: *Tibetanska knjiga o življenju i umiranju*, Zagreb, CID Nova, 1998.

A. **Risi**: *TranscEnding the Global Power Game: Hidden agendas, Divine Intervention and the New Earth*, Neuhausen, Govinda Press, 2004.

L. **Robinson**: *Edgar Cayce's story of the origin and destiny of man*, New York, Coward, McCann & Geoghegan, 1972.

Dr. J. **Rowan**: *Subpersonalities - The People Inside Us*, London, Routledge, 1990.

D. M. **Ruiz**: *Četiri sporazuma sa samim sobom*, Zagreb, VBZ, 2001.

Dr. med. S. **Sagan**: *Entities: Parasites of the Body of Energy*, Roseville NSW, Clairvision School, 1994.

Dr. med. S. **Sagan**: *Awakening the Third Eye*, Clairvision School Foundation, 1997.

Dr. med. S. **Sagan**: *Regression: Past-life Therapy for Here and Now Freedom*, Clairvision School, 1999.

Ph. D. N. P. **Spanos**: *Multiple Identities & False Memories: A Sociocognitive Perspective*, American Psychological Association (APA), 2001.

Ž. M. **Slavinski**: *Povratak jednosti: Principi i praksa spiritualne tehnologije*, Beograd, vlastito izdanje, 2005.

Ž. M. **Slavinski**: *Nevidljivi uticaji*, Beograd, vlastito izdanje, 2008.

R. **Strassman**, *DMT: the Spirit Molecule: a Doctor's Revolutionary Research into the Biology of Near-Death and Mystical Experiences*, Rochester VT, Park Street Press, 2001.

A. **Tomlinson**: *Healing the Eternal Soul: Insights from Past Life and Spiritual Regression*, O books, 2006.

Ph. D. J. G. **Watkins**, Ph. D. R. J. Johnson: *We, the divided self*, New York, Irvington Publishers, 1982.

Dr. C. **Wickland**: *Thirty Years Among The Dead*, Mokelumne Hill Pr, 1996. (©1924.)

Ph. D. R. J. **Woolger**: *Other Lives, Other Selves*, A Bantam Book, 1988.

Članci na internetu

Alfa i Omega duhovni forum: *Opsjednuće i Egzorcizam*, http://alfaiomega duhovniforum.forums-free.com/viewtopic.php?p=8683, viđeno: 01.03.2011.

Dr. med. R. B. **Allison**: *The Inner Self Helper (ISH)*, http://www. dissociat ion.com/2007/docReader.asp?url=/index/definition/index.html#ish, viđeno: 24.01.2011.

Dr. med. R. B. **Allison**: *MPD and DID are Two Different Post-Traumatic Disorders*, 1995., http://www.dissociation.com/2007/docReader.asp?url =/index/published/MPDIDPAP.TXT , viđeno: 21.01.2011.

Dr. med. R. B. **Allison**: *Spiritual Helper I have met*, Printed in the AASC Newsletter (of the Association for the Anthropological Study of Consciousness), vol 1, no. 1, March, 1985., http://www.dissociation.com/2007/ docReader.asp?url=/index/published/SPIRIT. TXT, viđeno: 21.01.2011.

Dr. med. R. B. **Allison**: *The Possession Syndrome; Myth, Magic and Multiplicity*, 1980., http://www.dissociation.com/index/unpublished/my th.txt, viđeno: 02.03.2011.

Dr. med. R. B. **Allison**: *Review of a New Version of the Movie "Sybil"*, 02.06.08, http://dissociationthoughts.blogspot.com/2008/06/review-of-ne w-version-of-movie-sybil.html, viđeno: 17.10.2011.

Dr. med. R. B. **Allison**: *Working with the inner self helper (ISH) during and after therapy*, u: Workshop Manual for The 12th Annual Fall Conference of The International Society for the Study of Dissociation Orlando, Florida, 1995., http://www.dissociation.com/2007/ docReader.asp?url=/ind ex/Manuals/RXWISH.TXT, viđeno: 28.01.2011.

G. **Amorth**: *Izvješća rimskog egzorcista*, molitve.info, 15.09.2009, http://www.molitve.info/index.php/Izvjesaa-rimskog-egzorcista/Page-7. html, viđeno: 19.01.2011.

K. **Anderson**: *Nonprofit Helps Educators Teach Empathy to Youth*, sott. net, 15.11.2010, http://www.sott.net/articles/show/217898-Nonprofit -Helps-Educators-Teach-Empathy-to-Youth, viđeno: 24.01.2011.

Ph. D. S. **Blackmore**: *Abduction by Aliens or Sleep Paralysis?*, Skeptical Inquirer, Volume 22.3 May / June 1998, http://www.csicop.org/si/show/abduction_by_aliens_or_sleep_paraly

sis, viđeno: 03.03.2011.

Ph. D. J. **Bowden**: *The Dirty Truth About High Fructose Corn Syrup*, naturalhealthsherpa.com, 01.01.2011., http://naturalhealthsherpa.com/dirty-truth-high-fructose-corn-syrup/52786, viđeno: 07.11.2011.

P. **Ciocoiu**: *Egzorcizam: Između religije i zakona*, SETimes.com, 2008., http://www.setimes.com/cocoon/setimes/xhtml/hr/features/setimes/blogreview/2008/03/07/blog-03, viđeno: 20.01.2011.

Dr. med. A. **Chakraburtty**: *Schizophrenia and Electroconvulsive Therapy (ECT)*, WebMD, http://www.webmd.com/schizophrenia/guide/electroconvulsive-therapy, viđeno: 21.04.2011.

Dr. J. R. **Christopher**: *Vaginal bolus*, http://www.herballegacy.com/VB.html, viđeno: 03.08.2011.

S. A. **Clancy**, R. J. McNally, D. L. Schacter: *Effects of guided imagery on memory distortion in women reporting recovered memories of childhood sexual, abuse*, J Trauma Stress, 12.10.1999.(4), str. 559-569., http://www.ncbi.nlm.nih.gov/pubmed/10646176, viđeno: 08.02.2011.

CNN blog: *Samsung issues warnings about 3-D TV*, 15.04.2010., http://scitech.blogs.cnn.com/2010/04/15/samsung-issues-warnings-about-3d-tv/, viđeno: 28.12.2010.

A. **Curtis**: *The Century of the Self*, http://www.oslobadjanje.com/manipulacije-i-kontrola-uma/98-stoljece-ega-1-dio-strojevi-srece.html, viđeno: 08.12.2011.

Danas.hr: *Braćo i sestre: Biskupi grade palaču od poludragog kamena?!*, 22.02.11, http://danas.net.hr/hrvatska/page/ 2011/02/22/0107006.html, viđeno: 09.03.2011.

Egregore, http://en.wikipedia.org/wiki/Egregore, viđeno: 05.12.2011.

The **Enneagram** Institute: *The Traditional Enneagram*, http://www.enneagraminstitute.com/history.asp, viđeno: 08.11.11.

D. **Fanelli**: *"Positive" Results Increase Down the Hierarchy of the Sciences*, 07.04.2010., http://www.plosone.org/article/info:doi/10.1371/journal.pone.0010068, viđeno: 07.11.2011.

Fidelio Magazine: *A Brief History of Musical Tuning*, 1991., http://www.schillerinstitute.org/music/rev_tuning_hist.html, viđeno: 28.12.2010.

M. **Finnigan**: *Lama sex abuse claims call Buddhist taboos into question*, Guardian.co.uk, 01.07. 2011., http://www.guardian.co.uk/commentisfree/

belief/2011/jul/01/lama-sex-abuse-sogyal-rinpoche-buddhist, viđeno: 02.12.2011.

HALMED: *Izvješća – potrošnja lijekova 2004-2010.*, http://www.almp.hr/?ln=hr&w=publikacije&d=potrosnja_lijekova, viđeno: 25.11.2011.

Dr. med. R. G. **Hamer**: *Learning GNM*, http://learninggnm.com/home.html, viđeno: 24.01.2011.

A. G. **Hammer**, dr. med. M. T. Orne: *Hypnosis (psychology)*, http://www.britannica.com/EBchecked/topic/279820/hypnosis, viđeno: 26.01.2011.

J. **Henrich**, S. Heine & A. Norenzayan: *The Weirdest People in the World?*, 2010., http://www2.psych.ubc.ca/~henrich/Published. ht ml, viđeno: 07.11.2011.

Hindu blog: *Bhūta-śuddhi*, 14.10.2010., http://www.hindu-blog.com/2010/10/bhuta-shuddhi.html, viđeno: 08.03.2011.

Massachusetts General Hospital: *Psychiatric Neurotherapeutics Program*, http://www.massgeneral.org/ conditions/treatment.aspx?id=1162, viđeno: 19.01.2011.

Missing Children Europe, http://www.missingchildreneurope.eu/, viđeno: 01.03.2011.

Misuse of statistics, http://en. wikipedia.org/wiki/Misuse_of_statistics, viđeno: 17.11.2011.

K. **Ninić**: *Vjernik koji živi svoju vjeru zaštićen je Kristovom milošću od utjecaja Zloga*, Katolički tjednik, 2010., http://www.katolicki-tjednik.com/vijest.asp?n_UID=2791, viđeno: 20.01.2011.

S. M. **Paci**: *Il fumo di Satana nella casa del Signore*, Estratto del N. 6 – 2001., http://www.30giorni.it/it/articolo_stampa.asp?id=2564, kako pomoć korišten prijevod objavljen na Free Republic, 13.05.2005., http://www.freerepublic.com/focus/f-religion/13200 32/posts, viđeno: 20.01.2011.

K. **Perina**: *Alien Abductions: The Real Deal?*, 01.03.2003 – zadnja recenzija 10.11.2010., http://www.psychologytoday.com/articles/200305/alien-a bductions-the-real-deal, viđeno: 08.02.2011.

N. **Pisa**: *Pope's exorcist squads will wage war on Satan*, Mail Online, 29.12. 2007., http://www.dailymail.co.uk/news/article-504969/Popes-exorcist-sq uads-wage-war-Satan.html, viđeno: 20.01.2011.

B. **Rieken**: *Mit i memorija. Uz fenomenologiju numinoznog u književnosti, umjetnosti i narodnoj kulturi: psihološki pristup razumijevanju numinoznog,* u: Narodna umjetnost: hrvatski časopis za etnologiju i folkloristiku, Vol.42 No.2 Prosinac 2005., http://hrcak.srce.hr/2931, viđeno 29.11.2011.

Dr. A. **Sanderson**: *Spirit Attachment and Human Health,* 2010., http:// www.spiritrelease.com/review_spiritrelease.htm, viđeno: 01.03.2011.

ShowbizSpy: *Lady GaGa thinks she's being haunted by ghost named Ryan,* 2010., http://www.showbizspy.com/article/217167/lady-gaga-thin ks-shes-being-haunted-by-ghost-named-ryan.html, viđeno: 28.12.2010.

M. **Steiner**: *O zlim dušama: Uz novi Obrednik o egzorcizmu,* Obnovljeni život, Vol.54 No.4 Prosinac 1999., http://hrcak.srce.hr/ index.php?show =clanak&id_clanak_jezik= 2467, viđeno: 20.01.2011.

C. **Sylvia**: *I was given a young man's heart - and started craving beer and Kentucky Fried Chicken. My daughter said I even walked like a man,* Mail Online, 04/08., http://www.dailymail.co.uk/health/article-558256/I-giv en-young-mans-heart---started-craving-beer-Kentucky-Fried-Chiken-M y-daughter-said-I-walked-like-man.html, viđeno 01.03.2011.

Savez za **transcendentalnu** meditaciju: *Projekt Nepobjediva Hrvatska,* http://www.tm-savez.hr/nep_hr.php, viđeno: 09.11.2011.

E. **Valea**: *Reincarnation - Its meaning and consequences,* http://www.comp arativereligion.com/reincarnation3.html#07, viđeno: 03.02.2011.

Kazalo pojmova

G

H

I

J

K

O

P

R

S

Ostali naslovi u pripremi:

- Rebecca Nottingham: *Četvrti put i ezoterijsko kršćanstvo – Uvod u učenje G. I. Gurđijeva* (prijevod s engleskog: Ivana Beker)
- Armin Risi: *Svjetlost ne stvara sjenu – duhovno-filozofski priručnik* (prijevod s njemačkog: Ivana Beker)
- Armin Risi: *Radikalni srednji put – Prevladavanje ateizma i monoteizma – Smjena paradigmi* (prijevod s njemačkog: Ivana Beker)

CIP-Katalogizacija u publikaciji
Znanstvena knjižnica Zadar

UDK 133.2:291.33
291.33:133.2

KOTLAR, Denis

Mala studija o nevidljivim ljudskim i neljudskim entitetima i utjecajima / Denis Kotlar. - 1. izd. – Zadar : vlast. nakl., 2011. (<S.l.> : Createspace.com). - 328 str. : ilustr ; 22 cm. – (Biblioteka Oslobađanje ; knj. 1)

Bibliografija: str. 311-318 i uz tekst. - Kazalo.

ISBN 978-953-56989-0-6

131227093

www.ingramcontent.com/pod-product-compliance
Lightning Source LLC
Chambersburg PA
CBHW022101280326
41933CB00007B/219
9789535698906